学前教育课程游戏化理论研究与实践探索

张月柱◎著

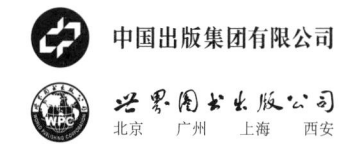

中国出版集团有限公司

世界图书出版公司
北京　广州　上海　西安

图书在版编目（ＣＩＰ）数据

学前教育课程游戏化理论研究与实践探索 / 张月柱著 .— 北京：世界图书出版有限公司北京分公司，2024.12 — ISBN 978-7-5232-1994-2

Ⅰ . G612-53

中国国家版本馆 CIP 数据核字第 20252N5M90 号

书　　　名	学前教育课程游戏化理论研究与实践探索
	XUEQIAN JIAOYU KECHENG YOUXIHUA LILUN YANJIU YU SHIJIAN TANSUO
著　　　者	张月柱
总 策 划	吴　迪
责任编辑	刘梦娜　张　焱
特约编辑	张玲玲
出版发行	世界图书出版有限公司北京分公司
地　　　址	北京市东城区朝内大街 137 号
邮　　　编	100010
电　　　话	010-64033507（总编室）　0431-80787855　13894825720（售后）
网　　　址	http://www.wpcbj.com.cn
邮　　　箱	wpcbjst@vip.163.com
销　　　售	新华书店及各大平台
印　　　刷	长春市印尚印务有限公司
开　　　本	787 mm×1092 mm　1/16
印　　　张	16
字　　　数	263 千字
版　　　次	2024 年 12 月第 1 版
印　　　次	2024 年 12 月第 1 次印刷
国际书号	ISBN 978-7-5232-1994-2
定　　　价	45.00 元

版权所有　翻印必究

（如发现印装质量问题或侵权线索，请与所购图书销售部门联系或调换）

序言

课程游戏化作为幼儿园课程改革的一种新探索，正受到越来越多幼教同行的关注和理解。近年来，各地都有一些幼儿园践行着课程游戏化，并获得了初步的经验。把关于课程游戏化的理论知识和实践经验汇编起来，以便研究和交流，是本书编写的初衷。

课程游戏化是幼儿教育新理念，它的提出不是偶然的，而是对学前教育专业中的游戏论、课程论、五大领域的教法、幼儿园活动设计等课程的剖析，也是对我国幼儿园教育中始终难以解决的游戏与课程之间的关系的探讨，还是对幼儿教育"小学化"倾向深入研究后做出的回应。

在当今教育领域，笔者作为一位备受瞩目的课程游戏化研究领域的领军人物，凭借深厚的学术底蕴、前瞻性的教育视野以及对游戏化教学的深刻洞察，一直在不懈地努力建构适合我市幼儿园教育的游戏观和课程观。笔者组织过论坛，主要议题是"游戏精神与儿童发展""什么是游戏""游戏的界限""课程游戏化的理论框架""课程游戏化的理论完善"等等。除了理论探讨外，每一届论坛上还有许多幼儿园的实践案例剖析和分享。

我们的幼儿教育面临着诸多问题。"什么是课程游戏化""课程游戏化的理论根据是什么""课程游戏化的目标是什么""课程游戏化试图解决什么问题""怎么实现课程游戏化"等一系列问题，正是本书所要说明的。希望各位读者在阅读本书之后能有所收获。

我们认为，要重新审视传统的游戏理论和课程理论，使之能帮助解决幼儿园的游戏与课程之间的问题。幼儿园的游戏和课程为什么必须统一而且能够统一？幼儿园教育中的游戏手段与目的为什么能够统一？从精神层面上看，这是因为幼儿园教育本身就是游戏精神和课程意识的统一。

游戏精神就是一个人自主创造和愉悦地体验生存的价值和生活的能力，简而言之，是一种自由、创造、探索与合作的精神状态。在幼儿阶段，孩子们通过游戏来学习语言、理解规则、体验情感、发展思维。游戏精神鼓励孩子们释放天性、勇于尝试、不怕失败，这种积极的态度对培养他们的自信心、创造力和解决问题的能力至关重要。因此，游戏精神实际上是精神健全和人格健全的体现。游戏精神始终是人的自主性、适应性、创造性和社会化的内在动因，是人类的内源性精神。

课程意识则是指教师基于"儿童是目的"的理念，在与儿童的互动中善于发现儿童的关注点，关注儿童的已有经验，并把儿童的关注点变成自己的关注点，及时发现儿童的"学习生长点"，灵活运用各类教育资源，推进游戏链的形成，从而帮助儿童做好学习和发展的精神准备并提高其自觉性。我们常说的"一日生活皆课程"就是对此最好的诠释。课程意识强调"儿童是目的"，是对长期以来幼儿教育界奉行的"学科知识是课程的目的"的转变。课程意识是成人（集中体现为教师）对幼儿教育目的的认识。由此可见，教育的目的是通过成人对课程的决策和实施来引导和保护儿童，从而为儿童未来的发展提供诸多可能性。

游戏精神是幼儿教育的灵魂，课程游戏化则是实现这一灵魂的有效途径。"好的学前课程鼓励儿童成为有能力的游戏者。有利于教师成长的学前课程也鼓励教师成为有能力的游戏者。在不同的可能性之间进行选择，可以建构他们自己对教学—学习过程的实际的具体理解。"教师和儿童都在游戏课程化的过程中把自己培养成有能力的游戏者，并把从游戏中生发的活动引向更高一层的游戏。这是构建游戏链的保证。从这个意义上讲，游戏精神与课程意识是相通的。

课程游戏化除了要求教师有游戏精神和课程意识外，还需要社会的支持，尤其是家长教育理念的更新、教育行政部门的跟进和物质环境的保障。其中，各级科研员、教研员的作用尤为重要。

课程游戏化作为一个幼儿园课程改革的探索方向，无论是在理论方面还是实践方面，都会面临大量的挑战。也就是说，课程游戏化本身就具有不确定性。但是，我们愿意接受不确定性的挑战，因为"不愿意接受不确定性的激励，才是前进的真正障碍"。科学的繁荣靠的是不确定性，幼儿教育也是如此。"我们需要的只是对现实情境的考察和站在现实情境中对未来行动的筹划。"这是阅读本书和理解课程游戏化的基本出发点。

我们深感幸运的是，国内外的众多学者和许多省市的幼儿园热忱地关注着课程游戏化。一个幼儿园也好，一个地区也好，都可充分利用本土资源，根据当地环境、物质条件以区域的方式推进幼儿园课程游戏化。区域推进也可以有效解决游戏课程化中的教师培训、专业引领、课程资源开发和基地建设等一系列问题。据笔者了解，现在全国各地已经有很多地区和幼教集团正以区域化方式推进课程游戏化，积累了大量的成功案例和宝贵经验，取得了令人满意的效果。在此，我向所有志同道合的同行们表达由衷的敬意！目前，还有众多幼儿园表示要参与践行课程游戏化，这使我们备受鼓舞，我们将利用本书逐步推广各地课程游戏化的成果。

课程游戏化是一场理论和实践的探索与创新，还需要在实践中不断检验、充实和完善。经过这么一番整理，游戏与课程的整合、手段与目的统一，确保了游戏真正成为幼儿园教育的基本活动，确保了实现游戏的学习和发展功能。课程游戏化弘扬的就是游戏精神，体现出从陈鹤琴先生的"活教育"到现在的"活游戏"的历史沿革。今天看来，老一辈教育的理念还有需要完善的地方，但这并不影响它们在科学研究、探索课程游戏化及推动其理论发展方面的价值。同时，我们诚挚地欢迎读者们参与探讨。

目录
contents

理论篇　学前教育课程游戏化理论研究 …………………… 1

话题一　学前教育课程游戏化的教育背景 …………………… 3

话题二　学前教育课程游戏化的内涵和意义 ………………… 11

话题三　学前教育课程游戏化的研究内容 …………………… 16

话题四　基于新时代课程观，对推进课程游戏化的若干思考 … 24

实践篇　学前教育课程游戏化实践探索 …………………… 37

话题一　建构课程游戏化的新路径 …………………………… 39
　　　　幼儿园人工智能课程游戏的开发与创新 …………… 40

　　　　电子资源革新助力师幼互动 …………………………… 49
　　　　信息化技术优化幼儿园体能游戏 …………………… 58
　　　　信息化技术支持下的幼儿自主探索 ………………… 64
　　　　多维度拓展幼儿体能游戏活动 ……………………… 72
　　　　绘本游戏课程的创建与实施 ………………………… 77
　　　　五大领域课程的升级 ………………………………… 83
　　　　创设多元开放环境，支持课程游戏化模式的创新
　　　　………………………………………………………… 88
　　　　幼儿园课程游戏化中"戏剧元素"的融入与实践探索
　　　　………………………………………………………… 96
　　　　游戏化视域下幼儿园"创意陶泥"课程的探索与实践
　　　　………………………………………………………… 101

话题二　提升幼儿教师能力的新思路 …………………… 112
　　　　教师儿童观、教育观和课程观转变 ………………… 112
　　　　教师课程游戏化支持策略 …………………………… 117
　　　　教师课程建设能力 …………………………………… 123
　　　　教师学习意识、研究意识和创新精神培育 ………… 128
　　　　创新人才培养对幼儿教师课程游戏化教育素养的要求
　　　　………………………………………………………… 133

话题三　创建区域游戏活动的新策略 …………………… 140
　　　　游戏精神引领高质量区域活动助力幼儿发展 ……… 140

　　　　创设适宜区域游戏环境支持幼儿自主游戏 …………… 146
　　　　科学投放区域材料助力幼儿经验生长 ………………… 150
　　　　优化区域组织策略提升幼儿游戏水平 ………………… 155
　　　　创新区域活动形式拓展幼儿发展空间 ………………… 161
　　　　有力的师幼互动助推区域活动高质量开展 …………… 165
　　　　支持幼儿高质量的游戏分享与交流 …………………… 171
　　　　自主游戏中幼儿的深度学习及支持策略 ……………… 177
　　　　体育区中民间传统体育游戏的组织与实施 …………… 186

话题四　**探索课程游戏化评价的新举措** …………………… 192
　　　　评价课程游戏化目标设置的适宜性 …………………… 193
　　　　评价教师在课程游戏化实施中师幼互动情况 ………… 199
　　　　评价幼儿在课程游戏化实施中的参与度 ……………… 205
　　　　评价课程游戏化实施中的资源使用情况 ……………… 213

话题五　**建设课程游戏化资源的新应用** …………………… 219
　　　　幼儿园课程游戏化中传统文化资源的应用 …………… 219
　　　　幼儿园课程游戏化中自然环境资源的应用 …………… 227
　　　　幼儿园课程游戏化中家长资源的应用 ………………… 236
　　　　东北本土化冰雪资源在幼儿园课程游戏化中的应用
　　　　　………………………………………………………… 240

理论篇

学前教育课程游戏化理论研究

引言：学前教育作为教育体系的重要一环，其质量和方式对幼儿的成长与发展具有深远的影响。随着教育理念的不断更新与发展，学前教育课程游戏化作为一种创新的教育模式，逐渐成为学前教育研究的重要方向。它不仅适应了幼儿身心特点、提升了课程趣味性、打造了学前教育特色品牌、促进了教师专业发展，还优化了学前教育质量。这些意义不仅有助于幼儿的全面发展，也为学前教育的改革和发展提供了新的思路和方法。因此，我们高度重视学前教育课程游戏化理论研究与实践工作，不断探索和创新符合幼儿发展需求的教育模式和方法，为幼儿的健康成长和全面发展奠定坚实的基础。

话题一　学前教育课程游戏化的教育背景

学前教育课程游戏化教育背景是一个复杂而多维的体系，是多重因素交织影响下的产物。它涵盖了政策推动、教育改革、社会需求、教育理念更新以及实践探索等多个方面。以下是对学前教育课程游戏化教育背景的详细阐述。

一、政策推动与教育改革

（一）政府政策支持

近年来，政府出台了一系列加强学前教育发展的政策和规划，这些政策不仅明确了学前教育的重要性，还提出了具体的目标和任务，为学前教育课程游戏化的推进提供了政策保障。

自2010—2022年期间，国家教育部就学前教育相关的政策文件就下发了41个，这足以说明学前教育事业是国家关注的重点。基于教育行政部门领导对发展学前教育在个体成长和国家整个教育事业发展中的重要作用的重视，教育部近几年的工作计划中不断提及学前教育，对当下的现状以及存在的问题进行分析，并采取措施解决，这在一定程度上推动了学前教育事业的发展，提高了学前教育的教育质量。

学前教育的重要性不仅在于对个体发展的基础性作用，还在于对国家未来发展的战略意义。从政治、民生、国家发展的角度来理解，学前教育的发展关乎国家的未来和社会的进步。

1.政治重要性

党的二十大报告指出，教育是国之大计，党之大计，强调了坚持为党育人的重要性。学前教育作为终身学习的开端，对于培养德智体美劳全面发展的社会主义建设者和接班人具有基础性作用。

2. 民生重要性

解决"入园难"和"入园贵"的问题，直接关系到亿万儿童的健康成长，体现了党把人民幸福摆在最高位置的价值取向，展现了中国特色社会主义制度的优越性。

3. 国家发展重要性

学前教育的发展还有利于为国育才和适度增加生育，对于优化人口结构、提高国民素质具有重要意义。

为了实现学前教育的普及、普惠和优质发展，国家出台了一系列政策和措施，包括：明确学前教育的指导思想、基本原则和主要目标，强调公益普惠的基本方向，扩大普惠性学前教育资源；积极挖潜扩大增量，支持农村地区、脱贫攻坚地区新建改扩建普惠性幼儿园；提高保教质量，推进幼儿园办园行为专项治理，提高教师保教实践能力；推进实施学前教育法，助力学前教育事业实现"有法可依、有法必依"。这些措施和政策体现了国家对学前教育事业的高度重视和发展规划，旨在确保每一个孩子都能享受到高质量的学前教育，为国家的未来发展奠定坚实的基础。

（二）教育改革的推进

随着社会经济的发展和中国教育事业的进步，学前教育作为基础教育的重要一环逐渐受到了重视。教育改革的深入发展，使得学前教育不再仅仅关注知识的传授，而更加注重幼儿全面发展和综合素养的培养。

课程改革是幼儿教育改革的突破口。课程游戏化作为教育改革的重要举措之一，通过游戏化的方式激发幼儿的学习兴趣，培养幼儿的创新能力和实践能力，符合教育改革的方向和要求。

幼儿园课程改革是提升学前教育质量的关键所在，它直接关系到幼儿教育的质量和幼儿的发展。从多个方面来看，幼儿园课程改革对幼儿教育的提升具有深远的意义。

1. 提升教育质量

幼儿园课程改革旨在改变幼儿园课程的价值取向，从强调教育结果转变为强调教育过程，注重儿童的发展和一般能力的获得。这一转变有助于提升教育质量，使教育更加关注儿童个体的成长和发展。

2. 教师观念的转变

随着幼儿园课程改革的推进，教师的教育观念也在不断更新。教师需要理解和践行科学的教育理念，将新的教育观念转化为教育行为，这对提升教育质量至关重要。

3. 解决实际问题

幼儿园课程改革面对的问题是教育观念需要更新、充实和落地生根，并真正转化为教师的教育行为。通过改革，可以解决学前教育面临的一些现实问题，如教育资源的分配、教师培训等。

4. 促进教师专业化发展

幼儿园课程改革为幼儿教师专业化发展提供了条件和机会。通过培训和实践，教师可以不断提高自身的专业素质，实现从"普通人"到"幼儿教育者"的专业成长。

5. 应对"囚徒困境"

在幼儿园课程改革的实施过程中，社会评价对改革产生了一定的影响，形成了一种"囚徒困境"。通过反思和调整策略，可以解决这一困境，确保课程改革能够顺利推进。

幼儿园课程改革不仅是提升学前教育质量的突破口，也是促进教师专业化发展、解决实际教育问题的重要途径。课程改革以来，儿童成长的小环境和大环境都已发生巨变。通过对国家发展学前教育相关政策文献的梳理，发现无论是提出"课程要以游戏为基本活动"，还是"课程要培养幼儿学习品质"等，都更加明确了"课程改革是幼儿教育改革的突破口"。通过不断深化课程改革，可以更好地满足幼儿全面发展的需要，实现教育现代化。

二、社会需求与家庭教育观念的转变

（一）全球化背景下的社会需求

在全球化背景下，各国之间的竞争日益激烈，人才竞争成为关键。学前教育作为人才培养的基础阶段，其重要性不言而喻。社会对学前教育质量的期待和要求不断提高，推动了学前教育课程游戏化的发展。

1. 国内外研究现状

从国外研究看：温哥华当地的幼儿园就是一个大型游乐场，孩子们穿梭其中，教室里到处都是玩具和孩子们的作品，身在其中，整个人非常轻松快乐。德国幼教工作者认为，对孩子们来讲最重要的是玩，通过玩来教他们是符合幼儿身心发育特点的。后现代主义课程专家多尔指出："为适应复杂多变的 21 世纪的需要，应构建一种具有开放性、整合性、变革性的新课程体系。"日本幼教专家高杉自子提出了推进幼儿园教育的三个论点：一是使幼儿能够情绪安定，充分发挥出积极性、主动性、创造性；二是实施以幼儿自发游戏为中心的综合性指导；三是根据幼儿个性发展的差异进行相应的指导。

从国内研究看：在我国，课程的生活化、游戏化曾是 30 — 40 年代我国幼儿园课程研究中的一个重要课题。陈鹤琴所倡导的活教育及整个教学法，张雪门所倡导的行为课程等，都在很大程度上反映了生活在幼儿园课程中的价值，反映了生活对幼儿园课程内容的组织作用、内聚作用。近年来，对生活化教育的研究也日益增多，如：虞永平教授的《幼儿园生活化、游戏化课程》，丰富了幼儿园课程理论，为基层幼儿园的园本课程建设提供了依据。

综上所述：从国外研究看，教育质量成为全世界教育发展的主题，各国都在关注游戏化教育，注重幼儿个性发展；从国内研究看，目前的研究倾向于理念探索且没有构建出完整的课程游戏化发展理论体系，在课程资源开发、教学创新、队伍建设等实践层面没有形成体系化、可借鉴的成功范式。

2. 当前的研究基础

多年来，长春市形成了教育系统各级领导亲自挂帅，以课题研究引领教育改革的工作机制，区域之间协调发展、和谐共进的长春教育发展格局正在形成，幼小衔接、早期教育、教师专业化成长等研究成果为本课题研究奠定了良好的基础。

学前教育课程游戏化课题的实施，坚持目标导向与问题导向统一，以队伍建设、课程建设、资源建设为重点任务，以研训推动、游戏驱动、服务拉动为实施手段，以促进幼儿园跨越发展、科学发展、持续发展为根本追求，把幼儿园的优质发展和质量提升放在推进我市学前教育优质均衡发展的背景下，放在全面提升教育质量的目标下，放在全力打造优质教育全链条布局下。同时，也为了进一步贯彻落实国家教育部关于发展学前教育的法规和政策，纠正幼儿园"小学化"倾向，聚焦幼儿园课程建设和质量提升，根据幼儿园发展的需要，结合长春市学前教育现状和实际，我们把幼儿园课程游戏化的实践策略研究作为学前教育发展新的生长点，进行了顶层设计、整体规划和确定实施学前教育课程游戏化实践策略研究。

（二）家庭教育观念的转变

随着科技的进步和社会文明的提高，父母对孩子教育的要求也越来越高。他们开始意识到学前教育的重要性，意识到孩子在学前阶段受到的教育对其整个人生的影响。这种家庭教育观念的转变促使家长更加关注学前教育的质量和方式，而课程游戏化作为一种符合幼儿身心发展特点的教学方式，便得到了家长的认可和支持。

幼儿园通过讲座、政策研读沙龙等形式对家长进行相关教育，提升家长保护幼儿游戏权的意识，凝聚共识，积极支持幼儿园开展以游戏为基本活动的教育。

随着社会的不断进步和人民生活水平的提高，家长和社会对学前教育的重视程度也日益提高。他们不再仅仅满足于孩子得到基本的保育服务，而更加关注学前教育的质量和效果。课程游戏化作为提升学前教育质量的有效途径之一，通过游戏化的课程设计和实施，可以更好地满足幼儿的学习需求和发展特点，提高学前教育的针对性和实效性。

三、教育理念的更新与实践探索

（一）教育理念的更新

近年来，国际先进的学前教育理念和方法逐渐传入我国，为我国学前教育的发展注入了新的活力。课程游戏化作为其中的重要理念之一，强调以游戏为基本活动形式，通过游戏化的方式促进幼儿的全面发展。

课程游戏化的核心理念包括：

1. 游戏与学习的结合

通过游戏化的教学方式，将知识技能的学习融入游戏中，使幼儿在游戏中获得知识和技能的提升。

2. 幼儿主导的学习

尊重幼儿的主体地位，鼓励他们自主选择和参与游戏，培养他们的主动性和创造性。

3. 个性化发展

根据幼儿的身心发展规律和兴趣设计教育目标，支持每个幼儿在游戏中展现自己的优势。

4. 教师和家长的参与

教师和家长在课程游戏化过程中发挥支持和引导作用，帮助幼儿发现和培养自己的兴趣和能力。

随着全球教育理念的不断发展，越来越多的教育家和研究者认识到游戏在幼儿学习和发展中的重要作用。他们认为，游戏是幼儿的天性，是幼儿探索世界、认识自我、发展能力的重要途径。因此，将游戏融入学前教育课程，实现课程的游戏化，成为现代教育理念的重要体现。这种理念强调以幼儿为中心，尊重幼儿的主体地位，通过游戏化的方式激发幼儿的学习兴趣，促进幼儿的全面发展。

（二）教育实践的探索与创新

在教育实践中，越来越多的幼儿园和教师开始尝试将游戏融入学前教育课程，进行课程游戏化的探索和创新。他们通过创设丰富的游戏环境，以支持幼儿的游戏活动和学习需求，通过设计多样化的游戏活动，以促进幼儿在不同领域的发展，通过提供适宜的游戏材料，以满足不同发展水平幼儿的需求，让幼儿在游戏中学习、在游戏中成长，将游戏与课程内容有机结合起来，实现了课程的游戏化。这些实践探索不仅丰富了学前教育的课程内容和形式，还提高了学前教育的质量和效果，为幼儿的学习和发展提供了更加有力的支持。

课程游戏化的实践方法包括：

1. 教学活动游戏化

通过创设游戏化的教学情境和运用游戏化的教学手段，如猜谜语、唱儿歌、听故事等，使幼儿在游戏中完成学习任务。

2. 区域活动游戏化

设置多样化的活动区域，提供丰富的游戏材料，让幼儿在游戏中探索和学习。

3. 生活活动游戏化

将游戏元素融入日常生活活动中，如通过图文并茂的方式培养幼儿的生活习惯和提高幼儿的自理能力。

学前教育课程游戏化的创新主要体现在：

1. 融合现代信息技术

随着科技的发展，现代信息技术为学前教育课程游戏化提供了新的可能性。教师可以利用数字游戏、教育软件、虚拟现实等技术手段，丰富游戏内容和形式，提高教学效果。

2. 跨学科整合

游戏化教学可以打破学科界限，实现跨学科的整合。通过设计综合性的游戏活动，如将语言、数学、科学、艺术等多个领域的知识融合在一起，促进幼儿全面发展。

3. 家园共育

家庭是幼儿成长的重要环境之一。学前教育课程游戏化的创新应关注家园共育的模式，鼓励家长参与到游戏化教学中来，共同为幼儿创设良好的学习和游戏环境。

4. 个性化教学

针对不同幼儿的个性特点和发展需求，教师可以设计个性化的游戏化教学方案。通过观察幼儿在游戏中的表现，了解他们的兴趣点和优势领域，为他们提供更有针对性的指导和支持。

四、课程游戏化建设的重要意义

课程游戏化的建设对于学前教育的发展具有重要意义：有助于激发幼儿的学习兴趣和积极性，增强幼儿的学习动机，让他们主动学习，乐于探索；有助于培养幼儿的创新能力和实践能力，如在游戏中，幼儿通过观察、操作、思考，不断提升观察力、动手能力和逻辑思维能力，促进认知发展；有助于促进幼儿的身心健康发展，提高幼儿的综合素质和竞争力，如团队合作游戏有助于幼儿学会沟通、协商、分享，培养良好的人际关系和社会适应能力。此外，课程游戏化还有助于推动学前教育的质量提升和内涵发展，为培养有理想、有本领、有担当的时代新人奠定坚实基础。

综上所述，学前教育课程游戏化的教育背景是教育理念现代化、社会对学前教育质量的关注、幼儿身心发展的特点以及教育实践探索与创新等多方面因素共同作用的结果。这一背景为学前教育课程游戏化的推进提供了有力的支持和保障，也为幼儿的全面发展创造了更加有利的环境和条件。

话题二　学前教育课程游戏化的内涵和意义

随着教育理念的不断更新与发展，课程游戏化作为一种创新的教学模式，正逐渐受到教育界的广泛关注与实践。它不仅仅是将游戏元素简单地融入教学过程，更是对传统教学模式的一次深刻变革，旨在通过游戏的趣味性、互动性和情境性，激发学生的学习兴趣，提升学习效果，促进学生全面发展。本文旨在探讨课程游戏化的内涵及其在教育领域的重要意义。

一、课程游戏化的内涵

（一）课程游戏化的概念

课程游戏化是指将课程教学与游戏相结合，通过游戏化的方式组织和实施教学活动。这种教学模式强调以幼儿或学生的兴趣和身心发展规律为出发点来设计教育目标，使学习过程更加轻松、愉快和有效。

具体来说，课程游戏化不仅仅是简单地在课程中插入游戏元素，而是将游戏作为一种教学策略和方法，贯穿于整个教学过程中。它要求教师根据课程内容和学生特点，设计富有创意和趣味性的游戏活动，让学生在游戏中学习知识、发展技能、培养情感和态度。

我国教育部曾经颁布幼儿园指导相关文件，明确指出幼儿活动的重要性。陈鹤琴先生曾经指出，游戏对儿童是十分关键的，从某种意义上讲，儿童可以在游戏中获得能力的发展。杜威指出："游戏性是一种精神态度，游戏是这种态度的外在表现。"游戏性是指儿童以主动性为特征的主观素质（包括动机、情感、能力和态度），游戏中的独立性和创造性倡导幼儿园课程游戏化不是以游戏的形式表现幼儿园课程，而是强调游戏精神在课程中的体现。课程游戏化是为了使幼儿园课程更适合幼儿,在课程实施过程中,更生动、更有趣、更有效地促进幼儿获得新的体验,促进幼儿的全面发展。课程游戏化的核心是使幼儿园课程更贴近幼儿的生活、兴趣和需求、学习特点和实际发展水平。

(二)课程游戏化的本质

虞永平教授指出,要把课程游戏化看成一个质量工程,这是幼儿教育质量的抓手和切入点,也是当前幼儿园课程改革和课程建设的一个突破口。课程游戏化要将游戏精神的理念和幼儿自身的主动性以及主体性体现到教学活动中,使得课程游戏化实现的效果和效率更加显而易见。在实施课程游戏化之后的教学过程中,孩子获得的是自主性带来的自我满足感和自信心,儿童的兴趣也会随着自主性的提升而提升,同时自主游戏为儿童带来的幽默感、胜利感和愉悦感也会对儿童的身心发展起到较大的推动与促进作用。可以说,游戏在整个游戏化教学的过程中带来的积极作用远比单纯地接受知识灌输的作用要大得多。

我们幼教界当前面临的最根本的任务就是从整体上提升幼儿园课程建设的质量和幼儿园课程实践的水平。因此,理解课程游戏化就要在儿童可能达到的发展水平基础上,从儿童实际的发展水平上来理解,从提升幼儿园教育质量的高度和广度上来理解。

课程游戏化不是重新设计一套游戏化课程。从现实意义上说,将过去的课程全盘抛弃而重新建立一套游戏化课程的做法是不可取的。因为幼儿园所做的课程都是有价值的,其中的精华和核心不能轻言放弃。课程游戏化要尊重幼儿园课程传统,珍视幼儿园课程建设的经验,但幼儿园必须反思课程存在的问题与不足,所建设和采用的课程应与《3—6岁儿童学习与发展指南》(以下简称《指南》)进行对照,找出差距和缺陷。我们需特别关注幼儿园课程是否体现自由、自主、创造、愉悦的游戏精神?幼儿园课程有没有让幼儿真正成为学习的主人?有没有给幼儿创造丰富多样的游戏环境?有没有让幼儿在生活和游戏中学习?有没有让幼儿动用多种感官进行学习?有没有让幼儿不断获得新经验?

因此,课程游戏化是对现有课程的提升、改造和完善,其方向是《指南》和《幼儿园指导纲要》(以下简称《纲要》)。推进课程游戏化项目的目的,是提升幼儿园课程建设水平和提高教师专业能力，是从幼儿的需求出发，及时把握幼儿学习的生长点，通过引导和建构新的课程模式，促进幼儿学习与发展。可见，课程游戏化真正以幼儿为中心，使幼儿园课程更生动、有趣，更符合幼儿的实际情况。

课程游戏化是根治幼儿园教育"小学化"倾向的有效手段。众所周知，我国幼儿园教育"小学化"问题比较严重。这与地区和家庭的经济水平、社会发展水平、教育理念、教育体制、师资质量、家长诉求等因素都有关系，与幼儿园学科教学的课程模式也有很大关系。如果不从根本上改革现行的课程模式问题，幼儿园教育的"小学化"倾向将很难得到彻底解决。

课程游戏化也是区别幼儿园游戏与游乐场游戏的本质标志。曾有学者在观摩"安吉游戏"时提出问题："如此玩法，幼儿园与游乐场有什么区别？"其实区别就在于幼儿园实行的是课程游戏化的课程模式。在幼儿园里，幼儿在自主游戏或工具性游戏中发挥着自主性，同时还得到教师的监护、观察和支持，在出现学习点时能及时得到教师的引导和帮助。而游乐场一般没有幼儿园的这些功能。也许还有其他的不同，但课程游戏化肯定是幼儿园游戏与游乐场游戏之间最本质的区别。

（三）幼儿园课程与游戏的关系

对于幼儿园课程与游戏之间的关系，学术界众说纷纭，各执一词。基于教育视角观察课程与游戏的关系会发现，课程与游戏有着共同的目标——促进幼儿的发展。任何形式的教育都是为了促进幼儿发展，而课程和游戏都是教育可利用的、有助于幼儿发展的手段。针对幼儿的身心发展特点，教师在课程中适当地加入游戏，使幼儿园课程更具趣味性和吸引力，是非常有意义和价值的。

在幼儿园课程中，游戏具有双重价值：本体性价值和工具性价值。对幼儿来说，游戏就是游戏，能满足自身发展的需求，具有内在目标，这体现出游戏的本体性价值；对教育者来说，游戏是促进幼儿发展的手段，具有外在目标，这体现出游戏的工具性价值。幼儿天性活泼好动、喜爱探索，对自己身边的世界充满好奇心和求知欲。但传统的课堂教学枯燥无味，常常将知识和实践割裂开来，这不仅会扼杀幼儿喜爱动手探索身边之物的天性，而且会影响幼儿学以致用能力的发展。根据幼儿的天性及发展需求，幼园将课程与游戏结合起来，使幼儿园的教育教学游戏化，既可以激发幼儿对课堂教学活动的兴趣，也能在满足幼儿发展需求的同时锻炼和促进幼儿各项能力的发展。幼儿一般会对自己想要了解和探索的问题抱有极大的兴趣，但有时会对教师提出的问题或布置的作业不感兴趣，甚至产生抵触情绪。而游戏化的课堂教学恰好可以将游戏与教学巧妙且生动地结合在一起，让幼儿在解决问题的过程中获得满足感，激发和保护幼儿的求知欲和探索欲，充分体现了寓教于乐的教育理念。

二、课程游戏化的研究意义

在快速发展的教育领域中，学前教育作为个体终身学习的起点，其重要性日益凸显。随着教育理念的不断革新，课程游戏化以其独特的魅力逐渐成为学前教育领域的一大趋势。学前教育课程游戏化研究具有多方面的积极意义。

研究意义主要分为理论意义和实践意义。理论上，丰富当前已有的课程游戏化研究，并且在一定程度上推动儿童视角相关理论的发展。实践上，主要是通过促进教师对自己教学行为的反思和改善，为课程游戏化的实施方式提供进一步的思考。

（一）理论意义

1. 为完善学前教育质量提升发展概念提供理论参考

破解幼儿园面临的一些实际困难和问题，尤其要坚决防止和纠正幼儿园"小学化"的倾向，对学前教育质量提升发展的内涵、外延进行深入探索，综合分析感性经验，提炼概括学前教育质量提升发展的特有属性，形成理性认知，补充、完善具有中国特色的学前教育质量提升发展概念。

2. 为构建学前教育课程游戏化体系提供理论依据

围绕"课程游戏化"这一核心概念的内涵与外延，厘清学前教育课程体系中各要素之间的内在逻辑及协同运行规律，丰富学前教育课程建设发展理论成果。研究以陈鹤琴的"活教育"理论和陶行知的"生活教育"理论为理论基础，以认知发展阶段理论及儿童游戏分类为参照框架，以认知领域目标分类结构为参照标准，以多元智能理论和建构主义理论为参照依据，以瑞吉欧教育理念及方案教学为参照指引，构建"幼儿园课程游戏化"理论支撑体系。

（二）实践意义

1. 为各地学前教育课程建设发展提供路径思路

对市域学前教育发展中的关键点和制约点全方位开展研究，创新区域学前教育课程游戏化的实操模式和运行机制，丰富学前教育质量提升发展的区域策略。通过课程构建、游戏驱动，促进幼儿园科学发展。通过教师发展、研训推动，促进幼儿园跨越发展。通过资源建设、服务拉动，促进幼儿园健康发展。

2. 为破解课程建设质量提升发展的瓶颈问题提供实践范式

在借鉴国内外研究成果和经验的基础上，着力破解制约学前教育发展的瓶颈问题，优化治理机制，合理配置资源，重塑课程结构，形成我市幼儿园课程游戏化的实践模式；着力探索适合国情和地方特点的课程游戏化途径、方法及理论问题，构建我市学前教育"区域优质均衡发展，幼儿园优质特色发展，幼儿全面而有个性发展"的发展格局，可望对我市幼儿园课程的创新模式建设有所贡献，为全省乃至全国破解学前教育质量提升发展中遇到的重难点问题提供策略方法。

综上所述，课程游戏化的意义在于，最大限度地发挥幼儿在游戏中的主动性和创造性，同时也最大限度地发挥教师的专业力量，通过游戏促进幼儿的学习和发展。只有实现了课程游戏化，游戏才能真正成为幼儿园的基本活动。正如周桂勋所说："课程游戏化，其逻辑起点是游戏，是游戏进入课程的过程，是游戏从课程理解之外到成为课程组成部分的过程，或者说是对游戏对于幼儿发展价值的认同以及捍卫幼儿游戏权利的过程。课程游戏化是在认同'幼儿的成长和生活中游戏是不可或缺的'这一前提下，将游戏纳入幼儿园课程范围并付诸实施的过程。这是一个课程观念变革的过程，同时也是一个幼教实践变革的过程。它是一种理念，一种方向或趋势，也是一种幼儿园教育实践。"

话题三　学前教育课程游戏化的研究内容

学前教育作为基础教育中的基础，是幼儿身心发展的重要阶段。近年来，游戏化教育在学前教育领域得到了广泛应用，并取得了显著成果。游戏化教育不仅符合幼儿的天性，还能有效激发幼儿的学习兴趣，培养幼儿多方面的能力。本文旨在探讨学前教育课程游戏化的研究内容，为教育实践提供理论支持和实践指导。

一、当前课程游戏化建设的中心任务

经过两年多的实践，课程游戏化有力推动了幼儿园课程建设，提升了教育质量。经过我市科研部门组织的年度课程游戏化的视导，总结了经验和成绩，发现了问题和不足，提出了改进的要求和举措，有力推动了课程游戏化的实践。在当前新的形势和背景下，我们要立足推进学前教育的高质量发展，立足达成现代化建设的目标，立足学前教育的可持续发展。

（一）加强投入，提供高质量发展的条件保障

幼儿园教育质量的保障是政府的制度化投入。在过去的十年中，各级政府加强了对学前教育的投入，"入园难""入园贵"的问题得到了基本解决。当前迫切需要解决的是教育质量不高的问题，而质量不高与政府投入有密切关系。由于投入低，部分幼儿园运行经费短缺，资源不充分，对课程实施过程的支持不充分。政府对部分普惠性民办幼儿园收费有规定，但补贴不到位，出现了低成本和低质量运行的状况。投入不足带来的关键问题是教师待遇没有充分落实，严重影响教育质量。自国家实施学前教育行动计划以来，要求公办幼儿园在编和非在编教师实行同工同酬，这是确

保公平和质量的基本要求。但是长期以来，不少地方没能落实这个要求，两类教师收入差距往往在50% — 60%之间。普惠性民办幼儿园和部分非普惠民办幼儿园教师收入过低。月薪两千多元的教师大量存在。一小部分教师没有完全落实"五险一金"问题。这些严重影响了幼儿园教育质量，也必将影响幼儿园教师的职业吸引力，降低幼儿园教师的职业幸福感，并影响未来幼儿园教师队伍的质量和稳定性。如果这些问题不能得到有效解决，就难以真正实现学前教育的高质量发展，甚至难以保证基本的教育质量。必须下决心，建制度，抓落实，形成学前教育投入的良性机制，确保解决教师待遇这一影响质量的关键问题。

（二）回到常识，确立高质量发展的思想基础

常识是经过理论论证和实践检验的基本知识，是幼儿园一切工作的基础，是科学的学前教育的基本保证，而教师获得常识的基本途径是师范学校的职前学习和职后的岗位培训。常识能让教师分辨是非，坚定信念，科学实践。远离常识就是远离科学，就难以产生共识和开展讨论。教师要避免把个人的见解当作常识，把背离基本价值的认知当作常识。缺乏常识就会走向极端，就会制约和影响教育过程，最终影响儿童的发展。

首先，教育是有目的、有计划地影响人的身心的社会活动。教育不是随心所欲的工作，目的性是教育的重要特性。确立课程目标体系是幼儿园课程建设的重要环节，也是落实《指南》目标的主要环节。有目的、有计划才有可能不断满足儿童发展的需要，促进儿童的发展。目标的确立是以观察、分析和研究儿童为基础的，是对规律深入把握的过程。对幼儿与教师来说，确立的目标要反映规律，更要反映现实，既要反映具体的大多数儿童，又要反映个别儿童。良好的、可操作的目标具有适切性、行为性、有效性的特征，幼儿园的环境创设、玩具材料的提供、时间的安排和管理以及具体活动的展开，都不同程度地蕴含了教育的目标。

其次，课程是实现教育目的的中介。不同的教育机构都有相应的课程，只是不同的学术流派所倡导的课程不尽相同，不同阶段的教育机构实施的课程也各不相同。通常，课程的定义有计划、学科、过程和结果等不同的取向，幼儿园课程往往采用过程或活动的取向。幼儿的身心发展规律和学习特点决定了幼儿园课程不是由文字符号体系构成的，而是由儿童的活动和直接

经验构成的。因此，幼儿园课程是有目的、有计划、生动活泼的，能引导幼儿获得有益经验的各种活动。幼儿园都有相应的课程，否则称不上幼儿园。幼儿园课程不是教科书，不是儿童读物，而是一个根据儿童特点和资源基础来设计的、能引导儿童获得经验的过程。幼儿园的环境、学习材料、氛围和教师的行为都蕴含了目的和计划，只是不同的时间、不同的空间、不同的活动目的和计划强弱有所区别。幼儿园课程实施的途径包括教学、游戏、日常生活、区域活动等多种方式。

再次，教学是幼儿园正常的、基本的事务，也是实施课程的方式之一，没有教和学的幼儿园是不可思议的。只是不同时代、不同阶段有其特殊的教学观。儿童的学习特点决定了幼儿园的课程主要不是以文字和符号系统呈现，因此幼儿园的教学主要也不是讲解和说明，而是引导儿童动用多种感官，通过观察、操作、体验、交往和表达等方式与周围环境相互作用，并获得综合的、有益的经验。环境创设、材料提供、策略支持等是教师重要的教学行为，不能因否定说教的刻板教学观而同时否定新的教学观和新的教学实践。教学不是灌输知识，而是引导儿童做适宜的事并获得有益经验。教学有集体教学、小组教学和个别教学三种基本组织方式。集体教学的形式不是一成不变的，而是经常转化为小组教学和个别教学的形式。幼儿园课程实施是一个复杂的系统，需要多种方法的相互支撑和有机结合，日常生活、区域学习、游戏、集体教学等都是课程实施的重要途径。

最后，游戏是儿童的权利，是儿童内在的、基本的需求，游戏也是儿童获得经验、得到发展的重要途径。因此，要确保儿童自主游戏时间，努力创造良好的游戏环境，满足儿童在游戏中释放天性、愉悦精神的需要。幼儿园的其他活动都应体现自由、自主、愉悦、创造的游戏精神，让游戏尽可能体现在儿童一日生活的环节之中。尤其是在教学活动中，要尽可能采用游戏的方式，这也是幼儿园课程游戏化实施的基本指导思想，让儿童有更多机会享受游戏，让游戏精神融入课程实践，让幼儿园课程更加生动、有趣和有效。

（三）务实实践，实现在原有基础上的新进步

课程实践是课程产生成效的关键，也是课程理念转化为课程行为并促进儿童发展的关键步骤。幼儿园不同于中小学，没有统一规定的、现成的

课程方案，儿童没有教科书。幼儿园课程需要教师通过各种方式进行不同水平的建设，对此要理性看待：不能因为部分幼儿园没有独立建构的能力而否定幼儿园的课程建设，否定幼儿园为完善课程所做的努力；也不要把独立建设完整课程作为任务强加给所有幼儿园，逼迫幼儿园脱离实际，做力不从心的工作。由于不同的幼儿园处于不同的发展水平，课程实践的途径和方式也是各不相同，因此幼儿园应该从自身的实际出发，采用适宜的方式推进课程建设。

经过推进课程游戏化项目的实施，我市幼儿园课程建设能力得到了很大的提升，只能按照购买的某个课程方案开展课程实践的幼儿园数量正在减少，一些幼儿园已经能从实际出发，参考、整合、改造多个方案中的活动，让课程更符合个性需求，逐步推进购置课程方案的园本化。还有一部分幼儿园已经能确立自身的课程理念，系统梳理课程目标，深入研究优势资源，从实际出发，构建适合自己的课程体系。值得注意的是，不同基础的幼儿园应选择不同水平的课程实践，课程建设实践不能一刀切、齐步走。

应该明确的是，只要是合格的幼儿园教师，都应具备基本的观察分析能力、课程规划和设计能力、资源挖掘和利用能力、活动组织和实施能力、环境设计和创设能力，这是合格幼儿园教师的基本素养。要进一步改革师范教育，改革师范课程，确保师范生合格、胜任。同时要加强在职学习和培训，不断更新教师的知识和能力体系，使广大幼儿园教师真正适应新时期幼儿园教育工作，尤其是适应幼儿园课程建设工作。只有这样，幼儿园的课程才能不断完善，不断反映儿童的需要和本园的实际，才能使幼儿园课程更好地促进儿童的发展。

（四）创新变革，积累幼儿园课程建设新经验

幼儿园课程建设涉及多方面的工作，会遇到多种问题和挑战，这就要求在课程建设过程中进行创新和变革。幼儿园要更新观念，切实贯彻科学的儿童观、教育观、教师观和课程观；要结合实际，依据儿童身心发展规律，根据儿童现实的行为表现，有针对性地开展适宜的课程实践，避免"文本中心"和"教师中心"；要聚焦课程建设的现实问题，创造性地开展课程实践，努力提高课程实践的成效；要聚焦幼儿园课程游戏化推进过程中真实的、重要的问题，用创新的思维和方法去解决问题，努力在问题中思考和学习；

要加强对幼儿园课程建设的过程性评价，尤其要关注儿童在各类活动中的行为表现，关注教师在支持和促进儿童发展过程中遇到的现实问题，加强教研，积累成功经验；要加强对实践的总结，尤其是要凝练和提升经验，发现规律，丰富实践性智慧。此外，总结是幼儿园教育实践的重要环节，教师要形成总结、反思、提升和改进的习惯，不断在总结中提升专业素养。

二、对幼儿园课程游戏化实施的研究

（一）对课程游戏化融入幼儿园一日生活的研究

幼儿园课程游戏化是幼儿园教育的热点话题，国内研究者围绕这一话题展开了激烈的讨论。吴瑞传在研究的过程当中指出，必须要重新解读游戏这一幼儿园的教育形式，以此为基础，提高幼儿园课程游戏化的实现程度，在深入实际的基础之上，找出幼儿园课程游戏化相关的影响因素和作用机制，从而更好地帮助儿童获得身心愉悦的体验。陆怡君在《幼儿园课程游戏化的教育价值及其实现探究》中认为，要从教学活动的游戏化、为孩子营造积极活泼的课堂氛围、注重培养孩子在游戏中的创新思维、实现游戏化的教育策略等方面来实现课程游戏化的教育价值。梁芳芳在研究的过程当中则指出，幼儿园课程游戏化建设实际上实现了课程教育与游戏之间的深度融合，有效地激发了孩子的好奇心和学习兴趣，可以改变传统的教学观念，创新教学方法，从而营造良好的游戏氛围。王万峰在《幼儿园课程游戏化实现途径探析》中谈到了幼儿园课程游戏化的实现途径，包括创造良好的环境、满足幼儿的游戏心理、介入日常教学、实现游戏的充分渗透等，优化幼儿园的课程，深入挖掘游戏因素，创造游戏资源，融入幼儿园的课程教学中。

1. 区域活动游戏化的研究

在设计区域活动时，幼儿教师需要明确活动目标，结合课程游戏化的要求，开展游戏化区域活动，实现课程目标和活动目标的有机结合，促进课程游戏化与区域活动的融合。关于幼儿园区域活动游戏化的探索，许多教育专家纷纷发表了各自的看法。任艳提出，区域活动要多样化，为幼儿提供多样化的游戏内容和丰富的游戏材料，给幼儿充分选择的空间，促进幼儿与同伴及周围事物进行磨合，促进幼儿动手能力、思维能力的发展。曹苹分析了读写区创设中存在的问题及成因，进而提出了改进读写区的有效途径。徐庶尹认为，区角活动应关注各区域对幼儿发展的不同作用，如图书阅读类活动重在培养听说能力，积木区活动以培养动手能力为主，发明创新活动则主要培养幼儿的创新能力。

2. 主题活动游戏化的研究

王美华认为，将游戏化运用于语言教学可以"提高教学的生动活泼程度，让孩子们更加乐于参加，从而提高教学实际成效"。王军认为，游戏对促进幼儿参与自主科学探究、感受科学探究的过程和方法具有不可替代的积极作用，并对如何在游戏中激发幼儿的探究欲望、营造探究的氛围、培养探究的意识以及精神环境创设等问题进行了深入分析。谢飞君以幼儿园主题活动《我是中国娃》为例，分析了幼儿的课程需求，并主张借鉴新西兰学习故事中的"观察—分析—回应"模式改造我国幼儿园课程。

3. 户外活动游戏化的研究

梅崇铁认为，开展幼儿园体育活动应以幼儿身体健康为本，注重游戏化的方式。但是当前幼儿园体育活动缺少方向性、计划性、组织策略单一、体育活动效率不高等问题，应该从加强教师培训、明确课程游戏化发展方向、科学设计课程内容、合理使用组织策略等方面予以完善。倪健英认为，户外游戏可以提升幼儿的综合能力、增强幼儿的体质，能够充分体现"自由、自主、愉悦、创造"的游戏精神，教师可以通过改造、调整户外环境、游戏材料及内容，将户外游戏与园本特色课程整合在一起，也可以运用混龄参与模式，推动园本课程的游戏化、特色化发展，真正促进幼儿快乐成长。

（二）对幼儿园课程游戏化存在问题的研究

对幼儿园课程游戏化的错误认识，将给幼儿教育发展带来不良影响，甚至会危害幼儿的健康成长。幼儿园课程游戏化是一项长期的系统工程，不是单纯地修改教案或在教案中增加几个游戏环节，更不是简单地延长游戏活动的时间。虞永平强调，要避免对幼儿园课程游戏化的误解，"强化各类游戏的预定性目的，强化教师的直接指导，在课程方案中增加游戏课；在所有活动中增加游戏环节，进行专门的游戏设计和组织比赛，细化并检查游戏计划等"。有研究者分析了幼儿园课程游戏化实施现存的三个方面的问题。其一，幼儿园的环境创设缺乏游戏要素，幼儿自由游戏的空间不足、时间不够，游戏材料不够丰富且投放不合理。其二，幼儿教师的专业素养有待提升。部分教师未能准确把握幼儿园课程游戏化的内涵，不能准确定位自己的角色。要么高度控制游戏，导致幼儿缺乏自我探索、自主建构的经验；要么放任幼儿游戏，教师放弃自身的指导和教育职责，成为一个纯粹的旁观者，导致游戏无法深入，幼儿只能获得一种浅层次的快乐。还有的教师不能很好地处理游戏与教学的关系，担心自己违背课程游戏化建设的要求，出现"羞谈"或"忌谈"教学的现象。其三，家庭与社会对幼儿园课程游戏化建设存在误解。很多家长持有"业精于勤荒于嬉"的传统观念，将"游戏"与"玩耍"画等号，或者将"游戏"与"学习"相对立，认为游戏会妨碍幼儿的学习、阻碍幼儿的发展。这在一定程度上削弱了教师的专业自主权和教学热情。

（三）对幼儿园课程游戏化推进策略的研究

深入推进幼儿园课程游戏化需要聚焦儿童的主体性，关注幼儿园现实的条件和资源，提升教师的专业能力。就现有成果来看，研究者更关注幼儿园资源的开发与建设，对其他两方面探索的力度相对薄弱。

1. 聚焦儿童主体性的研究

只有充分调动儿童参与活动的积极性、主动性与创造性，他们的学习主体地位才能得到落实，"儿童是主体就必须是积极的、主动的和创造的，课程要聚焦儿童的多感官参与多样性的活动"。互动发展理论认为自主的活动选择是幼儿了解、构建世界的主要方式。游戏是幼儿的天性，教育者应该顺应幼儿的游戏天性，在游戏内容、材料、玩法、伙伴等方面充分尊重他们的决定权和选择权，同时教育者要为幼儿营造良好的游戏环境，促使幼儿与材料充分互动，让材料物尽其用，进而使幼儿对游戏活动充满期待，形成积极而愉悦的学习态度。

2. 幼儿园现实条件和资源的研究

课程资源是帮助实现课程目标的重要因素，是课程内容的来源和实施课程的条件保障。课程资源具有区域化的特点，幼儿教师要充分挖掘幼儿园周围的课程资源，环境优化应该坚持"物尽其用、本真自然、丰富多元、个性园本"的原则，树立课程资源建设的意识。一方面，幼儿园要统筹各类实物资源、社会专家资源和网络信息资源等,形成内容科学、管理有序、应用有效的幼儿园课程资源库;另一方面,幼儿教师要关注课程资源建设的过程,形成收集整理资源的良好习惯,及时分类归档,逐步累积,不断优化,为幼儿园课程实践提供服务与支持。

3. 幼儿园教师专业发展的研究

幼儿教师的教育理念、专业素养、专业能力直接影响幼儿园课程的品质,幼儿园课程要远离"小学化",需要专业化的幼儿教师。教师应当深入领会《指南》的精神实质,正确理解生活、游戏、活动、经验对幼儿园课程游戏化的价值值,创设课程游戏化环境,构建游戏化活动区域,开发课程游戏化资源,提高课程游戏化设计与实施能力,为提高教师指导幼儿活动的效率、丰富和发展幼儿新经验奠定基础。

在研究实践方面,以往的研究多为一线教师的经验总结,切入点带有盲目性,研究内容缺乏系统性,在理论上很难有说服力。今后对幼儿园课程游戏化的研究应该以点带面、由浅入深地逐步展开,做到深度挖掘、系统构建,为建设园本化、特色化的幼儿园课程提供理论支持。

话题四　基于新时代课程观，对推进课程游戏化的若干思考

在新时代背景下，课程观正经历着深刻的变革，强调以学生为中心，注重学生的全面发展、个性发展和创新能力培养。学前教育作为基础教育的重要组成部分，其课程游戏化的推进正是对这一理念的具体实践。以下是对推进学前教育课程游戏化的几点思考。

一、课程游戏化推进的新形势、新要求

课程游戏化项目的实施让我们站上了新的高度和平台，我们将总结经验，分析和改进存在的问题，继续推进课程游戏化建设。我们深知，推进课程游戏化仍然是优化课程、完善课程体系、提升课程质量的重要途径，仍然是推进《指南》精神落地的关键环节。我们要结合新的形势和要求，坚持问题导向，不断优化课程结构和课程实施路径，努力让儿童真正成为主动的学习者，为儿童的健康成长创造良好的机会和条件。

（一）高质量教育体系建设的主要支撑是课程

我国正在建设高质量教育体系，学前教育不能缺席，不能掉队。学前教育是高质量教育体系不可或缺的部分，学前教育的质量对其他教育阶段的质量产生重要的影响。因此，学前教育应乘势而上，加大投入，加强保障，强化质量建设，努力改变在整个教育体系中呈薄弱环节的状况，紧紧跟上教育高质量建设的步伐。学前教育的高质量发展，关键在投入，核心是教师，基础是课程。

学前教育高质量发展的目的是持续促进儿童的全面和谐发展，而实现这一目标的主力是教师。专业合格、积极向上、充满尊严感的教师队伍是学前教育质量的重要保障。幼儿园阶段的课程要切实地从儿童发展的现实出发，不断为儿童创设适宜的环境，准备适宜的材料，组织适宜的活动，让儿童运用多种感官参与活动，帮助其不断获得有益的新经验，这是对儿童发展的最大支持和促进，是教育质量的根本保证，也是幼儿园课程与其他教育阶段课程的重要区别。

要提高学前教育的质量，首先要树立科学的儿童观、教育观、教师观、课程观和质量观，真正让儿童成为学习的主体，尊重儿童的各项基本权利，切实关注儿童的兴趣和需要，帮助和促进儿童实现全面和谐发展。其次要充分发挥教师在课程改革和发展中的主动性、积极性与创造性。

（二）中国式现代化建设要求深化课程改革

党的二十大报告指出：从现在起，中国共产党的中心任务就是团结带领全国各族人民全面建成社会主义现代化强国、实现第二个百年奋斗目标，以中国式现代化全面推进中华民族伟大复兴。中国式现代化的主要特征是：人口规模巨大的现代化，全体人民共同富裕的现代化，物质文明和精神文明相协调的现代化，人与自然和谐共生的现代化，走和平发展道路的现代化。因此，教育现代化要紧密关注中国式现代化的宏观背景和根本要求，一方面，要理解中国教育现代化的艰巨性和挑战性，另一方面要让教育在实现中国式现代化的道路上起到独特的、应有的作用。

《中国教育现代化2035》提出了推进教育现代化的八大基本理念：更加注重以德为先，更加注重全面发展，更加注重面向人人，更加注重终身学习，更加注重因材施教，更加注重知行合一，更加注重融合发展，更加注重共建共享。这是教育现代化基于中国现实和时代要求作出的科学判断，也是引领各级各类教育实现现代化的根本指针。《中国教育现代化2035》中提出，发展中国特色世界先进水平的优质教育，推动各级教育高水平高质量普及。其主要发展目标包括"普及有质量的学前教育""以农村为重点提升学前教育普及水平，建立更为完善的学前教育管理体制、办园体制和投入体制，大力发展公办园，加快发展普惠性民办幼儿园"。《中共中央国务院关于学前教育深化改革规范发展的若干意见》中指出：到2035年，全面普及学前三年教育，建成覆盖城乡、布局合理的学前教育公共服务体系，形成完善的学前教育管理体制、办园体制和政策保障体系，为幼儿提供更加充裕、更加普惠、更加优质的学前教育。

中国式教育现代化对学前教育的根本要求就是普及和优质。普及在于政府加强投入，优质在于除了政府加强投入，还需要加强幼儿园课程建设，不断强化质量意识，为实现高质量发展积极作为。要让儿童接受适宜其身心发展水平的教育，让儿童的学习真正满足其兴趣和需要，从而激发潜能。可以说，幼儿园课程建设的水平决定了学前教育的质量。深化幼儿园课程的改革，是促进儿童发展的需要，也是实现学前教育现代化的需要。

（三）科学评价助推学前教育质量的提升

2020年，中共中央、国务院印发了《深化新时代教育评价改革总体方案》。方案提出：经过5—10年努力，各级党委和政府科学履行职责水平明显提高，各级各类学校立德树人落实机制更加完善，引导教师潜心育人的评价制度更加健全，促进学生全面发展的评价办法更加多元，社会选人用人方式更加科学，到2035年，基本形成富有时代特征、彰显中国特色、体现世界水平的教育评价体系。该方案还提出，要完善幼儿园评价，重点评价幼儿园科学保教、规范办园、安全卫生、队伍建设、克服小学化倾向等情况。

2022年，教育部印发了《幼儿园保育教育质量评估指南》（以下简称《评估指南》），聚焦幼儿园保育教育过程及影响保育教育质量的关键要素，围绕办园方向、保育与安全、教育过程、环境创设、教师队伍五个方面提出了15项关键指标和48个考查要点，旨在引导幼儿园全面贯彻党的教育方针，落实立德树人根本任务，尊重幼儿年龄特点和发展规律，坚持保育教育结合，以游戏为基本活动，不断提高幼儿园办园水平和保教质量。《评估指南》强调，树立科学的评价导向，改进评估方式，突出过程评估，强化自我评估，聚焦班级观察，重点关注幼儿园提升保教水平的努力程度和改进过程，切实扭转"重结果轻过程、重硬件轻内涵、重他评轻自评"等非科学倾向，推动以评促建，引导办好每一所幼儿园。严禁用直接测查幼儿能力和发展水平的方式评估幼儿园保教质量。

教育评估涉及不同的层次和对象，其功能和作用引起了越来越广泛的关注。评估是现代学前教育的关键环节，也是提升学前教育质量的重要举措，科学化、规范化、制度化和有效化是评估工作的基本目标。要切实让教师成为评估的主体，形成自觉评估的习惯。要提高评估的质量，切实通过评估，看到发展和成绩，提升方法和经验。也要通过评估发现问题和不足，并据此改进教育工作，真正以评促改、以评促建，让评估真正起到提升教育质量的目的。鉴于幼儿园课程与教育过程的特殊性，要鼓励广大幼儿园创新评价的思路和方法，在坚定评价的价值导向和目标指向的基础上，形成更多切合实际、行之有效的评价方法和策略，丰富幼儿园教育评价的手段和方法体系，提高评估的成效。

二、推进课程游戏化的机制创新

（一）以教师权益保障为核心的投入机制

课程游戏化项目是课程改革的重要抓手，也是教育质量提升的重要保障。推进课程游戏化的关键在教师，提升教育质量的动力也在教师。要切实关注教师课程建设的主动性、积极性和创造性，提升教师完善专业素养的自觉性。除了加强课程管理、园本培训与教研之外，还要切实关注教师的权益保障，尤其是关注教师的基本薪酬。由于历史和现实的诸多原因，在我市公办幼儿园中，并非所有教师都有编制，并非所有公办园都落实了同工同酬，还有相当多的非在编教师的收入仅相当于在编教师收入的一半，非在编幼儿园教师和普惠性民办幼儿园教师收入低是一个现实的、重要的问题，必须加以重视。通过总结和分析发现，世界上一些有影响的教育质量标准，大都把教师收入水平当作是教育质量的重要指标。创新投入机制，就是要形成幼儿园教师收入水平对教育质量影响的预警机制，加强对出台和落实有关政策和制度的督促和检查，促进教师基本权益的落实和保障，只有这样，才能确保教育质量的提升。

（二）以有效性为宗旨的课程审议机制

幼儿园的课程建设无论处于什么水平，都离不开课程审议。课程审议重点关注课程的适切性，借助集体的力量和智慧，对课程内容和活动进行研究和判断，使课程更加符合儿童发展的现实，更加贴近儿童的生活，更加符合幼儿园资源的现实，更加符合教师素养的现实。因此，幼儿园课程不是完全照着买来的方案原封不动地实施，也不是教师想怎么实施就怎么实施，更不是随着儿童的"兴趣"放任不管。课程审议要在儿童、教师、资源、活动和经验之间产生一种张力，合理匹配，其核心是让儿童在多感官参与的多样化活动中不断获得新经验。

幼儿园课程的特质和教师在课程建设中的作用决定了课程审议的必要性和重要性。课程审议不是形式性的任务，而是课程建设的现实需要；不是园长布置的任务，而是教师在内容选择、资源利用、方法确定等课程建设的具体工作中的现实需要。因此，课程审议是教师的职业需求，其动力应该来自教师。课程审议的目的在于让课程更适合儿童，更有利于儿童获得新经验，更有实践成效。课程审议的机制应以教师需求为导向，借助集体智慧，采用学习、讨论和尝试等方式，寻求最适宜的内容和最有效的路径。

（三）以发展为目的的教育活动创新机制

课程游戏化项目的实施需要创新，也应该创新。但创新是手段和方式，不是目的，不能为了创新而创新，不能为了创新而标新立异。创新是一项立足基础和常识的工作，是一项旨在改进和拓展实践成效的工作。创新的根本目的是让常识和原理发挥更大作用，让儿童有更多活动和获得新经验的可能。

幼儿园课程建设创新的机制应服务儿童的活动和发展，以教师的专业素养为基础，以系统思考、创新思维和最优化愿景为依托，在内容选择、策略优化、方法生发、路径拓展等方面有新作为、新成效。

（四）以解决问题为核心的教科研机制

2019年，教育部颁布的《教育部关于加强和改进新时代基础教育教科研工作的意见》指出：教科研工作是保障基础教育质量的重要支撑。2023年8月28日，教育部召开了全国基础教育教研工作会议，提出了教科研制度是中国特色教育制度体系的重要组成部分，是我国基础教育的优良传统。会议从健全教科研体制机制、加强教科研队伍建设、完善教科研保障机制、创新教科研工作方式等方面，对教科研工作提出了具体的要求。2018年，《中共中央国务院关于学前教育深化改革规范发展的若干意见》指出："完善学前教育教科研体系。健全各级学前教育教科研机构，充实教科研队伍，落实教科研指导责任区制度，加强园本教科研、区域教科研，及时解决幼儿园教师在教育实践过程中的困惑和问题。"因此,抓好教科研工作,是时代的要求,也是中国特色社会主义教育体系建设的要求,更是学前教育高质量发展的要求。

幼儿园教学研究是具有中国特色的幼儿园专业发展传统,是幼儿园课程教学研究、管理和质量保障的机制。幼儿园教学研究有多重含义:从层级上说,根据行政层级,可分为省、市、县(区)、乡、镇(街道)及幼儿园的教研,甚至幼儿园内部也可进一步分为园级、年级和班级的教研;从功能上说,有课程与教学管理和质量保障意义上的教研,也有研究意义上的教研,甚至还有学习与培训意义上的教研。在一些地方,培训意义上的教研已归属专门的培训部门,但县(区)以下尤其是幼儿园内部的培训一直是教科研的重要内容。

无论是哪一级教科研,无论是要实现教科研的哪种功能,都应该从问题出发,倡导问题导向的教科研。对幼儿园而言,教科研是具有研究意义的,而研究就是解决问题。没有问题意识的教科研经常是盲目的,甚至是浪费时间的。幼儿园课程教学的研究、管理和质量保障,甚至学习和培训都应该针对实践中的现实问题,要避免"赶时髦式""拍脑袋式"的教科研,要采取适宜的方式了解每一位教师所面临的具体问题,梳理普遍问题和重点问题,结合这些问题,创造性地采取行之有效的举措,逐一加以解决。

(五)以改进为重点的教育评价机制

对教育行政部门来说,落实《评估指南》,就是将幼儿园保育教育质量评估结果作为对幼儿园表彰奖励、政策支持、资源配置、园长考核以及民办园年检、普惠性民办园认定扶持等方面工作的重要依据。对履职不到位、违反有关政策规定、违背幼儿身心发展规律、保教质量持续下滑的幼儿园,及时督促整改,并视情况依法依规追究责任。通过幼儿园保育教育质量评估工作,积极推动地方政府履行相应教育职责,为办好学前教育提供充分的条件保障和良好的政策环境。

对教师而言,保育教育质量评估的重点是关注保教过程,关注儿童的一日生活,让教师真正成为积极主动的评价主体。关注儿童在各类活动中的行为表现,关注环境和资源对儿童活动的支持作用,积极与儿童互动,注重倾听儿童的心声,关注儿童的各类作品,切实在儿童探索、体验、交往和表达的过程中了解和理解儿童，从而完善课程实践。要让质量变成"动词"，变成不断完善课程实践的过程和不断观察儿童以提供适宜性支持的过程。

保育教育评价是以改进工作为目的的，不是给儿童贴标签，也不是对教师分等次。要通过保育教育评价，关注儿童的活动和发展状况，了解环境、课程及教师对儿童活动和发展的支持与促进程度，真正把握过程中的、情境中的、互动中的教育质量，发现创新性的、有效性的教育实践方法和策略，以及影响儿童学习和发展的主要因素，发现教师与儿童互动并支持和促进儿童发展的主要困难或问题，引导教师参与讨论，集思广益，努力改进工作，切实解决问题，实现教育实践水平的螺旋上升，不断提升教育质量。因此，只有不断改进工作，才能将"保教目标—保教计划—保教实施—保教评价—保教改进"等环节形成闭环，才能真正使评价为发展服务，为提升教育质量服务，为儿童成长服务。

三、基于新时代课程观，对推进课程游戏化的若干思考

（一）新课程观与课程游戏化的契合点

新课程观强调学生的主体性、实践性和创新性，而课程游戏化正是对这些理念的具体体现。首先，课程游戏化能够充分尊重学生的主体性，让学生在游戏中自主选择、自主探索、自主创造，从而培养他们的自主学习能力和创新精神。其次，课程游戏化注重实践性，通过模拟真实场景、设置任务挑战等方式，让学生在游戏中体验、感知、操作，从而加深对知识的理解和记忆。最后，课程游戏化鼓励创新性，通过设计多样化的游戏环节和规则，激发学生的想象力和创造力，培养他们的创新思维和解决问题的能力。

新课程观强调以游戏为基本活动，认为游戏是儿童学习的主要方式，通过游戏化的方式来强化儿童的学习体验，这与学前教育课程游戏化的理念高度一致。课程游戏化项目的实施，旨在强化游戏精神和课程意识，通过系统改进课程理念、目标、内容、资源、实施和评价等，不断提高教育质量。

新课程观注重儿童的全面发展，包括认知、情感、社会性和身体的发展。

学前教育课程游戏化通过创设丰富的游戏环境，提供多样化的游戏材料，鼓励儿童在游戏中探索和学习，从而促进儿童的全面发展。

新课程观要求教师具备更高的专业素养，能够根据儿童的发展需要提供适宜的支持和引导。学前教育课程游戏化的实施，促进了教师教育观念的更新，提高了教师的专业能力，使教师能够更好地理解和支持儿童的游戏和学习。

新课程观和学前教育课程游戏化都强调贯彻落实《3—6岁儿童学习和发展指南》的精神，通过提升课程建设水平和课程实践水平，促进幼儿发展，提高幼儿园整体教育质量。

综上所述，新课程观与学前教育课程游戏化在强化游戏精神、促进儿童全面发展、提升教师专业素养、实现教育与游戏的融合以及贯彻落实教育指导文件等方面存在高度的契合性和一致性。

（二）基于新课程观，对推进学前教育课程游戏化的思考

作为一种新型的幼教课程模式，课程游戏化在推动的过程中既有挑战，也有机遇。从教师角度来看，教师由于对游戏课程化不熟悉，容易产生"新观念太多，无所适从"的彷徨，而选择主动疏远。即使教师在情感上接受和欢迎课程游戏化，也往往会在实践中，不知该如何找到游戏的生长点，不知如何与幼儿互动，不知如何发挥好教师的作用。从幼儿园及地方幼教管理部门来看，如何转变原有的课程模式、推动课程游戏化、推进本园或地区的学前教育发展具有很大的挑战。基于以上困惑和挑战，或许可以从以下几方面寻找解决问题的思路。

1. 注重培养幼儿教师的游戏课程化意识

"游戏"和"课程"是学前教育的两个基本概念，对此幼儿园教师再熟悉不过，但"游戏课程化"是一个新概念。如何让游戏课程化深入人心？关键是培养幼儿教师游戏化的课程意识。课程意识是指"教师对课程系统的基本认识，是对课程设计与实施的基本反映"。课程意识也含有"教师即课程"的观点，凸显了教师在课程中的重要地位。因此，有学者强调"课程有效实施的关键在于教师，教师是最重要的课程资源"。

培养幼儿教师游戏化的课程意识，应包括培养教师的主体意识和生成意识。新时代课程观强调课程转化和生成的过程性和动态性，强调课程中

儿童的主体地位，也强调教师在课程中的主体性，尊重教师的专业自主权。课程游戏化主体意识中的这个主体同时包括儿童和教师这两个双主体，不能因为以儿童为本而弱化教师的主体性。教师要以游戏为出发点，在尊重儿童兴趣和探索欲的基础上，发挥自身的专业优势，寻找儿童游戏和学习的生长点。这是教师课程主体意识的体现。另外，教师应具有较强的创新思维和创生新游戏的能力，围绕幼儿教育的目标及五大领域的教育内容，根据儿童的已有经验及所处的游戏情境，在师生互动中创造性地推进新游戏的产生，同时也为儿童的主动发展留下足够的空间。这是教师课程生成意识的体现。

总之，课程游戏化的课程意识旨在促进幼儿教师角色的转变，即从幼儿园课程的"机械模仿者"和"忠实执行者"转变为"创新设计者"和"实践者"。

2. 注重创建多层面互动与探究的氛围

新时代课程观强调在具有多种可能的、丰富的课程中，加强师生间、儿童与环境间的互动和商讨，激发儿童探究的主动性和积极性。因此，在推进课程游戏化的过程中，为幼儿创建一个多层面互动与探究的氛围，如同为他们铺设了一条通往无限可能的光明之路。首先，教师应注重与儿童进行深入、高质量的互动，通过提问，了解儿童在游戏中的发现和思考；通过反馈，加深儿童对当下游戏的理解，拓展、补充儿童在游中创造的经验；通过再次提问，引发儿童对新生长点的主动关注和聚焦。其次，教师应利用已有的幼儿园内外环境条件，创设一个具有多样性、启发性，以及能促进儿童思考和探索的游戏环境。这样的环境会引发儿童产生各种疑问，给其带来各种挑战，从而激发儿童产生更多的新想法，最终推进原有的课程游戏向新模式的转化。

总之，注重为幼儿创建多层面互动与探究的氛围，构建互动性强的学习环境，激发幼儿自主探究的兴趣，融合多元文化，延伸互动与探究的边界，鼓励家庭与社会的参与，形成全方位的互动网络，是我们在幼儿教育领域不断追求的目标。我们相信，通过精心设计和努力实践，一定能为孩子们营造一个充满爱、自由、发现和探索的世界。这样的氛围，不仅是知识传授的温床，更是孩子们心智成长、个性塑造的摇篮。

3. 注重落实区域推进课程游戏化

幼儿园课程游戏化项目已经进入一个新的阶段，区域推动课程游戏化的成效正在不断显现。如何更深入、扎实地推进课程游戏化，如何真正聚焦幼儿园课程建设进程中的核心问题，如何在实践基础上不断总结和提升课程建设的经验和成效，如何站在全面提升教育质量和促进儿童全面发展的高度落实课程游戏化，这是今后一个阶段我们应该努力的方向。

在区域推进课程游戏化进程中，各县（市）区积极行动起来，在不同行政层面上设置了项目幼儿园，自发开展区域推动的态势已经形成。长春市已全面推开区域推动幼儿园课程游戏化探索的实践。

第一，利用区域推进课程游戏化的优势。县（市）区是决定教育质量的关键层级。一方面，县（市）区能有效实现财权与事权的统一；另一方面，县（市）区管理的范围具有直接性，不需要繁复的中间环节，幼儿园之间的相互影响具有便捷性和可及性的特点。这些决定了在区域层面推进课程改革的可行性和有效性。

另外，县（市）区也是配置专职教科研人员的最基层单位。教科研是提升教育质量的基本途径，县（市）区有专业力量管理并引导辖区内的教育实践。目前，县（市）区推进的状况各不相同，甚至不同县（市）区之间还有不小的差异，这与县（市）区学前教育发展的基础有关，尤其与教师和教研队伍的专业素质紧密相关。

因此，要大力加强对区域课程改革的支持和投入，尤其是要加强专业引领，在不断的实践探索中形成一大批有效推进课程游戏化实践的县（市）区。这是决定学前教育整体质量的关键。

（三）幼儿园课程游戏化的愿景与展望

课程游戏化是一项由政府推动的学前教育质量工程，是幼儿园课程改革的探索性实践，以项目推动问题的解决。为保证可持续地推进项目实施，生态学的理论为我们提供了新的视角：把课程游戏化看作是整个教育生态背景中的一部分，将幼儿教育放在社会各种复杂的生态关系之中，构建由政府、园所、教师、家长相互联系平衡发展的共同体，协同共构形成课程游戏化实施的支持系统。

1.政府规范引导,促进观念转变,构建文化生态

《中共中央国务院关于学前教育深化改革规范发展的若干意见》明确指出:"以游戏为基本活动,珍视幼儿游戏活动的独特价值,保护幼儿的好奇心和学习兴趣,尊重个体差异,鼓励支持幼儿通过亲近自然、直接感知、实际操作、亲身体验等方式学习探索,促进幼儿快乐健康成长""遵循幼儿身心发展规律,面向全体幼儿,关注个体差异,坚持以游戏为基本活动,保教结合,寓教于乐,促进幼儿健康成长"。这是对《3—6岁儿童学习与发展指南》精神的重申和对游戏的强调。幼儿园教育是一个系统的质量工程,课程是一个有机联系的整体,需要政府的参与和引导。政府的规范管理可以保障儿童游戏的权利,让游戏真正回归幼儿,真正进入幼儿园活动,从而自上而下地促进儿童观、教育观、课程观转变。

2.园所环境贴近幼儿心灵,形成资源丰富的教育生态

保护儿童立场,落实《3—6岁儿童学习与发展指南》精神,创设丰富的、有准备的教育环境,满足幼儿在游戏中获取经验的需要,通过直接感知、实际操作和亲身体验获取经验,是拓展课程资源来源和课程实施的重要途径。环境是重要的教育资源,园所要更加关注环境对幼儿发展的作用。创造与自然融合、开放多元、人际互动的环境;准备和创设充足的材料和空间;构建主题资源和课程资源;提高资源使用的实效性;支持幼儿在接触自然、生活中积累有益的直接经验和感性认识;注重领域经验之间、目标之间的相互渗透和整合,促进幼儿身心全面协调发展。

3.教师素养不断提升,营造宽松的心理生态

课程游戏化是幼儿园教师综合运用多种专业能力实现专业发展的必经之路。教师应逐步掌握幼儿的学习特点和发展规律,提高观察分析幼儿行为的能力,将"一日生活皆课程"的理念落实到一日生活环节,科学合理安排一日生活、学习与游戏,关注生活卫生习惯、学习品质及良好行为习惯的养成。

伴随着课程游戏化地深入开展,教师迫切关注的问题得以解决,教师关注生活细节、利用课程事件和偶发事件观察并发现问题的专业能力持续提高,教师的专业自主权、课程建设能力持续提升,尤其是观察分析、环境创设、课程设计、评价反思能力和培养幼儿自主探索、发现问题、解决问题、

持续深度学习的能力不断提高。幼儿园师资力量随之得以增强。

4.家园合作意识增强，同构和谐共育的社会生态

从生态学的观点来看，儿童所处的家庭环境、与家庭成员之间的关系等，对儿童的成长发展至关重要。家长在幼儿园教育中扮演着越来越重要的角色。当发现孩子在游戏活动中能够积极参与和主动探究时，他们就会加深对幼儿园教育的了解和对幼儿学习方式的理解，被激发出参与意识。因此，应引导家长转变观念，将入学准备从片面的知识准备变为学习习惯和兴趣的准备，彻底改变"小学化"倾向。纵观近几年的学前宣传月活动，"游戏，点亮快乐童年""科学做好入学准备""特殊的时光，不一样的陪伴"等主题都在向家长传递着幼儿教育的核心理念，帮助家长形成科学育儿观。优化家园共育关系，是实现家园和谐的现实基础。

实践篇

学前教育课程游戏化实践探索

引言：学前教育课程游戏化的实践是一种富有成效的教育模式，它顺应了幼儿身心发展的特点，为幼儿的全面发展提供了有力支持。如何平衡游戏的娱乐性与教育性，避免游戏化教学流于形式；如何确保每位幼儿都能在游戏中获得均等的参与机会和学习效果，是我们面临的挑战。加强教师培训，提升教师游戏化教学的设计与实施能力；实施差异化教学，根据幼儿的不同能力和兴趣设置个性化的游戏任务；建立科学的评价体系，关注每位幼儿的成长与进步，这些是我们的对策。未来，随着教育技术的不断进步和教育理念的持续更新，学前教育课程的游戏化实践将更加丰富多样、科学有效，为幼儿的健康成长奠定坚实基础。

话题一　建构课程游戏化的新路径

《3—6岁儿童学习与发展指南》和《幼儿园教育指导纲要(试行)》明确指出，幼儿教育应以促进儿童身心发展为核心，避免单一的知识灌输。游戏作为儿童自然的学习方式，能够让他们在探索中获得知识和经验，符合幼儿的认知特点与发展规律。游戏化的课程设计能够在潜移默化中激发幼儿的学习兴趣，增强他们的自主学习能力与创造力，这不仅有助于提升教育质量，还符合国家倡导的"以人为本"的教育理念。

《中共中央国务院关于学前教育深化改革规范发展的若干意见》进一步强调，幼儿教育要创新教学模式，防止"小学化"倾向，探索符合新时代要求的教育方法。课程游戏化正是幼儿园响应这一号召的重要举措。在全球范围内，越来越多的研究表明，游戏化课程能够有效提高幼儿的参与度与学习效果。通过游戏化的方式，幼儿可以更好地发展语言表达、逻辑思维、社交能力等多方面素质，这与国家"全面发展"的教育目标高度契合。

课程游戏化新模式的构建不仅是政策的要求，也是幼儿园提升办学水平、适应教育改革趋势的必要选择。在当前教育现代化进程中，传统的教学方法已无法满足社会对高质量学前教育的需求。通过积极探索和实践课程游戏化新模式，幼儿园能够不断优化教育资源配置，提升教学效果，增强竞争力，最终为国家培养德智体美劳全面发展的新时代儿童。

幼儿园人工智能课程游戏的开发与创新

> **智慧导引**

随着科技的飞速发展，人工智能（AI）正逐渐成为推动教育模式创新的重要驱动力。在学前教育阶段，人工智能的应用不仅有助于丰富教学内容、提升教学质量，还能更好地激发幼儿的学习兴趣，培养他们的创造力和解决问题的能力。

随着人工智能技术的迅速发展，将人工智能应用于幼儿教育成了一个重要课题。人工智能通过互动性和个性化的方式，能够有效提升幼儿园教育的质量，尤其是在游戏化学习中，可以自然地激发幼儿的学习兴趣和学习动机。

目前关于人工智能在教育中的应用，主要集中在小学及以上年龄段。在学前教育阶段，引入基于 AI 的互动游戏不仅是教育技术的革新，更是教育理念与实践深度融合的体现。幼儿园人工智能课程游戏的开发与创新，旨在通过新颖的游戏模式和前沿的 AI 工具，为幼儿创造一个既富有趣味性又充满教育意义的学习环境。通过本小节的讨论，我们将聚焦游戏模式与 AI 工具创新应用探索如何促进幼儿的全面发展的问题，期望为未来的研究提供有价值的参考。

一、个性化学习体验与智能互动反馈

个性化学习体验是指根据每个学生的独特需求、兴趣、能力水平和学习风格，量身定制学习计划、教学内容和学习路径，以实现最佳的学习效果。这种学习方式打破了传统"一刀切"的教学模式，让每个幼儿都能在适合自己的节奏和方式下成长，从而激发其内在的学习动力。

智能互动反馈是指利用智能技术（如自然语言处理、机器学习等）对幼儿的学习行为进行实时分析和评估，并给出针对性的反馈和建议。这种反馈不仅快速准确，还能根据幼儿的实际情况进行动态调整，实现精准指导。

人工智能技术能够分析儿童的学习行为和偏好,动态调整游戏内容和难度,实现真正的个性化学习。实践中,通过自然语言处理技术,智能教学系统能够与儿童进行自然对话,即时给予鼓励和指导,模拟真实互动,从而增强儿童的参与意愿。

1. 实践策略

(1) 基于 AI 的个性化游戏设计

动态难度调整:利用算法分析幼儿在游戏中的表现,实时调整游戏难度,确保游戏既具有挑战性又不至于让幼儿感到沮丧。例如,对于数学游戏,AI 可以根据幼儿解答题目的速度和准确率,自动调整题目的难易程度。

个性化内容推荐:根据幼儿的兴趣和学习风格,AI 可以推荐适合他们的游戏内容。这可以通过分析幼儿在游戏中的选择、停留时间以及互动频率等数据来实现。

定制化学习路径:结合幼儿的学习进度和反馈,AI 可以为每个幼儿生成个性化的学习路径,包括推荐特定的游戏模块、设定学习目标以及提供有针对性的学习资源。

(2) 智能互动反馈机制

即时反馈:在游戏中集成语音识别和自然语言处理技术,使 AI 能够即时理解幼儿的指令和问题,并给予即时反馈。这不仅可以提高游戏的互动性,还能帮助幼儿及时纠正错误,加深理解。

情感反馈:利用情感计算技术,AI 可以识别幼儿在游戏中的情绪变化,并据此调整反馈策略。例如,当幼儿表现出挫败感时,AI 可以给予鼓励和支持;当幼儿表现出兴奋时,AI 可以进一步激发他们的探索兴趣。

个性化评价:AI 可以根据幼儿在游戏中的表现,生成个性化的评价报告。这些报告不仅包括幼儿的学习成果,还包括对他们的学习态度、合作能力等方面的评价,为教师和家长提供全面的幼儿发展信息。

2. 实践途径

(1) 整合现有教育资源

幼儿园可以与专业的教育科技公司合作,将 AI 技术融入现有的教育游戏中。通过数据分析,优化游戏设计,使其更加符合幼儿的学习需求和兴趣。

利用幼儿园现有的硬件设施,如智能平板、互动白板等,开发基于 AI

的互动游戏。这些游戏可以与幼儿园的教学计划相结合，为幼儿提供更加丰富多样的学习体验。

（2）教师培训与技术支持

对幼儿园教师进行 AI 技术培训，使他们能够熟练掌握相关工具和方法，有效地将 AI 融入日常教学中。

建立技术支持团队，为教师提供持续的技术支持和指导。这可以确保教师在使用 AI 工具时遇到任何问题都能得到及时解决，保证教学活动的顺利进行。

（3）家园共育与社区参与

通过家长会和家园联系册等途径，向家长介绍幼儿园引入 AI 技术的目的和意义，争取家长的理解和支持。

邀请家长和社区成员参与幼儿园的游戏设计活动，收集他们的意见和建议，使游戏更加贴近幼儿的生活经验和文化背景。

（4）持续评估与改进

建立游戏评估机制，定期对游戏的效果进行评估，包括幼儿的学习成果、游戏的使用率以及家长的反馈等。

根据评估结果，对游戏进行持续改进和优化，包括调整游戏内容、改进 AI 算法以及提升用户体验等。

二、自适应活动路径与数据驱动游戏决策

人工智能系统根据儿童的活动进度和表现，自动调整活动路径，确保每个儿童都能在适合自己的节奏下建构新图示（源自皮亚杰认知发展理论，这里是指儿童可以将新知识个性化地整合到现有图示中）。同时，系统收集的活动数据为教师提供了精准的教学反馈，帮助教师优化教学策略。在实践中，这表现为智能算法根据学习数据自动推荐适宜的活动和资源，同时为教师提供关于儿童活动状况的深入分析。

1. 实践策略

（1）构建动态游戏世界

利用 AI 算法，根据幼儿在游戏中的行为、兴趣和学习进度，动态调整

游戏场景、任务难度和角色设定。例如，在角色扮演游戏中，AI可以根据孩子的选择和行为模式，生成个性化的故事情节和角色对话，使每个孩子都能获得独特的游戏体验。

（2）实施个性化学习路径

通过数据分析，识别幼儿在游戏中的学习强项和弱点，为他们设计自适应的学习路径。AI可以根据孩子的学习成果和反馈，自动调整游戏内容和难度，确保孩子在"最近发展区"内得到挑战和支持。

（3）实时反馈与指导

集成实时数据分析工具，监控幼儿在游戏中的表现，及时提供个性化的反馈和指导。例如，当孩子在解决谜题时遇到困难，AI可以通过语音或图形提示给予适当的帮助，引导他们找到解决问题的方法。

（4）促进社交互动与协作

利用AI技术促进幼儿之间的社交互动和协作。例如，在多人在线游戏中，AI可以根据孩子们的游戏风格和合作能力，自动分组并分配任务，鼓励他们共同解决问题和完成任务。

2. 实践途径

（1）开发智能游戏平台

建立一个集成AI算法和数据分析功能的智能游戏平台。该平台应支持多种游戏模式，能够根据幼儿的游戏数据实时调整游戏内容和难度。同时，平台还应提供丰富的游戏资源和工具，方便教师根据教学需求定制游戏。

（2）集成先进AI技术

探索并集成先进的AI技术，如深度学习、自然语言处理和计算机视觉等。这些技术可以显著提升游戏的互动性和个性化程度。例如，通过自然语言处理技术，AI可以理解幼儿的语音指令和文本输入，实现与他们的自然交互。

（3）建立数据收集与分析系统

建立一个完善的数据收集与分析系统，用于收集幼儿在游戏中的行为数据、学习成果和反馈信息等。通过数据分析，教师可以深入了解幼儿的学习状况和需求，为游戏设计提供科学依据。同时，系统还应支持数据可视化功能，方便教师直观地查看和分析数据。

（4）持续迭代与优化

定期对游戏进行迭代与优化，根据幼儿的游戏反馈和学习成果调整游戏设计和算法。同时，还应关注新技术的发展趋势，及时将新技术融入游戏中，保持游戏的创新性和前沿性。

三、拓展活动边界与增强课程游戏化

结合虚拟现实（VR）技术和增强现实（AR）技术，人工智能（AI）能够创造出沉浸式的活动环境，让孩子们在模拟的真实情境中探索和学习。在实践方法上，人工智能语言大模型的运用不仅赋能幼儿园游戏活动更多的教育意义，而且以充满趣味性和挑战性的形式，如儿童通过完成任务和关卡来获取新的知识经验，通过与人工智能实时对话进行角色扮演游戏，丰富课程游戏的实践路径。

1. 实践策略

（1）沉浸式情境构建策略

通过身临其境的体验，增强幼儿对知识的直观理解和记忆，同时培养他们的观察力和想象力。利用VR和AR技术，结合AI算法，构建出与课程内容紧密相关的沉浸式情境，如历史事件再现、自然环境模拟等。游戏活动中可设计互动任务，如寻宝任务、角色扮演等，让幼儿在情境中主动探索和学习。

（2）个性化学习路径策略

个性化学习路径策略，实质上是借鉴"精准教育"的理念，实现游戏活动的个性化定制，满足每个幼儿的独特学习需求。基于AI对幼儿学习行为和能力的分析，为每位幼儿推荐适合其水平和兴趣的游戏活动和学习资源。根据幼儿在游戏中的表现和反馈，教师可实时调整游戏难度和内容，确保学习既具有挑战性又不至于让幼儿感到挫败。

（3）交互式对话与反馈策略

引入AI语言大模型，构建能与幼儿进行自然对话的交互式系统，用于解答疑问、引导学习和提供反馈；通过AI技术识别幼儿的情绪变化，并据此调整对话内容和语气，营造积极的学习氛围。实践中确保对话内容的教育性、趣味性和安全性，避免不良信息的传播。

2. 实践途径

（1）技术整合与课程融合途径

选购或开发适合幼儿园使用的 VR/AR 设备和 AI 对话系统，确保技术的稳定性和易用性。将沉浸式情境和交互式对话融入幼儿园的日常课程中，如语言领域活动、科学领域活动等，形成跨学科的游戏化学习模式。

（2）教师培训与能力提升途径

组织教师参加 VR/AR 技术和 AI 对话系统的使用培训，提升他们的技术素养和教学应用能力。同时，定期召开教学研讨会，分享游戏化教学的经验和案例，鼓励教师创新教学方法和策略。

（3）家园共育与社区参与途径

邀请家长参与幼儿园的游戏化教学活动，了解幼儿的学习情况，增进家园之间的沟通与合作。利用社区资源，如科技馆、博物馆等，开展结合 VR/AR 和 AI 技术的校外教学活动，拓宽幼儿的学习视野。如与当地科技馆合作，利用 VR 技术让幼儿体验太空探索，不仅能激发幼儿对科学的兴趣，还能增强幼儿的空间认知能力。

四、人工智能课程游戏开发的价值与影响

幼儿园人工智能课程游戏化的开发与创新，特别是聚焦于游戏模式与 AI 工具的探索，正逐步展现其巨大的价值与深远的影响。这一创新不仅提升了学前教育的质量与效率，更为幼儿的学习方式、教师的教学模式以及幼儿园的教育生态带来了革命性的变化。

首先，从教育质量与效率的角度来看，幼儿园人工智能课程游戏通过自适应活动路径与数据驱动游戏决策，实现了对幼儿学习需求的精准识别与个性化满足。AI 工具能够分析幼儿在游戏中的行为数据，为他们量身定制游戏内容和难度，从而有效提升学习效果。这种个性化的学习方式不仅激发了幼儿的学习兴趣，还促进了他们全面发展，特别是在科学、艺术、数学等多个学科领域，综合素养得到提升。同时，教师也得以从繁重的教学任务中解脱出来，有更多时间和精力去关注每个幼儿的个体差异，进一步提升教学质量。

其次，幼儿园人工智能课程游戏的创新游戏模式，如情境模拟、角色扮演、协作竞技等，极大地丰富了幼儿的学习体验。这些游戏模式让幼儿在玩乐中学习、探索、尝试和创造，培养了他们的创造力、解决问题的能力和团队合作精神，为未来的学习奠定了坚实基础。此外，这种跨学科的游戏模式也促进了教师教学能力的提升，他们需要与 AI 专家紧密合作，不断更新教育理念，以更好地适应新的教学模式和幼儿的学习需求。

再次，幼儿园人工智能课程游戏的开发与创新对传统教学模式产生了深远影响。它打破了以教师为中心的传统教学模式，转向了以幼儿为中心、注重个体差异和个性化学习的教学模式。这种变革不仅提升了教学效果，还促进了教育公平，让每个幼儿都能享有适合自己的教育资源。同时，它也推动了教育技术的创新与发展，为其他教育阶段和领域提供了宝贵的经验和启示。幼儿园成为教育技术创新的试验田，引领着未来教育的发展方向。

最后，幼儿园人工智能课程游戏的应用还促进了家园共育与家校合作。家长可以通过游戏平台了解幼儿的学习情况，与教师共同探讨教育策略，形成教育合力。这种紧密的家园合作不仅增强了家长对幼儿园教育的信任和支持，还促进了幼儿身心的健康发展。同时，它也预示着未来教育的发展方向，即人工智能将在教育领域发挥越来越重要的作用，为培养适应未来社会的人才做出更大贡献。

案例呈现

智能火星大冒险

一、问题

在 A 幼儿园的火星探险项目式学习活动中，教师们精心设计了一系列融合了人工智能语言模型和编程机器人的互动环节。活动伊始，孩子们被这个充满科技感的主题深深吸引。教师："孩子们，今天我们将一起探索火星的奥秘，你们准备好了吗？"孩子们兴奋地回答："准备好了！"在 AI 互动提问环节，小恩佐好奇地提问："老师，火星上真的有水吗？"教师："这是一个很好的问题，让我们问问 AI 模型吧。"教师操作 AI 模型，生成了一系列关于火星水资源的问题和答案。然而，不久后，小恩佐的兴趣开始减退。他小声嘀咕："这个好像有点无聊。"

在编程机器人操作环节，孩子们争相尝试。但由于机器人数量有限，只能轮流操作。教师："东东，轮到你操作编程机器人了，你可以试着让它走一个火星探险的路线。"东东操作了一会儿，但因为等待时间过长，他显得有些不耐烦："老师，我不想玩了。"

同时，教师们在解答AI模型生成的问题时，遇到了挑战。毛毛："老师，为什么火星的土壤是红色的？"教师（略显尴尬）："嗯，红色是因为土壤里有好多红色的岩石。"孩子们的注意力开始分散，互动性和参与度明显下降。活动中，还出现了机器人故障的情况。教师："哎呀，机器人怎么不动了？让我看看。"由于缺乏技术支持，教师只能简单重启机器人，但仍无法解决问题。

二、原因分析

（一）课程设计难以兼顾趣味性和教育性

人工智能知识抽象、复杂，而幼儿的认知水平较低，难以理解过于技术化的内容。因此，开发者在设计游戏化课程时，面临如何将复杂的AI概念转化为适合幼儿年龄特点的游戏活动的挑战。过于简单的设计可能缺乏教育性，而过于复杂的内容又难以引起幼儿的兴趣，这使得课程设计难以平衡趣味性和教育性。

（二）课程实施的效果有限

幼儿园教师普遍缺乏系统的人工智能知识和游戏化教学经验，导致课程实施中难以充分发挥课程设计的作用。教师在授课过程中可能无法将AI概念有效传递给幼儿，或缺乏创新的教学方法，使得课程变得生硬，最终影响幼儿的学习效果。

（三）教育资源及师资力量匮乏

人工智能课程需要特定的软硬件资源支持，如编程机器人、交互式设备等，但很多幼儿园由于资金有限，难以配备足够的教育资源。此外，具备人工智能和游戏化教学双重能力的教师也非常稀缺，导致幼儿园在课程开发和实施中无法充分利用先进的教育资源，限制了课程创新的潜力。

三、问题解决

为解决幼儿园人工智能课程游戏在实践中面临的课程设计乏味、实施效果不佳，以及教育资源和师资力量匮乏等问题，需要采取多层次的应对策略。通过加强课程设计的科学性和趣味性，提升教师专业能力，并增加教育资源的投入，幼儿园能够有效推动人工智能课程游戏的开发与创新，确保课程的有效实施和幼儿的全面发展。

（一）提高课程设计的科学性和趣味性

开发者应当结合幼儿的认知发展特点，将抽象的人工智能概念转化为形象、生动的游戏场景和活动。可以通过情境式教学、互动式体验和角色扮演等方式，将人工智能知识融入幼儿日常游戏中。同时，开展跨学科合作，邀请教育学、心理学、计算机科学等领域的专家共同设计课程，以确保课程的教育性和趣味性达到平衡。

（二）提升教师的专业能力和教学技巧

幼儿园应通过定期培训和专业发展计划，提升教师在人工智能和游戏化教学方面的能力。可以组织教师参加相关的 AI 课程研讨会、教学示范课和工作坊，帮助他们掌握 AI 知识和创新的教学方法。同时，通过校际交流和经验分享，推动教师之间的合作和学习，提升课程实施的质量。

（三）增加教育资源投入和优化教学条件

政府和社会应加大对幼儿园人工智能教育资源的投入，确保园所能够获得足够的软硬件支持，如智能玩具、编程机器人等。同时，幼儿园可积极与前沿科技公司、校外教育机构合作，借助外部资源丰富教学内容。此外，可以探索通过线上平台共享优质教育资源，弥补偏远地区教育资源不足的问题。

四、反思总结

该项目式学习活动引入人工智能语言模型，是对幼儿园教学模式的创新尝试，同时也是未来幼儿学习模式的必然趋势。但不得不承认，在实践中依然存在诸多问题，特别是课程设计难以兼顾趣味性和教育性，实施效果有限，以及教育资源和师资力量匮乏等问题尤为突出。

为解决这些问题，未来需要优化课程设计，沉浸式加强教师专项培训，强化专项技能，丰富知识层次，并增加教育资源投入，以推动人工智能课程游戏的可持续发展。

（长春市实验幼儿园　王阳）

> 🎓 **拓展研讨**

在"幼儿园人工智能课程游戏的开发与创新"过程中，除了应对课程设计、资源配置和师资储备等方面的挑战，我们还需要重视幼儿的个体差异，通过灵活的教学设计满足不同幼儿的需求。只有这样，才能够更好地推动幼儿园人工智能课程游戏的可持续发展。面对人工智能，幼儿的理解能力、实践能力等都存在个体差异，此时你将如何利用人工智能克服这样的差异呢？

电子资源革新助力师幼互动

> 📖 **智慧导引**

学前教育课程游戏化是在实现儿童主体与教育引导、幼儿自主活动与教师计划活动中寻找适当平衡的一种实践，是幼儿与教师之间持续互动的过程。由此可见，"师幼互动"中教师的创新支持策略和互动方式是推动幼儿经验连续生长及课程游戏经验持续深化的支点。

在建构幼儿园游戏化课程的新模式中，电子资源的革新正成为推动师幼互动质量提升的重要力量。电子资源的广泛应用不仅丰富了游戏化课程的内容与形式，还增强了师幼之间的互动性和趣味性，为幼儿园教育带来了全新的活力。

一、互动式教学对话：提升沟通效能与学习动机

在学前教育领域，电子资源的巧妙融入为师幼互动带来了革命性的变化。借助互动式应用程序与智能语音助手的强大功能，教师们得以与幼儿展开一场场生动、高效且充满乐趣的对话之旅。这种创新性的互动式教学对话模式，不仅极大地提升了沟通的即时响应与趣味体验，更深入地契合了"自我决定理论"的核心要义——通过赋予幼儿更多的选择权与即时反馈，有效激发了他们的内在学习动机，为未来的学习之路奠

定了坚实的基础。

1. 实践策略

（1）情境创编与对话表演

结合电子资源的多媒体特性，教师与幼儿共同创编贴近生活的情境对话脚本，如"小小探险家"的野外探险对话、"未来城市设计师"的城市规划讨论等。随后，幼儿可以选择自己感兴趣的角色进行对话表演与讨论，通过电子设备的录音或视频功能记录下这一过程。这种策略不仅锻炼了幼儿的想象力和创造力，还加深了幼儿对不同社会角色和情境的理解。

（2）智能问答与个性化挑战

利用智能语音助手或互动式应用程序设置个性化问答环节，根据幼儿的兴趣和学习进度，动态生成问题并提供即时反馈。例如，对于喜欢动物的幼儿，系统可以提出关于动物习性的问题，并根据回答情况调整问题难度，形成个性化的学习挑战。这种策略有效激发了幼儿的好奇心和求知欲，同时锻炼了他们的逻辑思维能力和问题解决能力。

（3）协作对话与团队项目

通过电子平台组织幼儿进行跨班级的协作对话，围绕特定主题或项目进行讨论和合作。幼儿可以在平台上分享自己的想法、提出疑问，并共同寻找解决方案。教师作为引导者，适时提供指导和反馈。这种策略不仅促进了幼儿之间的交流与合作，还培养了他们的团队协作精神和批判性思维能力。

2. 实践途径

（1）成立情境对话工作坊

成立情境对话工作坊，定期邀请专业演员或故事讲述者参与，与幼儿一起创编和表演情境对话。通过工作坊的形式，幼儿可以亲身体验不同角色的情感和行为，同时学习如何更有效地进行沟通和表达。

（2）组织智能问答挑战赛

组织智能问答挑战赛，鼓励幼儿积极参与并挑战更高难度的问题。通过设立奖励机制，如积分兑换、荣誉证书等，激发幼儿的竞争意识和参与热情。同时，挑战赛的结果也可以作为个性化教学的重要参考，帮助教师更好地了解每个孩子的学习状况和需求。

（3）举办跨班级协作项目展

举办跨班级的协作项目展，让孩子们将团队项目的成果以展览的形式呈现出来。通过展览，幼儿可以展示自己的创意和成果，同时与其他班级的幼儿进行交流和分享。这种途径不仅增强了幼儿的自信心，还促进了不同班级之间的友谊与合作。

二、情境模拟与角色扮演：强化情感共鸣与认知成长

通过巧妙融合电子资源，学前教育活动得以革新——引入了情境模拟与角色扮演的崭新实践。借助虚拟现实等前沿技术，我们为幼儿精心构筑了一个既富有想象力又贴近现实的探索空间。依据情境学习理论的精髓，这种教学模式使幼儿能够在仿真的情境中，通过亲自扮演不同角色，深刻体会情感交流，从而有效促进认知能力的全面发展。在此过程中，教师化身为智慧的引路人与细心的观察者，充分利用电子资源所呈现的丰富情境，引领幼儿逐步理解社会角色的多样性与情感互动的微妙之处，助力他们在寓教于乐的氛围中茁壮成长。

1. 实践策略

（1）情境构建工作坊：从观察到创造

采用工作坊形式，引导幼儿观察现实生活中的场景，如市场、医院、公园等，然后帮助幼儿利用电子绘画工具或3D建模软件亲手设计并构建自己的情境模型。这一过程不仅锻炼了幼儿的观察力和创造力，还让他们在实践中学习了情境构建的基本原则。

（2）角色沉浸式体验：情感与认知的双重激活

利用虚拟现实技术，为幼儿打造沉浸式的角色扮演体验。在虚拟环境中，幼儿可以"成为"他们选择的角色，如宇航员、动物保护者等，通过完成任务、解决问题来深化对角色身份的理解，同时激活情感共鸣和认知发展。

（3）叙事编织法：故事创作与角色的融合

鼓励幼儿围绕特定主题或情境，集体创作故事。每个幼儿都可以为故事贡献自己的想法，然后选取部分情节进行角色扮演。这种方法不仅培养了幼儿的想象力和语言表达能力，还通过角色扮演加深了幼儿对故事情感

和故事寓意的理解。

（4）反思与分享圈：促进元认知与社交技能

每次角色扮演活动后，组织一个反思与分享圈。幼儿可以分享自己的角色体验、感受以及学到的知识。教师引导幼儿进行批判性思考，如讨论不同角色的行为动机、决策后果等，以此促进元认知能力和社交技能的发展。

2. 实践途径

（1）科技与自然结合的探索之旅

利用 AR 技术，在户外环境中添加虚拟元素，如动物迁徙路径、植物生长过程等。幼儿可以扮演生态学家或探险家，通过电子设备探索自然奥秘，同时学习科学知识，培养环保意识。

（2）跨文化交流桥梁：线上角色扮演节

利用网络平台，举办跨地市的线上角色扮演节。幼儿可以扮演来自不同民族的传统角色，如中国的京剧演员、云南的傣族舞者等，通过视频交流展示各自的文化特色，增进对多元民族文化的理解和尊重。

（3）社区参与与公民教育：角色服务日

与当地社区合作，设立角色服务日。幼儿可以扮演社区志愿者、环保小卫士等角色，参与社区服务活动。通过实际行动，幼儿不仅学习了公民责任，还通过角色扮演锻炼了组织能力和团队协作能力。

（4）家庭与学校联动：亲子角色扮演夜

定期举办亲子角色扮演夜，邀请家长与幼儿共同参与。以家庭为单位选择或创作一个情境故事进行表演，既增进了亲子关系，又让孩子们在轻松愉快的氛围中锻炼了表演能力和创造力。

三、实时反馈与调整：优化教学策略与学习成效

在学前教育的创新实践中，电子资源的巧妙运用为师生互动注入了一股鲜活的力量，构建起了实时反馈与动态调整的桥梁。这一机制紧密贴合形成性评价的核心理念，强调在教学活动的每一个瞬间持续捕捉反馈信号，并以反馈为依据灵活优化教学策略，确保学习成效的最大化。

借助电子平台的强大数据分析功能，教师们仿佛拥有了一双"透视眼"，

能够深入洞察每个幼儿的独特学习轨迹与需求。幼儿的反应、困惑、进步……一切尽在掌握之中。这样的精准把控，使得个性化教学不再是一句空话，而成为可能。

实时反馈与动态调整的实践方法，不仅极大地提升了教学的针对性与有效性，更在无形中激发了幼儿的内在潜能。在这样一个充满响应与关怀的学习环境中，幼儿感受到了被看见、被理解、被支持的温暖，从而更加自信地投入学习之中，享受探索知识的乐趣，收获成长的喜悦。

1. 实践策略

（1）AI驱动的个性化学习路径构建

利用人工智能算法分析幼儿的学习数据，包括学习速度、掌握程度、兴趣偏好等，为每个幼儿构建个性化的学习路径。这条路径不仅能根据孩子的当前水平定制，还能根据学习过程中的实时反馈动态调整，确保幼儿始终在最适合自己的学习区间内挑战与成长。

（2）智能反馈与即时教学策略调整

通过智能系统实时监测幼儿的学习进度与表现，识别学习难点与兴趣点。当检测到孩子在某一方面遇到困难时，系统立即为教师提供教学策略调整建议，如改变教学方法、提供额外的学习资源或调整学习任务的难度等。同时，系统也能根据幼儿的兴趣点推荐相关的学习内容，激发幼儿的学习动力。

（3）基于大数据的学习成效评估与预测

利用大数据技术分析幼儿的学习数据，评估学习成效，并预测未来的学习趋势。这种评估不仅关注幼儿当前的学习成果，还考虑幼儿的学习习惯、兴趣变化等因素，为教师提供全面的学生画像。教师可以根据这些评估结果和预测，制订更加精准的教学计划，优化教学策略，提高学习成效。

2. 实践途径

（1）个性化学习路径平台开发

开发一个个性化学习路径平台。该平台集成人工智能算法，能够分析并根据孩子的学习数据和即时反馈，自动生成并调整学习路径。孩子可以在平台上按照个性化路径进行学习，同时平台也提供学习进度跟踪、学习成果展示等功能，帮助孩子更好地了解自己的学习情况。

（2）智能反馈与教学策略调整系统实施

在教学环境中实施智能反馈与教学策略调整系统。该系统能够实时监测孩子的学习数据，为教师即时提供教学策略调整建议。教师可以通过系统了解孩子的学习难点与兴趣点，及时调整教学方法和资源，确保教学始终与孩子的学习需求相匹配。

（3）大数据驱动的学习成效评估与预测系统构建

构建一个大数据驱动的学习成效评估与预测系统。该系统能够收集、分析孩子的学习数据并生成评估报告和预测模型，帮助教师通过系统了解幼儿的学习状况和未来趋势，从而制订更加科学、合理的教学计划。同时，系统也可以为家长提供幼儿的学习报告，促进家校之间的沟通与合作。

案例呈现

电子资源亦师亦友

一、问题

已经升入大班的君君走进美工区，坐在座位上望着材料柜，慢慢起身拿了一张A4纸，然后回到座位继续望向柜子。发现自己不想用A4纸作画后，君君把它又送回材料柜。这次君君回到座位思考片刻，起身拿了一个调色盘，回到座位，继续望向柜子。过了一会儿，他再次起身拿来红、黄、蓝三色颜料……就这样，君君往返于座位与材料柜好多次才取完宣纸、颜料、调色盘、毛笔、勺子、毡垫等材料。君君多次取材料的行为不但影响米豆去拿折纸范例和彩纸，还多次与去材料柜拿皱纹纸和剪刀的乐乐撞架，着实让我捏了一把汗。

这时米豆折纸遇到了困难，怎么折都和图示不一样，她略带哭腔地自言自语："咋折呀？什么破图示！"我走过去询问："需要我帮忙吗？"她倔强地回绝："不用！"然后自己气得把折了一半的葫芦撕了个粉碎，随后又拿起一张纸继续折，遇到了难点发了更大的脾气，我看到她因要面子而不接受帮助的样子又气又自责。

早餐音乐响起，君君的调色游戏还没开始就要把材料送回，我忍不住上前指导："君君，你的游戏材料比较多，你可以先想好需要的材料，然后拿一个托盘，从材料柜一边开始，遇到需要的材料就放到上面，这样你一次就可以把材料拿齐了。"说着我给了他一个托盘，把所有材料都放到上面，希望他拿着托盘按顺序依次把材料送回去，结果，他按照自己的做事方式把托盘上的材料分多次送回。

一个晨间活动，我都控制着自己的情绪，即便这样，我想我传递出去的即使不是愤怒也是压抑。

二、原因分析

（一）幼儿主体地位的缺失

理想的师幼互动是，教师与幼儿都是互动行为的主体，享有均等的行为发起和行为反馈主动权。但是，在现实的幼儿活动中，教师常常处于互动发起、控制、服务、指导的主动地位，幼儿处于服从、依赖的被动角色。

（二）师幼互动过程中的负面情绪

一是体现在教师与幼儿的性格差异上。性格内向的教师希望活泼外向型幼儿遵守班级秩序和规则，性格外向的教师希望被动内向型幼儿反馈更积极，秩序感强的教师希望散漫无序型幼儿活动更有计划性……诸如此类的性格问题都会在互动中使教师与幼儿产生情绪压力，且幼儿往往在师幼互动中处于被拒绝的状态。

二是体现在教师自身技能强弱差异上。教师在自己感兴趣或技能强势领域与幼儿互动频次多且效果颇佳，反之在自己兴趣和能力不足的领域，互动时因策略不足、方法不当而产生的回避等负面情绪的频次多于前者，这使得幼儿处于平行及下行发展态势。

三是体现在互动内容及互动对象年龄段的差异上。在生活化、自主性明显的各类活动中，互动双方情绪均优于有目的、有计划的活动。针对不同年龄特点的幼儿，教师会采取不同的互动方式。年龄小的幼儿更容易获得教师带有亲切、友好情感的互动举动，而对大班幼儿，教师会要求更高、控制更严，使得幼儿产生畏惧情绪。

（三）师幼互动模式的单一性

幼儿园中，教师精心为幼儿策划的活动内容和过程、选择和制作的活动材料、既定的规则和目标，限定了互动双方达到互动结果的时间与范围，且主要是幼儿配合教师指导的状态。

（四）师幼互动存在空间距离差异

幼儿与教师空间距离的远近会影响他们的参与机会。座位距离教师近的幼儿往往受到教师更多的关注，幼儿与教师互动的机会也多；反之，则受到的关注少，互动的机会也少，久而久之，就会导致部分幼儿与教师情感疏离。

三、问题解决

目前"师幼互动"中存在的亟待解决的问题，如师幼比大、师幼气质类型各异、教师自身能力不均衡及教育理念落后等，其背后是游戏活动目的与手段、内容与形式、过程与结果的人为分裂。我园经过深入研讨发现，师幼互动中教师与幼儿呈互嵌式发展样式，教师理念转化、技能提升与幼儿情绪改善、能力拓展起连锁反应，改变思路、革新方法、创新方式能够使师幼双边动起来。

（一）通过电子资源介入建立"隔山打牛"的师幼互动思路

在师幼互动中，与其花费时间提高教师五大技能中的短板，不如学习信息化新技能实现教学能力弯道超车；与其浪费时间静态强调教师改善性格弱项，不如投放精力制作电子资源作为师幼良性互动补充；与其绞尽脑汁改善师幼互动近距离观察指导的压迫感，不如让幼儿自由选择电子资源重复指导的轻松感；与其要求教师独善其身，不如教师优势互补集思广益迭代电子资源内容。我园通过在区域活动中对电子资源库的投放，解放了师幼关系。

（二）通过电子资源开发建立动态的理论学习与技术应用方式

幼儿园确立"以游戏为基本活动"的教育方向，着力强调我园教育要回归儿童真实生活，幼儿园课程生活化、游戏化的本质是对"培养什么样的幼儿"和"如何培养幼儿"的一个探索与回答。我园以电子资源库为载体，带领教师根据《幼儿园工作指导纲要》《3—6岁儿童学习与发展指南》收集符合幼儿身心及认知特点的生活化内容，融合五大领域学科知识，通过视频采集以及后期加工制作区域活动材料游戏拓展短片，带动教师将学前教育政策文件、理论常识及信息化操作技术有机结合，打破理论知识学习应用"工具性""阶段性""静态性"瓶颈。

我们在调色游戏资源库建立中考虑到横向各领域、纵向各年龄段幼儿应知应会的常识和技能，将艺术领域三原色的调色原理、精细动作的"三指捏"和"运勺"、科学领域的虹吸现象和分数的感知等目标相融合。托班幼儿通过 iPad 提示即可完成三指挤压滴管摄取颜料观察变色的活动；小班幼儿可以通过 iPad 提示完成按指令运勺，一勺红色两勺黄色搅拌后在带有橙子轮廓的纸张上涂色；中班幼儿操作时 iPad 会着重提示幼儿看量杯数值取水，调配好自己喜爱的颜色后将植物放置量杯内，每天记录植物变化，感受虹吸现象；大班幼儿操作时 iPad 会提示幼儿用勺子取来颜色放到一个圆形的调色盘里，iPad 会显示每种颜色各占 1/2、1/3。

（三）通过电子资源投放建立多元化的师幼互动模式

从互动主体的作用看，既应该有以教师为本位的师幼互动，也应有以幼儿为本位的师幼互动。从互动方式看，既可采用语言方式，也可运用动作方式或以环境、材料为媒介的其他互动方式。电子资源库作为环境材料媒介出现在幼儿活动区角中，既呈现了教师主体智慧，也体现了幼儿享有选择权的主体地位。电子资源库是教师将本年龄段幼儿应知应会的知识和常识、生存生活技能和规则通过多个进阶式短片演示，引导幼儿实践操作的新型互动方式。

米豆折纸遇到的问题，后期被我录成了演示视频。在难点处我将视频处理成慢动作形式，镜头拉近，米豆就可以根据自己的操作速度、角度随时暂停进行反复观摩。这样就在完成自主学习的同时解除了不同性格、能力特点的幼儿直面教师互动时的情绪压力。电子资源库的介入也极大缓解了师生比大带来的互动压力，使教师有精力用不同的交流方式和指导策略，更好地满足不同幼儿的发展需要。

四、反思总结

通过实践发现，电子资源库在教师信息技术、理论提升以及幼儿操作自主性、专注性、情绪状态等方面都发挥出明显作用。幼儿思维受限时它给予提示和指导，此时它是老师；操作难点可反复播放，重复学习没有压力等特点，又让它成为孩子的朋友。由此可见，电子资源作为新的师幼互动媒介和方式，是有趣、有利的。

（长春市实验幼儿园　马佳）

> 📖 **拓展研讨**

目前，广大教师非常关注自身在师幼互动过程中的支持行为，但在日常师幼互动中仍存在幼儿主体地位缺失，师幼互动过程中负面情绪过多，师幼互动时空有限，师幼互动模式单一等问题，一定程度上影响了师幼互动质量。那么在日常工作中大家在用什么策略进行高效的师幼互动呢？

电子资源作为师幼互动的良性补充，既减少了教师直接面对幼儿指导的情绪问题，又增加了幼儿对区角材料的操作兴趣，但用什么方法来有效控制幼儿操作时长及频次呢？

信息化技术优化幼儿园体能游戏

> 📖 **智慧导引**

在当今信息化更新速度日益加快的时代背景下，幼儿教育正面临着前所未有的变革与挑战。作为幼儿教育的重要组成部分，体能游戏不仅关乎幼儿的身体健康，更是培养其社会能力、认知能力和情感发展的重要途径。然而，传统的体能游戏模式往往难以充分满足幼儿个性化、多样化的学习需求。因此，探索如何将信息化技术有效融入幼儿园体能游戏，建构一种全新的课程游戏化路径，已成为当前幼儿教育领域亟待解决的重要课题。

正是基于这一背景，本小节旨在通过深入分析信息化技术在幼儿体能游戏中的应用潜力，探讨其是如何优化游戏设计、提升游戏体验，进而促进幼儿全面发展的。我们坚信，通过信息化技术的助力，幼儿园体能游戏将焕发新的生机与活力，为幼儿提供更加丰富、多元、个性化的体能锻炼体验，助力他们在快乐中成长，在游戏中探索，为未来的学习与生活奠定身体基础。

一、智能穿戴设备与物联网技术在幼儿体能游戏中的融合应用

探索利用智能穿戴设备（如心率监测手环、运动传感器等）和物联网

技术，实时监测幼儿在体能游戏中的生理指标（如心率、体温）和环境参数（如温度、湿度），为游戏设计提供科学依据，并动态调整游戏难度和强度，确保幼儿在安全、适宜的身体状态下进行游戏，同时培养其自我感知和自我管理能力。

1. 实践策略

（1）生理数据驱动的游戏自适应调整

利用智能穿戴设备实时监测幼儿的生理数据，结合物联网技术将这些数据实时传输至游戏平台。平台根据幼儿的生理状态动态调整游戏难度和强度，如当检测到幼儿心率过高时，自动降低游戏难度或增加休息时间，确保游戏的安全性和适宜性。

（2）游戏场景的智能匹配

通过物联网技术智能选择或生成与当前环境相匹配的游戏场景，如晴天时增加户外探索类游戏，雨天则转为室内体感游戏，提升游戏的趣味性和参与度。

（3）自我管理能力培养的游戏化设计

结合智能穿戴设备的反馈，设计游戏化任务，如"心率小卫士"任务，鼓励幼儿通过调整游戏活动中的运动强度来控制自己的心率，培养其自我感知和自我管理能力。

2. 实践途径

（1）设备选型与集成

选择适合幼儿使用的智能穿戴设备，如心率监测手环、运动传感器等，并将其与物联网技术集成，确保数据的实时传输和处理。

（2）游戏平台开发与测试

开发能够与智能穿戴设备和物联网技术对接的游戏平台，进行功能测试和用户体验优化，确保游戏的稳定性和趣味性。

（3）教师培训与指导

对教师进行智能穿戴设备和物联网技术的培训，指导其如何有效利用这些技术来优化体能游戏的设计和实施。

二、云计算与大数据驱动下的幼儿体能游戏内容动态生成

聚焦于利用云计算和大数据技术，构建一个动态生成游戏内容的平台。该平台能够根据幼儿的游戏历史、兴趣偏好以及发展目标，自动或半自动地生成符合幼儿当前水平和兴趣的游戏场景、任务和挑战。这种动态生成的游戏内容不仅能够保持游戏的新鲜感和吸引力，还能根据幼儿的发展情况及时调整，实现个性化教学。

1. 实践策略

（1）个性化游戏路径的智能规划

利用云计算和大数据技术，分析幼儿的游戏历史、兴趣偏好和发展目标，为每位幼儿智能规划个性化的游戏路径，确保游戏内容既符合幼儿当前水平，又能激发其兴趣。

（2）游戏内容的动态更新与迭代

根据幼儿在游戏中的表现和反馈，以及大数据分析的结果，动态更新游戏内容，如新增游戏场景、任务或挑战，保持游戏的新鲜感和吸引力。

（3）教师引导下的游戏内容共创

鼓励教师根据幼儿的实际需求和兴趣，利用云计算平台提供的工具，与幼儿共同创作游戏内容，实现教学相长，增强游戏的针对性和实效性。探索社交媒体与在线教育平台在体能游戏中的社交互动创新。

2. 实践途径

（1）建立数据收集与分析平台

建立幼儿游戏数据收集和分析平台，收集幼儿的游戏历史、兴趣偏好等数据，并进行深度分析和挖掘。

（2）开发游戏内容生成工具

开发能够基于大数据分析结果的游戏内容生成工具，支持教师快速生成符合幼儿个性化需求的游戏内容。

（3）建立游戏效果评估与反馈机制

建立游戏效果评估体系，收集幼儿和教师的反馈意见，不断优化游戏内容和设计。

三、社交媒体与在线教育平台在幼儿体能游戏中的社交互动拓展

探索如何利用社交媒体和在线教育平台，将幼儿体能游戏拓展到家庭以外的社交圈，促进幼儿之间的远程互动和合作。通过参与跨地域的团队合作游戏、在线挑战赛等活动，幼儿可以在家长的引导下，与来自不同背景的幼儿建立联系，共同完成任务，从而培养其跨文化交流能力、团队协作能力和社交技能。这种拓展不仅丰富了幼儿的游戏体验，还为其提供了更广阔的学习和发展空间。

1. 实践策略

（1）跨地域团队合作游戏的设计与实施

利用社交媒体和在线教育平台，设计跨地域的团队合作游戏，如"小小探险家"团队挑战赛，让幼儿在家长的引导下与全球各地的幼儿组队，共同完成任务，培养跨文化交流能力和团队协作精神。

（2）在线挑战赛与荣誉体系构建

举办定期的在线体能游戏挑战赛，设置荣誉体系和奖励机制，鼓励幼儿积极参与并展示自己的体能成果，同时促进幼儿之间的良性竞争和相互激励。

（3）家庭与幼儿园联动的社交互动模式

通过社交媒体和在线教育平台，建立家庭与幼儿园之间的联动机制，如分享幼儿在家庭中的体能游戏成果，或邀请家长参与幼儿园的体能游戏活动等，增强家园共育的实效性和互动性。

2. 实践途径

（1）平台选择与合作

选择适合幼儿使用的社交媒体和在线教育平台，与平台方建立合作关系，确保活动的顺利进行和幼儿的安全。

（2）活动策划与组织

策划和组织跨地域的团队合作游戏和在线挑战赛，制订详细的活动方案和时间表，确保活动的有序进行。

（3）家园共育机制建设

建立家园共育机制，通过社交媒体和在线教育平台加强与家长的沟通和合作，共同促进幼儿的体能和社交发展。

> **案例呈现**

体能游戏嗨起来

一、问题

户外活动时间，我将软绳、呼啦圈、平衡木、钻圈、沙包等器械分别按照一定规律摆放，然后告诉班级幼儿说："今天，我们要打怪兽。"于是幼儿的小眼睛就四处寻找怪兽。我马上解释道："怪兽就在那面墙后面，你们要将沙包打到墙上，这样怪兽就不敢出来了。"我继续解释道："你们要跨过软绳，单双脚交替跳过呼啦圈，走过平衡木，侧身钻过圈，来到弹药库后才能开始投沙包。"我一边讲解一边示范，之后幼儿便兴致勃勃地开始游戏了。

跨跳软绳时幼儿用的双脚跳；单双脚交替跳呼啦圈的时候，由于幼儿动作不协调、准备动作时间比较长等原因而被后面的同伴催促、推搡，之后便变形为单脚轮流走过；走过平衡木，他们直接正面低头走过钻圈，然后开始疯狂地投沙包。投沙包时我也在不停地组织纪律，生怕她们抡圆的手臂碰伤同伴，后来直接高控到大家做完之前的动作站好听指令一起投掷的程度。我还美其名曰地说：大家合作威力大，怪兽被我们一下子就击退了。可心里暗想：这游戏可算是结束了！

二、原因分析

幼儿园部分教师不能将游戏精神与学科基本素养有效整合，造成幼儿在体能活动中只享受玩耍的过程，忽视对基本动作的学习。其中部分教师错误地认为教授和纠正幼儿错误的走、跑、跳、钻、爬、投掷、平衡等基本动作枯燥无味，有悖于以幼儿为主体的游戏思想；还有一部分教师对幼儿动作不协调的问题未做出正确判断，未给出针对性指导，盲目认为随着身体发育和反复练习，动作协调会得到逐渐自我完善。认知的偏颇和学科专业常识的匮乏非常不利于幼儿的健康成长，另外，东北冬季寒冷，幼儿体能锻炼随之减少，甚至缺失，这也是造成幼儿身体动作不能协调发展的主要因素之一。

三、问题解决

（一）运用信息化技术增加体能游戏趣味性

我园将幼儿走、跑、跳、钻、爬、平衡、投掷、攀登等基本动作演示制作成动态动画，将肉眼不易观察到的动作发力点，以及主力腿、动力腿转换等细节惟妙惟肖地呈现。这一方法有效地解决了教师一边讲解一边做示范的忙乱，有效地解决了幼儿站在不同角度观察所产生的理解偏差，有效地解决了教师动作示范时位置距离幼儿远等问题，为促进幼儿身体均衡且科学的发展奠定基础。

（二）运用AI识别功能制订科学游戏方案

幼儿园开展体能游戏的主要目的是落实"健康第一"指导思想，增强幼儿的身体素质，培养幼儿热爱运动的生活态度。要实现这些目标，教师需要对幼儿的身体实际情况有详细的了解。在将AI体能系统融合到体能游戏中之后，教师可以引导幼儿佩戴运动传感器，通过传感器收集幼儿在体能游戏中的表现；也可以运用AI识别投屏，了解幼儿的身体数据，增加幼儿参与兴趣。

以"侧面钻圈"为例，教师引导幼儿佩戴运动传感器做侧面钻圈动作，并通过运动传感器收集幼儿的数据直接投屏。幼儿可在屏幕中看到：动力腿与主力腿转换时发力点发红，表示现实动作标准。对于不能完成动作的幼儿，系统会提供幼儿身体素质分析，教师可对幼儿的各项身体数据有较为详细的了解。在此基础上，教师对幼儿进行分类，分别将身体素质较好、身体素质合格、身体素质较弱的幼儿分为三个小组，以便在往后的相关体育活动中进行针对性指导。

（三）通过电子投屏优化冬季体能游戏质量

东北幼儿园的在园幼儿，其大量的体能游戏都是在室内完成的，因此，我们通过利用电子投屏设备，创建互动地面游戏。教师可以发挥电子投屏地面投射功能，结合幼儿的年龄特点设计游戏。在室内地面体能游戏中，教师们逐渐打开了对冬季幼儿体能游戏的设计思路。

以"足球小子"游戏为例，教师运用电子投屏在地面上投射球员站位，幼儿依次完成传球游戏后根据新的地面投屏图进行跑位，进行新一轮进阶配合游戏。总之，在科学技术发展的推动下，当前的教育教学也呈现出智能化、科学化的趋势。在我园体能游戏中，信息技术发挥出明显优势，通过信息技术，教师可以详细了解幼儿的体能水平，依据幼儿的年龄特点设计儿童化、游戏化、情境化的活动内容，并且开展针对性的示范指导，从而切实使幼儿在体能游戏中得到发展。

四、反思总结

信息化技术在幼儿园体能游戏中的应用目前在我国只是一种初探，随着执教教师体育专业理论知识的不断夯实及信息技术的提升，以科学促进幼儿身体基本动作发展为起点，以补长东北冬季室内体能游戏短板为任务，以培养幼儿热爱运动、终身运动为目标的体能游戏研究会更加深入与全面。

（长春市实验幼儿园　韦晶）

拓展研讨

目前幼儿园体能游戏需要通过创设情境激发幼儿的参与性与兴趣，但创设不可过度关注"游戏性"，游戏及游戏精神不能等同于儿童学习发展的全部，片面地追求"游戏性"而忽视了"科学性"的活动也是有名无实的。在体能游戏中，幼儿是通过多个基本动作的连续配合来完成活动的，不能正确掌握基本标准动作而反复地游戏，只会给幼儿身体带来运动伤害。在你的幼儿园是怎样避免幼儿运动伤害的？

信息化技术支持下的幼儿自主探索

智慧导引

在当代学前教育领域，随着信息技术的飞速发展，教育环境的数字化转型已成为不可逆转的趋势，幼儿教育方式与方法也正经历着前所未有的变革。课程游戏化建构，作为提升幼儿教育质量、激发幼儿学习兴趣的重要途径，正逐步融入信息化技术的浪潮中并探索出一条全新的教育路径。本研究旨在探讨"信息化技术支持下的幼儿自主探索"，通过构建课程游戏化的新模式，为幼儿提供一个更加丰富多元、互动性强、个性化突出的学习环境，旨在培养幼儿的自主学习能力、创新思维及问题解决能力，为其终身学习奠定坚实的基础。

一、发现世界：让信息化技术成为自然探索的科技延伸

信息化技术可以让幼儿的探索不再局限于教室或操场，让幼儿的自然探索体验得到延展和升华。增强现实（AR）技术能将现实与虚拟融合，让幼儿在观察自然景物时，获得更深层次的认知。幼儿通过AR眼镜看到的不是普通的树，而是那棵树的叶子的构造、生长过程，甚至是在地下交织的根系。这不是简单的学习，而是让孩子感受到世界的多样性，激发他们不断去发现、去探究的欲望。

1. 实践策略

（1）AI引导的自然探索游戏化

利用AI技术设计一系列与自然探索相关的游戏化任务，如"植物成长日记""昆虫世界探秘"等。这些任务结合AR技术，让幼儿在真实环境中寻找虚拟线索，完成任务，从而获得关于自然的知识和体验，并通过游戏化设计，激发幼儿自主探索的兴趣和动力。

（2）智能反馈与个性化学习路径

利用AI技术对幼儿在自然探索过程中的行为进行分析，识别幼儿的兴趣点和认知难点。根据这些分析结果，为幼儿提供个性化的学习资源和反馈，帮助他们克服学习障碍，深化对自然世界的理解。同时，根据幼儿的学习进度和兴趣，动态调整探索路径，确保每个幼儿都能获得适合自己的学习体验。

（3）跨平台协作与自然社区建设

利用在线平台和社交媒体，建立幼儿自然探索的社区。鼓励幼儿分享自己的探索成果、经验和问题，与其他幼儿和教师进行互动和交流。通过跨平台的协作，促进幼儿之间的合作和分享，同时拓宽他们的视野，了解不同地域和文化的自然探索实践。

2. 实践途径

（1）设计并实施AI游戏化探索任务

在幼儿园内设立"自然探索角"，配备AR眼镜和智能设备。教师根据幼儿的兴趣和认知水平，设计一系列与自然探索相关的游戏化任务，并嵌入AR技术。例如，在"植物成长日记"任务中，幼儿需要通过AR眼镜观察植物的生长过程，记录关键节点，并分享自己的发现。通过完成任务，幼儿不仅获得知识，还体验到探索的乐趣和成就感。

（2）建立智能反馈系统，提供个性化学习资源

教师利用AI技术对幼儿在自然探索过程中的行为数据进行收集和分析，识别出每个幼儿的兴趣点和认知难点。根据这些分析结果，教师为幼儿推荐个性化的学习资源，如相关书籍、视频或在线课程。同时，教师还可以根据幼儿的学习进度和反馈，调整探索任务的难度和深度，确保每个幼儿都能在适合自己的水平上获得进步。

（3）搭建在线自然探索社区，促进跨平台协作

幼儿园可以建立自己的在线自然探索社区，鼓励家长上传幼儿探索的照片、视频和心得。社区内设立专门的互动板块，如"问题解答区""探索分享区"等，让幼儿之间可以相互提问、解答和分享经验。此外，幼儿园还可以与其他地区的幼儿园建立合作关系，开展跨地域的自然探索项目，通过在线平台分享资源和成果，促进幼儿之间的交流和合作。这种跨平台的协作方式，不仅能够拓宽幼儿视野，还能培养幼儿的团队合作能力和社交能力。

二、自主探索与协作：信息化技术让孩子们成为"团队科学家"

信息化技术不仅是个体化学习的工具，更能成为推动合作的媒介。通过虚拟现实（VR）或在线平台，幼儿可以和其他小朋友一起进行"探险"，比如一同探索虚拟太空或建造共同的城市等。这种探索方式可以让幼儿在协作中体验到自主探索的快乐，他们可以通过讨论、分工，共同完成任务。这种模式下，信息化技术成为连接孩子们心灵的桥梁，让探索变成一种社交体验。

1. 实践策略

（1）AI驱动的团队协作任务设计

利用AI技术设计一系列需要团队协作才能完成的探索任务，这些任务融合自主探索与团队协作的元素。例如，通过AI生成一个虚拟的"生态修复项目"，幼儿需要分组扮演不同的角色（如植物学家、动物学家、环境工程师等），利用VR技术进入虚拟环境，共同制订方案并修复受损的生态系统。AI根据幼儿的行动和决策提供即时反馈，促进幼儿之间的深度协作

与问题解决。

（2）智能匹配与角色轮换机制

利用AI算法，根据幼儿的兴趣能力和经验，智能匹配团队成员，确保每个团队能力分布均衡。同时，设计角色轮换机制，让幼儿在不同任务中扮演不同角色，体验不同的职责和挑战，从而培养幼儿全面的团队协作能力和领导力。

（3）数字化协作工具与成果展示平台

引入适合幼儿使用的数字化协作工具，如在线画板、云文档、协作编程平台等，让幼儿在探索过程中能够方便地记录、分享和讨论想法。同时，建立一个在线的成果展示平台，鼓励幼儿将团队探索的成果以视频、海报、3D模型等形式展示出来，增强团队的成就感和归属感。

2.实践途径

（1）实施AI驱动的团队协作项目

在幼儿园内设立"团队科学家"工作室，配备VR设备和必要的数字化工具。教师根据幼儿的兴趣和认知水平，设计一系列AI驱动的团队协作任务，并引导幼儿分组探索。例如，在"生态修复项目"中，教师引导幼儿利用VR技术进入虚拟环境，观察受损生态系统的现状，讨论并制订修复方案。幼儿分工合作，有的负责种植虚拟植物，有的负责引入虚拟动物，有的负责监测环境变化。AI根据幼儿的行动提供即时反馈，帮助他们调整方案并优化探索过程。

（2）建立智能匹配与角色轮换系统

教师利用AI算法对幼儿进行智能匹配，确保每个团队能力分布均衡。同时，制订角色轮换计划，让幼儿在不同任务中扮演不同角色。例如，在第一次任务中，某幼儿可能扮演植物学家，负责研究植物的生长习性；在第二次任务中，他可能轮换为环境工程师，负责设计生态修复方案。通过角色轮换，幼儿能够全面体验团队协作的不同方面，培养多方面的能力。

（3）搭建数字化协作与成果展示平台

幼儿园可以建立自己的数字化协作平台，为幼儿提供方便的在线协作工具。同时，设立一个在线的成果展示区，鼓励幼儿将团队探索的成果上传并分享给其他人。教师可以定期组织成果展示会，邀请家长、其他班级的幼儿和教师参与观看和点评。通过这种方式，幼儿不仅能够展示自己的才能和成果，还能增强团队的凝聚力和自信心。同时，其他幼儿也能从中学到新的知识和方法，促进整个幼儿园的探索氛围和团队协作能力的提升。

三、反思与创造：信息化技术如何赋予孩子"创造者"的身份

真正的探索不仅仅是发现，还包括创造。信息化技术让幼儿不仅仅是学习者，更是创造者。通过编程工具、创意软件，幼儿可以在虚拟世界里创造出自己的角色、故事和游戏。他们不仅是在接受信息，还在主动构建自己的知识体系。这种"反向探索"让幼儿学会从无到有，从而感受到创造的力量，并在这个过程中不断反思自己的探索路径和思维方式。

1. 实践策略

（1）AI 辅助的创意工作坊

利用 AI 技术辅助的创意工作坊，鼓励幼儿结合个人兴趣和所学知识，创造独特的数字作品。AI 可以提供灵感激发、素材搜索、初步设计建议等功能，帮助幼儿突破创作瓶颈，同时保持其原创性和自主性。通过定期举办主题创意工作坊，如"未来城市设计""梦幻角色创造"等，激发幼儿的想象力和创造力。

（2）迭代式创造与反馈循环

引导幼儿采用迭代式创造方法，即先快速制作原型，再根据反馈进行改进和完善。利用 AI 技术提供即时反馈，如通过图像识别分析幼儿作品的色彩搭配、构图合理性等，或利用自然语言处理分析故事叙述的逻辑性和吸引力。同时，鼓励幼儿之间互相评价作品，形成积极的反馈循环，促进创造能力的提升。

（3）跨领域融合创造项目

设计跨领域融合创造项目，鼓励幼儿将艺术、科学、技术等多个领域的知识和技能相结合，创造出具有创新性和实用性的作品。例如：结合编程与美术设计，让幼儿创作互动艺术装置；结合编程与物理原理，设计简单的机器人玩具。通过跨领域的融合创造，培养幼儿的综合素养和创新能力。

2. 实践途径

（1）设立 AI 创意工作坊空间

在幼儿园内设立专门的 AI 创意工作坊空间，配备必要的硬件设备和软件工具，如编程平板、创意设计软件、AI 辅助创作平台等。教师定期发布创意主题，引导幼儿结合 AI 技术进行创作。同时，邀请艺术家或技术人员作为客座导师，为幼儿提供指导。

（2）实施迭代式创造教学计划

将迭代式创造方法融入日常教学计划中，鼓励幼儿在创作过程中不断尝试、修改和完善作品。教师可以利用 AI 技术提供的即时反馈功能，帮助幼儿识别作品中的不足之处，并提出改进建议。同时，组织幼儿进行作品展示和分享会，鼓励他们相互评价作品，形成积极的反馈氛围。

（3）开展跨领域融合创造活动

幼儿园可以与其他机构或学校合作，共同开展跨领域融合创造活动。例如：与科学馆合作开展"科技与艺术"主题创作比赛，鼓励幼儿将科学知识融入艺术创作中；与编程俱乐部合作，组织"编程与美术"融合创作工作坊。通过这些活动，拓宽幼儿的视野和思维方式，培养他们的综合素养和创新能力。同时，也可以将幼儿的优秀作品进行展示和推广，增强他们的成就感和自信心。

案例呈现

开垦荒地的新发现

一、问题

活动回来后我问："孩子们，我们刚刚去了幼儿园那块荒地。你们发现了什么不一样的草？你们看到它（出示婆婆丁）了吗？"幼儿回答说："看到了。""都谁看到了请举手。（全举手）小朋友们的眼睛可真亮，你们知道它叫什么名字，有什么用途吗？"幼儿摇头。我得意地娓娓道来："它叫蒲公英，我们也叫它婆婆丁……"以此类推，我介绍了五种常见植物，然后我请幼儿做了三个游戏。游戏一：我将五种植物图片摆成一排，我说一种植物的名字，谁先拿到正确的图片谁胜利；游戏二：击鼓传图，鼓声停止图片在谁手里谁就说出图片上植物的名称；游戏三：教师出示图片的一个部位，请幼儿根据特征来抢答植物名称。

游戏中幼儿情绪并不高，大多数都是随声附和地说着植物的名字。活动结束后，琳琳来问我："为什么荒地里有的地方草长得和小朋友一样高而有的地方却没长草呢？"对于幼儿提出的课外问题我直接回答道："经常有人走就不长草了呗。"其他幼儿好奇地问："那他们去草里干什么呀？"我面无表情地回答："那我就不知道了。"孩子们也就无趣地散了。

二、原因分析

教师的惯性思维导致她用自己熟悉的方式执行自己精心预设的活动。课程设计以呈现完美教育结果为逻辑起点，实施过程中强化了教师的掌控性而弱化了幼儿自主探索的过程，导致幼儿的整体行动样态缺乏"游戏性"，即便在活动中组织了游戏，这类游戏也带有明显的竞争性、规则性和娱乐性，是在做游戏。教师的短视思维使得她将"照顾好眼下"作为阶段目标，将培养幼儿使其成为有用的社会人这一连续递进的过程"断层化"。教师的固化思维使其享受着当下新技术、新设备提供的生活便利，但把它们隔绝在幼儿园游戏活动之外。

三、问题解决

（一）通过电子信息设备激发幼儿多元探究可能

一日生活中，幼儿会产生许多问题。多数时间我们都用直接回答的方式告诉他们答案，还有一些幼儿的猜想因为我们害怕麻烦也直接揭晓谜底，这让幼儿失去探索和验证的机会。但电子信息设备为幼儿多元探究提供了可能与便利。

例如，开荒活动中幼儿发现荒地里有几块位置没长草就想探其究竟，我在和这名幼儿共同探讨原因时，另一名幼儿说道："人经常走的地方就不长草。"接着幼儿们开始七嘴八舌地谈论起来。A说："幼儿园除了我们也没有别的人呀？可我们从不去荒地，因为那里有蚊子。"B说："可以让老师拿手机录一录我们午睡和回家时谁去了荒地。"C说："那里有摄像头，我们可以看看它录下了什么。"于是，我带领班级小朋友在幼儿园监控室里查看了他们想看的休息日、午睡午饭时间，以及离园回家时荒地里的情况，验证了他们的猜想。

（二）利用APP小程序使幼儿探索纵向深入

幼儿在自主探索过程中常常会因为旧的生活经验引发新的问题，但受制于能力不足和思维的局限，又常常难以深入探究。这时，教师应该为他们提供破解问题的思路，提供适用工具，支持幼儿深度探索。

同样以开荒活动为例，幼儿在拔草的过程中发现有的草会拉丝、有的草会流白色的"牛奶"，还有的幼儿说："奶奶说婆婆丁虽然是草，但人可以吃。"一听可以吃，幼儿们都兴奋不已。"但是哪种草可以吃呢？我手里这个会拉丝的草可以吃吗？它叫什么名字？"看到幼儿们兴趣正浓，我打开"形色识花app"开始操作，通过语音播放功能，幼儿探索的兴致更加高涨。晚间离园时，我将活动情况和家长做了简单介绍，于是我们班的小朋友和家长利用手机app识别功能，将可食用的草带回家做了加餐，将不能食用但形态特别的草记住了名字，又利用活动日将普通的杂草全部拔光。择日，我通过家长视频投屏的方式进行了经验分享。

（三）开拓幼儿思维使手机从玩具变成解决问题的工具

在自主探索活动中，幼儿始终是主动的学习者和探索者。通过明确目标、独立思考、自主尝试、小组讨论、小组实践等系列探索过程，幼儿实现了新旧探索经验的联结，悄然完成了经验的追溯、生成和内化。并且，幼儿能在教师和家长的帮助下通过常见的信息化工具将自己的观察细节、思考过程及时记录下来，从而实现对事物的有效认识和对问题的高效处理。

例如开荒活动持续推进，幼儿拔草后荒地变成菜地，其间幼儿发现地下有许多蚂蚁，A挑衅地对B说："你能数出来这儿有多少只蚂蚁吗？"这个问题引起许多幼儿围观，B思考了一会儿说可以，于是向我借手机，得到手机后，他俯视拍了一张照片，然后对着手机屏幕数起了蚂蚁，我想，当时惊呆的不只是我。

四、反思总结

信息化技术的便利为幼儿探索提供了方便，同时也会使幼儿对其产生依赖。一边做一边辩证地权衡利弊是实践者必备的能力，不能将某一次探索的经验套用所有活动，真正做到一案一议。

（长春市实验幼儿园　柳霞）

> **拓展研讨**

幼儿园的课程常常带有预设性，而游戏化则带有明显的自由、自发、自主的属性，它是达到预设课程目标的手段和工具，换言之，就是通过幼儿自由、自发、自主的探索方式，使幼儿获得经验发展，达到课程预设目标。在你的幼儿园日常活动中是通过什么方式支持幼儿自主探索学习的？

多维度拓展幼儿体能游戏活动

> **智慧导引**

幼儿体能活动是学前教育活动中不可或缺的一部分，但单纯的体能训练并不能很好地调动幼儿的兴趣，引发幼儿的运动热情，因此，我们要打破传统训练的模式，用带有规则的游戏化的体能活动，即体能游戏，带动幼儿身体素质的锻炼。多维度体能游戏不仅能够提升幼儿的身体素质，还能够促进幼儿在认知、情感和社会能力等多方面的整体发展。

一、多维度拓展幼儿体能游戏活动的价值

（一）激发幼儿的运动热情

游戏化的体能活动在提高幼儿身体素质以及促进幼儿综合发展方面发挥着重要的作用。由于幼儿天性喜欢游戏，他们会自发地参与到体能游戏活动中来，无须教师过多的引导即调动了幼儿的积极性，提高了活动的效果。然而，在实际教学活动开展过程中，体能游戏活动却陷入了创设情境——示范动作——跨越障碍——游戏胜利的循环中，导致活动形式过于单一、幼儿参与度不高、活动未能取得理想效果等诸多问题。

多维度拓展体能游戏作为一种灵活有趣的方式，弥补了原来体能游戏的不足，提高了体能游戏活动的丰富性和趣味性，以跨领域、跨场景、跨年龄的方式，让每次活动都充满了未知，充分激发了幼儿的积极性。

（二）提高体能活动的效果

如果按照原本的体能游戏活动流程，单一的活动场景和情境已经让幼儿逐渐失去兴趣，对于活动技能的理解效果难以保障，更谈不上正确足量的锻炼了。在进行多维度拓展活动之后，体能游戏活动实现跨领域、跨场景、跨年龄，呈现出主动的学习与练习态势，幼儿在具体参与游戏活动中可以调动多个感官，开展沉浸式学习。

二、多维度拓展幼儿体能游戏活动的实施

（一）跨领域拓展体能游戏活动

体能游戏活动属于五大领域活动中的健康领域，不仅能够提升幼儿的身体素质，还能够在游戏的过程中促进幼儿在语言、社会、科学和艺术等领域的学习和发展。

健康领域：幼儿体能游戏活动本身就属于健康领域方面。在体能游戏活动中结合多种玩法和类型，有助于幼儿在力量、耐力、平衡能力、动作的协调性以及灵活性等方面的提高。同时，在开展的过程中可增加"日常生活小贴士"等内容，培养幼儿形成良好的生活、卫生、安全习惯。

语言领域：将与语言相关的知识渗透到幼儿体能游戏活动内容当中，启发幼儿语言领域的相关性知识，为幼儿提供倾听学习和从交谈中获得知识的机会，使得幼儿愿意表达自己的需要和想法，培养幼儿文明的语言习惯。如教师以《西游记》为蓝本开发剧情式体能游戏活动。剧情式体能游戏是幼儿在活动中与剧情、运动项目、游戏角色等进行互动的过程，与传统的户外体能游戏活动有较大区别，对幼儿也是一项新的挑战。活动中，幼儿扮演的角色间需要交流与互动推进剧情发展，逐个挑战运动区的关卡。活动将古典名著与幼儿运动相结合，为幼儿提供了一个充满趣味和挑战的游戏空间，不仅让幼儿在活动中锻炼了体能，还让他们感受到名著的魅力。

社会领域：幼儿体能游戏活动的内容为幼儿创造了良好的人际交往和社会适应机会。人际交往方面，在活动过程中学习与他人交往的基本方式方法，学会换位思考、理解关心他人，能关注团体中小伙伴的情绪和需要并给予力所能及的帮助，体会与他人交往的乐趣，与他人友好相处。社会适应方面，

学习适应群体性活动并"乐群""合群",体验、理解规则的重要性,在集体性活动中拥有初步的归属感和安全感。通过团队合作游戏,如"团队运动时光",幼儿可以在集体活动中学习如何与他人交流、合作和解决冲突。这些活动有助于培养幼儿的社会交往能力和团队精神。

科学领域:幼儿体能游戏活动要利用好幼儿好动、好问、好探究的特点。在科学探究方面,给予幼儿支持和鼓励,让幼儿更加亲近大自然,激发其好奇心与探究欲望,在探索中使幼儿认识到周围的事物和现象,认识到人与大自然的关系。在数学认知方面,将活动与数学认知相结合,让幼儿初步感知生活中数学的用处和乐趣。例如:对于数量关系的理解,可以通过小组的人数、人数上的差距、游戏中的比分来启发幼儿。

艺术领域:体能游戏活动内容的选择要遵从"引导幼儿学会感受美、表现美和创造美"的目标。在感受与欣赏美方面,鼓励幼儿感受生活中体育与运动的力量美;在表现与创造美方面,将体能游戏活动中的场景和生活经验作为幼儿创作绘画等作品时的丰富素材,鼓励幼儿敢于表现美、乐于创新美。将音乐和舞蹈融入体能游戏活动,如"快乐健身操",可以让幼儿在节奏和旋律中进行身体锻炼,同时培养他们对艺术的感知和欣赏能力。教师和家长应根据幼儿的年龄特点和兴趣,设计更多富有艺术创意的体能游戏活动,确保游戏既安全又有效,同时能够激发幼儿的兴趣和参与度。通过这种融合教育,幼儿能够在快乐中学习和成长。

(二)跨场景拓展体育游戏活动

《幼儿园工作规程》明确提出:"幼儿户外活动时间(包括体育活动时间)每天不得少于两小时。"然而在实际的户外体能游戏开展过程中,由于受到雾霾、寒潮、高温等特殊天气的影响,幼儿户外体能游戏时间经常无法保证。因此,有效利用室内外场地,室内外共同开展体能游戏,能够在一定程度上保证幼儿每日的运动量,为体能游戏的持续开展做好全面保障。

1.室外游戏环境的建设

教师应因地制宜:根据户外体育器材的位置和幼儿动作发展目标,将整个户外活动场地分为钻爬区、平衡区、跑跳区、投掷区等多个区域。另外,根据室外不同的地面情况,还可将室外活动场地划分为无障碍区、丛林探险区、沙水区等。这样一来,教师在带领幼儿进行户外体能游戏时便更有针对性，在材料的投放、游戏的设置，以及对幼儿在游戏中的观察和指导就更加有的放矢。

2.室内游戏环境的建设

教师可以将室内长廊作为体能游戏的场所，并借助凳子、桌子、垫子等物品组织幼儿开展钻爬、跳跃、平衡等体能游戏；利用专用教室（如攀岩教室）引导幼儿参与体能游戏；利用不同的功能教室模拟不同的游戏地点进行主题游戏活动；利用多媒体设备，结合现代科技，如增强现实（AR）技术、虚拟现实（VR）技术，创造互动式游戏体验。这样一来，即使遇到特殊天气也能将户外体能游戏迁移至范围相对较小的室内，既保障幼儿每日的运动量，又帮助幼儿形成力量、平衡、协调等大动作发展技能，有效提高室内场地的利用率，开发更多符合幼儿年龄特点的体能游戏类别。

（三）跨年龄拓展体能游戏活动

教师依据幼儿的年龄特点组织开展以大带小的混龄体能游戏活动，尽可能满足不同幼儿的心理需求和学习特征。混龄游戏活动为幼儿提供了与不同年龄层次的幼儿交往的机会，这有助于他们学习社交技能、培养合作精神和增强自信心。例如，大龄幼儿可以通过帮助小龄幼儿来培养责任感和领导能力，小龄幼儿则可以通过观察和模仿大龄幼儿来学习新技能。混龄体能游戏活动不仅符合幼儿的动作发展规律，还能推动幼儿真正实现身心同步发展。

案例呈现

多彩的条幅

一、问题

今天的体能游戏时间开始了，第一个项目是跳跃条幅。老师将条幅拉低，小朋友们要像小兔子一样依次跳过。一开始，大家都兴致勃勃，欢笑着一个接一个地跳过去。然而，跳了几次之后，明明在等待游戏时调皮地将身体前胸和即将开始游戏幼儿的后背紧贴在一起，这样的做法妨碍了同伴做出起跑、起跳等准备动作。这一下，后面的小朋友们不乐意了，纷纷指责明明："明明，你这样不对，我们都没法好好跳了！"明明却满不在乎地说："这样才好玩嘛！"老师赶忙过来调解："明明，我们要遵守游戏规则，这样大家才能都玩得开心。"明明听了老师的话，表情讪讪地说："那好吧！"

接下来是拔河比赛。小朋友们分成两队，各自拉住条幅的一端。"预备，开始！"随着老师的一声令下，双方都使足了劲往后拉。"加油！加油！"呼喊声此起彼伏。可是，刚刚开始的比赛被突如其来的大雨打断了。随着滚滚而来的雷声，大风夹杂着豆大的雨滴从天而降，小朋友们在老师的带领下，迅速进入班级，草草结束了游戏。不停有孩子沮丧地讨论："我们马上要赢了！"很是遗憾。

二、原因分析

（一）忽视规则

经过一个漫长的假期，孩子们回到幼儿园，在方方面面都有很多的不适应。明明小朋友在体能活动中一直表现得很突出，对游戏充满热情。但是，在游戏过程中，他没有意识到规则的重要性和遵守规则的必要性，急于表现的心理让他忽视了游戏规则。

（二）突发天气

突变的天气影响了游戏的进程，特别是竞赛类体能游戏，这不仅使体能游戏活动的锻炼目标没有完成，还影响了幼儿游戏的积极性。

三、问题解决

（一）跨领域拓展体能游戏活动，有效建立幼儿规则意识

在日常生活和游戏中，大班孩子们已经有了一定的规则意识，也会说"一个接一个""要有秩序"之类的词语，但在体能游戏活动中，以自我为中心的意识本能还是会让他们不自觉地做出一些争抢、拥挤的行为。因此，我们设计了"我们不拥挤"这一教学活动，横跨社会和健康领域，旨在通过不同领域游戏活动的有机结合，强化幼儿的行为。如利用"逃生游戏""瓶中取球"等不同情境的体能游戏，帮助幼儿建立规则意识，从而达到"晓之以理，动之以情，导之以行"的效果。

（二）跨场地拓展体能游戏活动，有效应对突发天气

在室内选择开阔的场地继续完成游戏。借助室内的桌椅、垫子等物品调动幼儿游戏的兴趣。利用多媒体设备进行互动式体能拓展游戏，让幼儿感受到室内、室外的体能游戏都是丰富的、有趣的。

四、反思总结

漫长的假期让幼儿的体能和规则意识减弱。规则意识的培养，不仅仅包括让幼儿知道规则，还包括让他们理解规则的意义和价值，进而自觉遵守。社会领域和健康领域游戏的结合，不仅提升了幼儿的身体素质，还让幼儿在不同情境中学习到与人交往的社会准则。室内外不同的体能游戏环境，不仅不能限制幼儿体能游戏活动的开展，还有助于丰富游戏的契机。

（吉林大学附属实验幼儿园　代明鹭）

拓展研讨

体能游戏活动的多维度拓展不是一成不变的，按照不同的情况可以进行园本多维拓展或者班本多维拓展。我们还可以从哪些维度丰富体能游戏活动呢？

绘本游戏课程的创建与实施

智慧导引

绘本游戏是一种新型的游戏活动，它将绘本阅读与游戏活动相结合，具有多样性、趣味性等特征，旨在通过寓教于乐的方式促进幼儿的全面发展。在园本课程构建过程中，教师通过科学规划园本绘本游戏课程，合理选择有针对性的绘本，积极调整游戏预设，科学开发应用绘本游戏课程活动，进一步丰富活动类型和体系。幼儿在进行绘本游戏课程的过程中，不仅享受故事，也将通过绘本游戏情境，模拟现实社会关系，体验不同的与人交往方式，在绘本创设的模拟环境中逐步提高社会适应能力。

一、幼儿园绘本游戏课程的目标

幼儿园绘本游戏课程开发的目标，就是通过科学合理地利用幼儿园的绘本资源，将绘本阅读和游戏有机融合，充分利用游戏对幼儿的吸引力进行潜移默化的绘本阅读教学，从而促进幼儿身心健康成长，提高幼儿园教学水平。

（一）促进幼儿全面发展

园本绘本游戏课程着眼于绘本与游戏的有机整合，力求通过游戏化的绘本阅读形式，激发幼儿阅读兴趣，提高绘本阅读的有效性，同时也鼓励幼儿用多样化的游戏方式表达对绘本的理解，使绘本与幼儿实现心灵相通，让阅读产生的各种情感和思想能够铭刻在幼儿心中，促进其阅读能力、理解能力、表达能力、审美能力、创新能力等多方面素质的全面发展。

（二）提高幼儿园教学水平

幼儿园绘本游戏课程将绘本阅读教学与游戏进行了融合，让幼儿在自由、自主、创造、愉悦的课程游戏化精神引领下，获得语言、情感、思维、审美等多方面的发展，使教学手段和教学内容更丰富，使教学效果更明显，具有非常重要的教学意义。

同时，绘本游戏课程的构建对教师也提出了更高的要求。教师在设计绘本游戏活动时，要根据本班幼儿的年龄特点、心理特征、性格爱好等情况选择合适的内容，创设合理的情境，还要组织幼儿进行构思、准备、评价等一系列活动，这对教师的鉴赏能力、组织能力、设计能力等方面的专业素养都有很大的促进作用。

二、创建绘本游戏课程的意义

绘本作为幼儿阅读的优质材料，其生动的画面、丰富的色彩、有趣的故事情节自然会吸引幼儿的注意力，为游戏活动提供了创设的蓝本、活动的情境、情感的氛围、经验的背景。游戏化的课程设计将知识与游戏相结合，让阅读不再停留在单调的文字识别层面，而是变成了一种探索和冒险的过程，使幼儿在轻松愉快的氛围中学习成长。

（一）激发学习兴趣，促进主动尝试

幼儿在阅读中体验到乐趣，才能更愿意主动探索书本世界。绘本阅读不仅可以成为孩子学习的方式，还可以成为教师教学的方式。教师通过绘本游戏课程，使幼儿在不同的背景中愉快轻松地学习自然科学、文学艺术，培养道德情操，促进绘本阅读活动与游戏元素的深度融合，以寓教育于生活、游戏之中的方式充分调动幼儿参与的积极性。因此，在课程游戏化的背景下，利用绘本游戏开展教学，能够极大地激发幼儿的学习兴趣，促进他们主动尝试。

（二）丰富体验，提高社会适应性

绘本中的故事往往充满了奇幻和想象，能够为幼儿提供广阔的思维空间。通过游戏化的教学方式，教师可以引导幼儿去想象、去创造，让他们在故事中找到自己的角色。在一遍一遍地阅读、讨论、模仿和游戏中，幼儿的社会情感体验更加丰富。他们会主动思考不同角色的心理活动，想象不同主体面对同一事件的理解和反应，这能够帮助幼儿进一步理解生活中的"真善美"和"假恶丑"，提高幼儿的社会适应性。

（三）促进认知发展，提升自我效能

自我效能是指个人对自己在特定情境中是否有能力去完成某个行为的期望。在此可以理解为幼儿评价自己的能力，强调的是自信心。当幼儿具有较高的自我效能时，便可以更加自信、大胆、积极地参与集体学习和生活活动。绘本以图文结合形式直观、生动地展现各种知识和信息，能够帮助幼儿建立对世界的基本认知。通过阅读绘本，幼儿可以接触到不同的事物、场景和情感，从而拓宽视野，加深对世界的理解，继而在处理现实问题时更加自信与游刃有余。

通过游戏环节的设计，教师可以将绘本中的知识点融入其中，使幼儿在参与游戏的过程中自然而然地掌握新知识，对于缺乏自信心的幼儿来说，这种形式能够更容易获得成果，体验到成功的喜悦，形成"我也可以！""我很棒！"的心理。在游戏过程中，幼儿还需要与同伴互动、合作、分享，这不仅能够培养他们的团队合作精神，还能够提高他们的沟通表达和人际交往能力。这也是提升自我效能的因素之一。

（四）"去自我中心"，学会换位思考

幼儿的成长过程是逐步由生物个体发展为社会个体的过程，需要掌握人际交往能力、语言沟通与表达能力、观点采择能力等重要技能。来自家庭过度的爱和保护会影响幼儿的社会性发展，幼儿逐渐会形成以自我为中心的思维和做事方式，不知道什么是"爱别人、关心别人"以及怎么去"爱别人、关心别人"，更无法体会到分享和帮助别人的快乐。"去自我中心"仅靠说教，效果微乎其微。如果教师利用绘本故事，采用游戏化的形式开展教育活动就有效得多。借助内容丰富且贴近幼儿生活经验与思维特点的绘本，教师将有关的社会性发展的内容渗透其中，让幼儿学习站在不同角色的视角看待问题，进而达到换位思考、理解他人的目的。在与他人的交往中，幼儿能够逐渐"去自我中心化"，了解世界的多元，学会接纳与包容。

（五）多元互动，助力语言发展

绘本中的故事和对话为幼儿提供了语言学习的天然环境。在绘本游戏课程中，幼儿通过听故事、讲故事、角色扮演等活动，不断锻炼自己的语言表达和理解能力。这种互动性强的学习方式，有助于提高幼儿的语言运用能力和交流技巧。

三、绘本游戏课程的实施

（一）绘本游戏课程实施的具体做法

1. 根据不同年龄段挑选合适的绘本

要开展绘本游戏课程，首先应选择合适的绘本。教师应根据幼儿的心理特征、认知水平、思维特点选择适合幼儿的绘本内容。绘本内容应以图画为主，简短文字为辅，既能够吸引幼儿注意力，还能给幼儿留下更多想象的空间。由于幼儿的年龄特点和学习需求各不相同，教师应设计富有针对性的游戏化教学活动。小班幼儿的逻辑思维能力较弱，他们很难理解篇幅过长且情节复杂的故事，但对于图片的色彩和形象比较敏感，有一定的共情能力，因此，对于篇幅短小、画面简洁的绘本更容易产生兴趣。中班幼儿已经有了比较系统的认知，他们的生活经验更丰富，且具备一定的逻辑能力，因此，能够将更多的表面细节联系起来，借助连续的图片理解故事情节。大班幼儿的思维正处于由形象思维转向抽象逻辑思维阶段，并且正处于幼小衔接这个过渡期，教师为他们挑选绘本时，要满足他们对主题、深度、审美等多方面的需求。

2.选择适宜的游戏形式

选择完绘本内容后，教师还应选择适合幼儿的游戏形式。绘本内容精彩的，可以选择表演、模仿的形式；内容以认知或动手为主的，可以选择动手实践的游戏形式，如折飞机、画画等；内容以竞技为主的，可以选择游戏比赛的形式，如老鹰抓小鸡、比赛拍皮球等。总之，教师要通过多种游戏形式吸引幼儿的眼球，促使幼儿积极参与进来。

3.创设合适的游戏情境

游戏是幼儿的天性，可以挖掘幼儿自身的潜力，促进幼儿个性成长。在绘本教学中，教师可以创设与绘本内容相关的游戏区域，如模拟绘本中的情境或角色，让幼儿在游戏中体验和探索。再通过优美的配乐、道具辅助等，引导幼儿沉浸在绘本游戏中，感受绘本游戏的乐趣，增强幼儿的游戏体验感，进而促使幼儿发现绘本阅读的乐趣，积极主动地开展绘本阅读，提高绘本教学的效果。

（二）绘本游戏课程实施的延伸

构建家园共育机制，深化幼儿社会能力，是对绘本游戏课程实施的延伸。幼儿社会适应能力的发展主要通过与他人的互动完成，家庭与幼儿园作为儿童成长的两大核心环境，二者的密切合作对孩子的成长起着不可或缺的作用。因此，在幼儿社会化过程中，要构建家园共育机制，深化合作，促进幼儿全面发展。通过定期的家长会和亲子活动，加强家长与幼儿园之间的信息交流，让家长及时了解孩子在幼儿园的学习和生活情况，同时为幼儿园提供更多的家庭教育资源。这种双向的交流与合作能够形成共同的教育力量，深化绘本游戏课程实施的成果。

▶ 案例呈现

谁的本领大

一、问题

在绘本分享《谁敢嘲笑狮子》结束后，幼儿学会了"嘲笑"这一新的词语，并且在老师的引导下理解了在与同伴交往中，无意间的话语可能会对好朋友造成伤害，明白了每个人都有自己的长处。

但是，在幼儿表演游戏活动中，出现了对"嘲笑"这个词语表达不确切的情况。在表演活动中，豆豆小朋友出现说错词的情况，伙伴们不约而同地进行纠正，豆豆大喊："谁敢嘲笑我！"另外，在日常的其他自主游戏活动中，当豆豆与游戏中的小伙伴发生冲突时，也经常会说："谁敢嘲笑我！"例如：在建构游戏中，"埃菲尔铁塔"倒塌时；在体能活动中，没取得第一名失落时；在音乐活动中，没跟上节奏时……只要一受到关注和挫折，豆豆就会大喊："谁敢嘲笑我！"

二、原因分析

（一）绘本分享和阅读活动不够深入

在绘本分享《谁敢嘲笑狮子》的活动中，反复出现"嘲笑"这一词语，但是，幼儿对词语的理解并不到位。"嘲笑"这个词对幼儿来说比较少见，幼儿并没有理解什么情况下自己是被"嘲笑"了，以及在与同伴的交往中，如果真的"被嘲笑"自己应该如何做。

（二）幼儿社会适应能力不足

幼儿在与同伴交往中，表现出社会适应能力不足的情况。当伙伴的行为让自己不舒服时，幼儿借用绘本中的对话"谁敢嘲笑我"来掩饰自己的窘迫。幼儿此时的情绪有可能是害羞、难过、气愤，但却不会准确地表达。

三、问题解决

（一）深入开展有针对性的绘本游戏

教师根据观察到的情况进一步设计了绘本游戏《谁的本领大》，让幼儿观察、思考、表达动物卡片中谁还会比狮子本领大。在教师的引导下，幼儿说出"小老鼠的挖洞本领比狮子大！""小猫爬树的本领比老虎大！""小鱼潜泳的本领比青蛙大！"等等。利用不断变化的动物卡片让幼儿思考并找到动物们的优点。逐步启发幼儿"我的……本领比你大！"让幼儿感受到每个小动物都有它的本领，每个人都有他的优点，让幼儿学会应该如何尊重身边的伙伴。

（二）家园共育，鼓励表达

教师与家长交流幼儿情况，为孩子选择一套情绪绘本，在绘本故事中让幼儿学习如何表达情绪。在一日生活中对豆豆小朋友多多关注，鼓励和指导豆豆用不同的语言表达自己的情绪、如何用适当的语言明确表达自己的想法。在游戏活动中,让幼儿学习如何与同伴交流,有效拉近同伴关系,培养幼儿的合作意识与合作能力,促进幼儿的社会性发展。

四、反思总结

教师利用绘本创造性地开展集体游戏教学活动、区域游戏活动、表演游戏等,为培养儿童的社会适应能力开辟了新的路径。本次活动是以绘本为载体的语言游戏活动,一方面能发展儿童的语言表达能力和观点采择能力,另一方面也能在表演的过程中培养儿童收集信息、分析问题和解决问题的能力。在语言游戏的基础上,还可以进一步开展表演游戏,例如,在《谁咬了我的大饼》《赖皮鬼小兔》《十二生肖谁第一》等绘本中,人物角色数量在两个以上,这时教师可以鼓励儿童大胆演绎绘本故事,探讨人物对话、模仿人物语音、认真揣摩人物表情与心理,以促进儿童社会性发展。

(吉林大学附属实验幼儿园　张婷)

拓展研讨

"绘本游戏课程"的研发应该是具有园本特色或是班本特色的。教师应如何有针对性地选择绘本呢?如何因地制宜地丰富绘本游戏的形式与内容呢?

五大领域课程的升级

智慧导引

幼儿园课程游戏化在五大领域的实施是一个多维度、跨学科的复杂过程,它要求教育工作者不断创新和探索,以实现游戏与教育的最佳结合,促进幼儿全面而有个性的发展。《3—6岁儿童学习与发展指南》中指出,学习品质是学前儿童重要发展指标,它是幼儿在学习中表现出的态度积极和行为倾向良好。幼儿阶段是幼儿学习品质培养的重要时期,如果在这一阶段没有培养好幼儿的学习品质,将会对其未来的学习产生非常不利的影响。幼儿园五大领域的教学活动，涵盖了幼儿园教学的方方面面，教师可以结合幼儿阶段学习特点和社会发展需要，合理选择教学内容，创新教学方式和方法，以游戏为主要载体开展教学活动，使幼儿在游戏中不断提升学习品质。

幼儿园的教育内容是全面的、启蒙性的，可以划分为健康、语言、社会、科学、艺术等五个领域，各领域的内容相互渗透，从不同的角度促进幼儿情感、态度、能力、知识、技能等方面的发展。学习品质一般是指学习态度、行为习惯、学习方法等与学习密切相关的基本素质，"趣味"是培养学习品质最好的催化剂。通过游戏化活动，幼儿可以在愉快的氛围中学习，完成学习目标，提高学习效果。游戏的积分制度、关卡设计等元素，会激发幼儿的竞争意识和学习动力，促使他们更加专注和努力地学习。同时，游戏还可以给予幼儿及时的反馈和奖励，鼓励他们不断进步，增强他们的自信心。当然，游戏化教育并不意味着将所有的学习内容都变成游戏，而是要合理地运用游戏化设计原则，将游戏元素与教育目标相结合。

一、健康领域课程游戏化——玩中学坚持

坚持不懈，遇到困难不放弃，是重要的学习品质之一。当面临学习、生活、工作中的挑战时，这种不屈不挠的态度推动人们持续尝试、直面困难，帮助人们跨越学习障碍，实现自我提升。同样，具备这种品质的幼儿在遭遇挫折和难题时也不易气馁，愿意接受更有挑战性的任务。他们能正视失败，不断在挑战中成长，逐渐形成一种正面积极的学习态度。

广义层面的幼儿健康，既指幼儿身体健康，也指幼儿心理健康。健康领域课程游戏化，应使幼儿在身体、心理和社会适应层面，均形成良好状态。教师可以体育游戏为载体，渗透心理健康元素，在一次次游戏中让幼儿学会坚持不懈，学会挑战自我，学会勇敢面对挫折与失败，使幼儿既在"玩"中强健体魄，又在"玩"中学习坚持。以"小勇士，大闯关"健康领域游戏为例，教师可在户外活动场地，设计"跳跳洞""过草地""打怪兽""摇摇岛"等游戏关卡，调动幼儿跑、跳、投掷、跨越等能力完成闯关、锻炼身体。游戏看似聚焦体育活动，实则渗透勇气、合作、挫折训练等心理健康元素，

能让幼儿通过"闯关",不断迎接挑战,大胆尝试,在收获强健的体质和愉快的情绪的同时,学习坚持不懈的品质。

二、语言领域课程游戏化——玩中学自信

当幼儿充满自信时,他们将更轻松地适应新环境、更快地成为新集体的一部分、更顺畅地与老师及同学建立起积极的互动关系,这些将为他们在今后的学习和工作中取得成就提供良好基础。拥有自信的幼儿能够正面看待自己的长处和短板,即便在某些方面暂时落后于同龄人,也不会长时间沉浸在沮丧之中。他们能够正确评估自我,既强化自身的优点,也努力改变不足之处,从而推动个人的全面进步。

语言领域课程游戏化的目的在于以玩来提高幼儿语言能力,在玩中帮助幼儿建立自信,从而促进幼儿社会适应能力。语言是生活中不可或缺的交流和思维工具。幼儿园语言领域课程游戏,创设自由、宽松的语言交往环境,让幼儿通过与角色对话、完成任务等方式边"玩"边说,比如"动物宝宝去旅行"语言领域游戏,教师可结合儿歌"XX宝宝上火车,咔嚓咔嚓去旅行"来组织幼儿进行语言游戏。游戏初期,幼儿扮演不同的动物角色,模仿儿歌内容,展开"XX宝宝上火车"等表达。游戏中期,教师可询问幼儿"去哪儿旅行",使幼儿扩充表达内容,如"小兔宝宝去旅行,草地都是好朋友"等。游戏进入尾声,教师可带领幼儿回顾儿歌,重复"青蛙宝宝上火车,咔嚓咔嚓去旅行""咔嚓咔嚓咔嚓嚓,动物宝宝去旅行"等表达。随着游戏的进行,幼儿经历充分的语言表达过程,玩中学自信,玩中更自信。

三、社会领域课程游戏化——玩中学交往

幼儿的人际交往能力能够引导幼儿产生主动的、积极的交往行为,能够促进幼儿的社会性发展。教师需要通过共情、沟通、指导与评价等方式,让幼儿学会换位思考,继而让他们懂得如何与同伴交往,因为与同伴共同合作、相互学习、相互影响,就能集思广益,使学习效果更佳。幼儿在和同伴相处的过程中会感受到平等的沟通关系,摆脱自我中心状态,获得更丰富的信息,通过同伴间的互相影响,更好地学习与发展。

社会领域课程游戏化，以不断完善幼儿社会性为宗旨，以为幼儿奠定健全的人格基础为目标。这要求教师在社会领域课程游戏化中提供机会，让幼儿在玩中锻炼人际交往能力。对此，教师可参考真实社会环境，设计游戏场景和内容。比如"谁来帮帮他"社会领域游戏，教师可以真实的社会事件为背景设计游戏角色——需要帮助的"他"，使幼儿回顾社会生活经验，对"怎样帮助他"提出想法，并且将想法付诸行动。进行帮忙时，幼儿还可以将自己代入不同角色，如想象自己是警察、医生等。游戏以"帮助他人"为核心，幼儿一边"玩"，一边学习与他人友好相处。游戏结束，幼儿也在开心的氛围中，得到了社会性发展，学习到了如何与他人交往。

四、科学领域课程游戏化——玩中学探究

科学领域课程游戏化是指在玩中引导幼儿观察身边事物和现象，引发幼儿独立思考，发展幼儿提出问题和解决问题的探究能力。幼儿园科学领域课程游戏化，应以探究为基础，注重多维性。教师通过游戏的形式引导幼儿自主操作与探究，观察科学自然现象，在探究过程中认识周围的事物。

教师通过合理设计问题，并将问题融合在幼儿自主探究过程中，提升幼儿实践操作能力，培养他们的观察能力、比较能力和归纳能力。幼儿可以通过体验探究过程，尝试进行自主分析，找到事物之间存在的联系，恢复对事物的好奇心和求知欲，学习解决问题的方法。

五、艺术领域课程游戏化——玩中学专注

专注力主要是指幼儿能够在教学过程中集中注意力和维持注意力，表现出来的是一种注意的状态。这种状态主要指的是在固定的一段时间内，幼儿的思维、行动指向并且集中在任务和活动上。当幼儿处于专注的状态之下，他们往往只会在意活动和任务本身，而对旁的事物毫不关注，经常会出现凝视、倾听等具体行为表现。

艺术领域课程游戏化，让幼儿在玩中学会专注。幼儿园艺术领域课程涉及美术、音乐、舞蹈等多项美学内容，它们都有一个共同点，就是需要长时间的保持注意力集中。美术活动需要专注线条和配色，音乐活动需要专注节奏和韵律，舞蹈活动需要专注动作与音乐的配合等等。教师可多角度开发和应用艺术领域课程游戏，带领幼儿遨游在美的海洋，让幼儿尽情感受、发现、表现和创造美。幼儿每一次的作品展现，都是幼儿专注力提升的标志。

> 案例呈现

说唱小达人

一、问题

说唱，是指在有音乐或无音乐伴奏的情况下，快速地诉说押韵的歌词的一种音乐形式。本次活动旨在强化幼儿对节奏节拍的理解和感受。在第一次的示范活动之后，孩子们并没有真正理解什么是说唱。屡次尝试，不是节奏跟不上就是词的字数对不上。一向敢于表达的小迪问："张老师，我知道，就是在老师放音乐的时候不唱歌，说儿歌，对吗？""不对！不对！老师平时说儿歌也没用音乐呀！"孩子们开始争论。甚至个别幼儿出现心不在焉、一旁观看或各自游戏等状态。

二、原因分析

说唱活动是一种尝试，更是一种创新，旨在让幼儿体会说唱这种音乐形式的同时享受其中的乐趣。但是，幼儿很难根据画面和节奏的提示，记忆并创编歌词。特别是与同伴一起根据音乐速度与节奏的合作表演，对幼儿的注意力和反应能力以及与同伴协作能力都有较高的要求。活泼有趣的说唱，是现代生活中非常流行的一种歌唱形式。大班的小朋友语言发展水平能力强，喜欢尝试新鲜事物。他们喜欢唱歌，喜欢音乐活动，也因为在日常生活中经常听到说唱音乐而喜欢尝试说唱。他们平常会在游戏时边玩边唱："哈！哈！双节棍！双节棍！"但他们并不了解说唱的特点和它的基本音乐要素。

三、问题解决

教师的组织策略极具趣味性。教师带领幼儿再次熟悉节奏，请幼儿说出特别的地方，并且播放节奏图片，帮助幼儿直观地感受音乐的节奏和说唱的特点。在教师的支持下，幼儿从不会到会、从对内容陌生到喜欢、从个体学习到同伴合作，过程性非常明显，体现出自主学习的状态。

关注幼儿专注力的培养。在活动过程中，专注力不好的幼儿很难完成节奏与唱词的持续配合。在活动中，教师不是简单地让孩子枯燥地学习或者记忆歌词，而是让孩子在理解的基础上，大胆地改编、大胆地想象创造。幼儿有说去郊游的，有说去爬山的，还有的小朋友联系到自己生活经验创编出五花八门的词语，这类创编活动大大提高了幼儿的专注力。

四、反思总结

说唱形式新颖有趣，紧跟时尚脚步，深得幼儿的喜爱。先有兴趣，才能专注，越来越有兴趣，才能一直专注。活动过程中，幼儿被说唱特有的开场词"呦！呦！"吸引，非常愿意跟着节奏念词，甚至创编，都表现得异常投入。活动主旨明确，各环节层层递进，都为活动目标服务。活动充分考虑到大班幼儿的年龄特点，采用了"PK赛"等形式，此类竞争类的游戏，幼儿们非常喜欢。这样的设计，让幼儿在掌握基本的音乐要素的同时充分感受音乐活动的乐趣，有效地锻炼了幼儿的专注能力，使幼儿养成良好的学习品质。

（吉林大学附属实验幼儿园　张欣桐）

拓展研讨

艺术是一种爱的表达，更是情感的投入。在进入幼小衔接阶段时，幼儿已经具备了较强的理解力和表现力，无论是通过音乐活动还是美术活动，他们都可以积极地与教师进行配合，从而不断提高自己的学习能力和创造能力。我们如何有效地利用艺术领域的活动，用"创造美，感受美"的方式来助推幼小衔接呢？

创设多元开放环境，支持课程游戏化模式的创新

智慧导引

随着教育理念的不断进步，课程游戏化作为一种新兴的教学模式，正

逐渐受到教育界的广泛关注。游戏化教学不仅能够激发幼儿的学习兴趣，还能在轻松愉快的氛围中促进知识的吸收与运用。为了充分发挥游戏化教学的优势，创设一个多元开放的环境显得尤为重要。

创设多元开放环境，支持课程游戏化模式的创新，是提升教学质量、激发幼儿学习兴趣的有效途径。通过设计多元化的游戏活动、构建情境化的学习环境、鼓励自主学习与合作学习、倡导开放性的教学方法、实施反馈与评估机制以及转变角色与专业培训，我们可以为幼儿创造一个充满活力、富有挑战性和创新性的学习空间。

一、多元开放环境的内涵

多元开放环境是指一个包容性强、资源丰富、互动频繁的教学空间。它具备以下几个关键特征：

资源多样性：提供丰富多样的教学资源，包括图书、网络资料、实物模型等，以满足不同幼儿的学习需求。

空间灵活性：打破传统教室的固定布局，采用可变空间设计，便于进行小组讨论、角色扮演等游戏化教学活动。

文化包容性：尊重并融合多元文化，鼓励学生表达自己的观点和想法，形成开放包容的学习氛围。

技术融合性：充分利用现代信息技术，如虚拟现实（VR）技术、增强现实（AR）技术等，为游戏化学习提供技术支持。

多元开放环境是指在教育过程中，尊重并包容不同文化、观念、学习方式的存在，鼓励幼儿主动探索、交流合作，形成开放、包容、创新的学习氛围。这种环境强调幼儿的主体性和创造性，倡导教师作为引导者和支持者的角色，通过提供丰富的学习资源和灵活的教学方法，促进幼儿的个性化发展。

二、支持课程游戏化模式的策略

（一）设计多元化的游戏活动

结合课程内容，设计富有创意和挑战性的游戏任务，让幼儿在游戏中学习新知，巩固旧知。引入角色扮演、解谜、竞赛等活动形式，增加游戏的趣味性和互动性。多元化的游戏活动可以满足儿童不同的兴趣和需求。同时，还应注重跨学科整合，培养幼儿的综合素养和创新能力。

（二）构建情境化的学习环境

利用虚拟技术模拟真实场景，如历史事件重现、科学实验模拟等，使儿童身临其境地体验学习内容。布置主题化的教室环境，如科学探索角、艺术创作区等，激发儿童的探索欲望和创造力。

（三）鼓励自主学习与合作学习

提供个性化学习路径，让幼儿根据自己的兴趣和能力选择游戏任务和学习资源。组织小组合作，培养幼儿的团队协作能力和社交技能。

（四）倡导开放式的教学方法

采用项目式学习、探究式学习、合作学习等多种教学方法，鼓励幼儿主动探究、合作学习，培养他们的批判性思维和解决问题的能力。

（五）实施反馈与评估机制

建立及时有效的反馈系统，记录幼儿在游戏中的表现，给予正面鼓励和具体指导。采用多元化的评估方式，如自我评价、同伴评价、教师评价等，全面评价幼儿的学习成果，不仅关注幼儿的学习效果，还重视他们的创新能力、团队合作、情感态度等方面。

（六）转变角色与专业培训

教师需从传统的教学主导者转变为游戏设计的参与者、学习过程的引导者和评估者。同时，定期为教师提供游戏化教学的专业培训，提升他们的设计能力和教学技巧。

三、多元开放环境促使课程游戏化模式的特点形成

1. 课程模式的多样化

在多元开放的环境中，课程模式可以更加灵活多样，如体验式探索、混合式学习等，以适应不同儿童的学习风格和节奏。

2. 课程特点的创新性

开放的环境鼓励幼儿和教师共同参与课程设计与实施，使课程更具创新性和实践性，更好地满足了幼儿成长和社会发展的需要。

3.课程内容的包容性和适应性

多元开放的环境能够容纳不同的文化背景，满足不同儿童的学习需求，使课程更具包容性和适应性，有助于开阔儿童的视野和培养儿童跨文化交流的能力。

创设多元开放环境是支持课程模式创新和促其特点形成的关键。未来，我们应继续深化教育改革，不断完善多元开放环境的建设，为培养具有全球竞争力的高素质人才奠定坚实的基础。

四、创设多元开放环境，支持课程游戏化的自主性

（一）确保游戏时间，满足幼儿游戏的需要

多数幼儿园安排集中教学或一次性区域活动的时间是30分钟左右，笔者观察发现：当幼儿的游戏目的和计划清晰，但问题或新意频出又想玩出满意的结果时，30分钟往往不够用，特别是对年龄大的幼儿来说；当幼儿的游戏目的和计划不明确时，或许需要更多的时间进入游戏。由此可见，根据幼儿的游戏需要灵活适度地调整游戏时间，才能真正激发幼儿对游戏的兴趣，使幼儿主动投入、探索游戏并体验游戏的快乐。

在时间上，教师在设计教学活动时首先应该考虑时间的充足性和灵活性，给幼儿留有充足的自我游戏时间，让幼儿在游戏中尽情展现自己的个性和天性。其次，在教学活动实施的过程中，教师要合理利用幼儿的零碎时间，避免幼儿进行不必要的等待，最后，教师要有等待幼儿成长的时间，随着社会发展的越来越快，大多数家长急于求成，违背孩子的年龄发展特点，过早地让孩子学习各种知识技能，作为教育者我们要认识到这一错误，给孩子足够的成长时间，顺应孩子的身心发展特点，让他们拥有一个健康快乐的童年。

把游戏化教学模式引入到幼儿教育中，教师应该提升自身的教学游戏化能力。首先，教师应加强教学游戏化的理论学习，把理论知识与教学实践相结合。根据所学理论知识与教学实践的出入性差距不断反思自己，改善自己教学的方式方法，从而寻找最恰当的游戏化教学方式。其次，教师应该借助生活化的教学方式开展教学游戏化，积极整合生活中现有的教学资源，充分利用多媒体进行教学，利用多媒体、白板、在线视频等多种新式教学资源，提升游戏教学的广度和深度，同时提升幼儿的好奇心和积极参与性。最后，教师要有创新意识，发掘幼儿游戏的多种实施方式，满足幼儿身心发展的多种需求，推出适合度更高的游戏，同时也可提升自身对幼儿游戏的可操作性，教师的教学游戏化能力也就在无形中成长了起来。

（二）拓展游戏空间，支持幼儿合理使用游戏场地

场地是幼儿游戏必要的空间，然而出于安全、功能、卫生、气候等方面考虑，教师往往会隔断或规划活动场地，各个区域之间的隔离带在幼儿心中形成了一道不可逾越的屏障，导致幼儿在游戏中不敢换区或跨区使用材料，即使有这方面的意愿和需求也不能得到及时的满足。例如，在中班户外游戏"滑旱船"中，教师规定幼儿只能在庇荫处、场地相对宽敞的跑道上活动，而个别幼儿十分想挑战小山坡陡峭场地的新玩法，他们跃跃欲试，却总被充满正义感的同伴制止。这时，如果教师发现了这些幼儿的游戏意愿，就可以就此问题与幼儿进行沟通与交流，尽可能地满足幼儿的游戏热情，保护他们的好奇心，支持他们挑战困难、勇于探索的行为。

（三）探索游戏玩法，促进幼儿自主管理能力发展

在幼儿园游戏活动中经常出现游戏的主题及材料的玩法固定单一、游戏规则僵化、教师指导干预过多等现象。在游戏中，幼儿被动执行教师制定的集体规则，缺少根据自己意愿改变游戏内容的权力和自主探索玩法的机会，有时候幼儿专注投入的状态还会被打断。在游戏中，教师想发挥指导作用，往往会问一问、说一说、教一教，不仅低估了幼儿的主观能动性，更阻碍了幼儿自主管理能力的发展，结果事与愿违。这就需要教师做到：转变观念，大胆放手，留给幼儿探索的空间；适度支持，激发幼儿继续探索的欲望；注重分享，提升幼儿游戏水平的。

在游戏活动当中，幼儿自身游戏环境的差异也会导致其行为的变化，基于此来看，良好的游戏环境对幼儿自身行为发展具有重要意义，所以在游戏化的教学过程中，幼儿始终应该占据主体地位。比如在环境创设时，可充分利用幼儿园的墙面和地面给幼儿充足的展现自我的机会，让幼儿自己动手创设自己喜欢的教学环境，创设什么主题类型的教学环境、游戏工具应该怎么摆放、游戏角色怎么摆放等问题都由幼儿自己决定，

这个过程也就是幼儿自由探索学习的过程，每个幼儿都有自己不同的想法和创意，通过集思广益可以使得单一的教学环境变得多姿多彩。并且，幼儿在环境创设的过程中，通过对工具材料的自由组合，锻炼动手能力的同时还可以激发孩子的创造性，培养幼儿的发散性思维等，只有以幼儿为主体创设教学环境，幼儿才能在游戏化教学中充分释放自己的潜能，促进其全面发展。

同时，在教学活动当中，教师首先要与学生构建良好的人际关系，并保持平等的态度，通过游戏，教师可以更好地了解幼儿，融入幼儿的生活中去，让孩子在游戏过程中自由自在地表现自己，释放自己的天性。只有真正了解幼儿的所思所想，教师才能在教学游戏化中给孩子的成长提供有价值的支持。也只有充分了解孩子，发现每个孩子的特点和潜力，教师才能有针对性地进行教学。此外，教师应多用一些积极正面的语言去鼓励幼儿，树立幼儿的自信心，对于在课程游戏中遇到问题的幼儿，教师应积极给予回应，对表现不足的幼儿鼓励他们积极克服困难，对表现优异的幼儿给予中肯评价，以促进幼儿在游戏课程中的发展。在此过程中教师才能给孩子营造一个轻松、自由的游戏氛围。

幼儿园环境创设对幼儿成长的影响是全面的，包括促进幼儿认知发展、促进幼儿情感发展、培养幼儿的社交能力、促进幼儿身体健康发展和增强幼儿的环保意识等多个方面。因此，幼儿园应该注重环境创设，为幼儿提供一个丰富、多元、温馨、安全的教育环境，以促进其全面发展。

案例呈现

有趣的昆虫

一、问题

活动室里经常会有一些给孩子们带来惊喜的现象，如：蝴蝶飞到窗帘上、蜜蜂飞进教室……孩子们兴奋地叫着，招呼同伴、老师：快来看！

在半圆形走廊和操场上经常会有几颗脑袋凑在一起，跪趴着看蚂蚁搬家；有的小朋友带来动物书，于是一堆的小脑袋靠在一起，看个没完。小动物给孩子们带来了欣喜，同时他们也发现了"各种小昆虫有的爬来爬去，有的飞来飞去"等问题,他们对昆虫表现出了极大的兴趣。因此,我们自然地生成主题活动"有趣的昆虫",让幼儿探索花儿与昆虫的秘密,认识各种各样昆虫的名称、特征等等。

二、原因分析

首先,案例教师发现幼儿对昆虫充满好奇并积极参与活动,幼儿能在轻松愉快的氛围中学习昆虫知识。

其次,教师发现部分幼儿对昆虫存在恐惧心理,针对这种情况教师更加关注幼儿的心理需求,帮助幼儿树立正确的昆虫观念。

最后,教师注重昆虫安全教育,预防昆虫叮咬和伤害。

三、解决问题

(一)合理安排和科学提供

教师在开展游戏化的教学过程中应时刻注重结合幼儿的性格特点和身心发展特点,不断优化游戏化的教学环境,尤其是不断拓展游戏化教学环境的空间和时间。

在空间方面,幼儿园应该在明确幼儿需要和兴趣的基础上,根据本园的实际要求和具体需要进行游戏器材和游戏场地的合理安排和科学提供,然后基于不同年龄段的幼儿提供不同的教学玩具和器材,对各种资源进行全面统筹和科学分配,对良好的游戏环境进行合理经营,确保不同年龄段的幼儿在不同的游戏中都能有更高的参与积极性和主动性,同时确保大多数幼儿都能体验到游戏的愉悦性。在游戏器材和游戏场地的基础之上,应重视游戏的多元化,以实现教学效果的提升,教师应该引导幼儿一种游戏多种玩法,从而激发幼儿的创造性思维和发散性思维。

其次,教师应该重视活动区对幼儿发展的重要价值,尽量将各个活动区的作用都充分发挥出来,可将一些不常用的活动区域进行合并,在活动区的空间安排上,教师应做到安全、合理布局,以保证幼儿能在充足开放的游戏空间中,充分实现课程的游戏化。

(二)时间的灵活性和引导的针对性

根据主题活动网络图,我在教室外面的走廊墙上进行了"有趣虫子"的主题墙布置。

第一阶段:阅读绘本《我知道的昆虫》,认识常见的昆虫,了解有关昆虫的知识，尝试饲养昆虫，增进关爱小生命的情感，尝试对昆虫进行分类，体验捕捉昆虫的乐趣。在这个部分，引导幼儿收集各种各样自己认识的昆虫，如和父母一起去郊外捕捉昆虫带回家饲养；鼓励幼儿创作关于昆虫的美术作品，教师将作品进行展示，师幼共同布置"昆虫世界"展区。

第二阶段：阅读《昆虫的本领》，学习搜集信息、资料，了解昆虫的本领，增强保护益虫的意识，鼓励幼儿在家长的帮助下，通过多种途径，如查阅百科画册、网上查找等，进一步了解昆虫的本领。

（三）措施与效果

幼儿在家中与父母一起饲养采集昆虫，然后细心照料它们，持之以恒，一段时间后，父母带孩子将昆虫放回大自然，能培养孩子爱小动物的情感，能与父母一起完成，孩子心里有一种自豪感，同时也增进了亲子之间的感情。

幼儿饲养昆虫，记录昆虫的成长过程，在绘画活动中展示自己的作品，并自我评价，这一过程锻炼了自己的胆量，同时也真正学到了知识，知道了昆虫的基本特征、外形和本领，了解到了自然界的奥秘，激发了探索欲望和好奇心。

四、反思总结

环境创设取得了较好的效果。幼儿对昆虫的认识更加深入，了解了昆虫的习性和特点；幼儿的安全意识得到提高，学会了防范昆虫叮咬和伤害的方法；幼儿的自我保护能力得到增强，能够在遇到危险时采取正确的应对措施；幼儿的学习兴趣得到激发，积极参与各类昆虫主题活动。

（长春市人民政府机关第二幼儿园　齐畅）

拓展研讨

如何创设多元开放的环境并让环境活化课程，是值得拓展研讨的话题。环境是要激发幼儿学习并让幼儿习得面向未来的能力。班级环境创设活化课程的策略只有一个字"动"，那么如何与幼儿互动，随幼儿而动，让幼儿"流动"呢？这样的话题给幼儿园带来了新思考，为区域推进环境活化课程和推动幼儿园高质量发展指明了道路，更注入了养分与能量。

幼儿园课程游戏化中"戏剧元素"的融入与实践探索

> 智慧导引

  幼儿教育阶段是幼儿成长过程中的启蒙阶段，在这一阶段幼儿开始形成对世界的初步认知，逐渐发展出各种基本能力和素质。当前，课程游戏化已经是幼儿教育领域的一个重要趋势，就是将课程内容以游戏的形式呈现出来，让幼儿在轻松愉快的氛围中学习和成长。这种教学方式符合幼儿的天性，在游戏中幼儿可以自由地探索、发现和学习，激发幼儿的好奇心、想象力和创造力。

  戏剧元素的加入可以为幼儿课程游戏化注入新的活力和内涵。戏剧是一种综合艺术，包含表演、音乐、舞蹈、美术等多种元素，能够全面地促进幼儿的发展，在润物无声中传递优秀的中华文化。《3—6岁儿童学习与发展指南》强调幼儿艺术学习与发展应关注感受与欣赏、表现与创造两大领域，戏剧活动正是实现这一目标的有效途径。

一、戏剧元素的教育价值

  戏剧作为中华优秀传统文化的重要组成部分，蕴含着深厚的历史底蕴与文化内涵。将戏剧或戏剧元素巧妙地融入幼儿游戏课程中，让幼儿得以亲身体验丰富多彩的情感与情境，这一过程不仅极大地培养了他们的同理心与社交能力，还锻炼了他们的表达能力与自信心。另外，通过戏剧游戏这一轻松愉快的方式，幼儿能够在玩乐中接触到多样化的传统文化，从而激发他们对中华文化的浓厚兴趣与热爱，为传承和弘扬传统文化打下坚实基础。

  将传统戏剧元素融入幼儿教育还可以让幼儿在欣赏和表演中感受到中华优秀传统文化的魅力，加深对传统文化的理解和认同。例如：京剧经典剧目《卖水》《三岔口》这些剧目情节简单、人物鲜明，适合幼儿理解和模仿；京剧脸谱色彩丰富、图案多样，每种颜色都代表不同人物的性格特征，可以引导幼儿认识并制作脸谱，感受脸谱艺术的魅力；黄梅戏《天仙配》《女驸马》中的经典唱段旋律优美适合幼儿欣赏，黄梅戏的服饰色彩鲜艳、款式多样，可以引导幼儿了解并制作简单的戏剧服饰或道具手帕、扇子等。

二、优化融入戏剧元素的策略

（一）戏剧化环境创设

可以在幼儿园内创设具有戏剧特色的环境氛围，如挂置戏剧脸谱，摆放戏剧服饰、道具等，让幼儿在日常生活中就能感受到戏剧文化的存在。可以定期组织以戏剧为主题的活动日或者活动周，如组织"戏剧文化节""戏剧小剧场"等，通过一系列丰富多彩的活动让幼儿深入了解戏剧文化。还可以将戏剧元素融入幼儿日常的游戏活动中，比如角色扮演游戏、音乐游戏、手工游戏等，让幼儿在游戏中自然而然地接触和学习戏剧文化。

（二）搭建家园共育的戏剧桥梁

戏剧能够调动幼儿多感官参与，让幼儿在视觉、听觉、动觉等多个层面获得丰富的体验，这种多维度的刺激能够帮助幼儿大脑的发育和认知能力的提升，从而促进幼儿全面发展。为了实现这一目标，我们积极鼓励家长参与幼儿园的戏剧文化活动，通过家长会、家园联系册、亲子戏剧表演、戏剧教育资源共享等方式向家长介绍戏剧文化的相关知识，增进亲子关系，提升家庭教育的质量和水平，共同为幼儿营造良好的戏剧文化氛围。

三、戏剧元素与幼儿全面发展

戏剧元素融入幼儿课程游戏，通过丰富的戏剧元素激发幼儿的学习兴趣，促进幼儿五大领域的全面发展。戏剧元素包括唱、念、做、打基本表演形式以及服饰、化妆、道具、舞台布景等辅助元素，这些元素共同构成了戏剧艺术的独特魅力。

（一）语言领域的戏剧化拓展

唱与念的戏剧化融合：教师可以选取经典儿歌或传统民歌，结合戏剧元素进行改编，如增加角色对话、情景模拟等，使歌曲更具故事性和表演性。幼儿在学习演唱的过程中，不仅能学习掌握音乐节奏与旋律，还能通过角色扮演深入理解歌曲背后的情感与意境。

念白艺术体验：在朗诵活动中引入戏剧念白技巧，例如播放京剧中的经典唱段让幼儿感受戏剧音乐的韵律、唱腔特点、语调变化、节奏控制、情感投入等。通过念白练习，幼儿的语言表达能力与情感理解能力得到双重提升。

（二）社会领域的戏剧化教育

戏剧角色扮演体验：教师可以让幼儿扮演不同的戏剧角色，例如通过扮演《西游记》中的唐僧、孙悟空等角色，让幼儿亲身体验到团队合作的力量，学会如何在面对困难时保持勇气与智慧。

深化道德教育：教师还可以利用戏剧故事情节中的道德教育内容引导幼儿树立正确的价值观和道德观。例如通过讲述《岳母刺字》的故事，让幼儿理解忠诚和爱国不仅是个人品质的体现，更是对国家和民族的深厚情感。同时，教师还可以结合幼儿园的主题活动或节日庆典将戏剧故事情节融入其中，增加活动的趣味性和教育意义。

（三）科学领域的戏剧化探索

戏剧道具制作体验：将戏剧中的舞台布景与道具制作融入幼儿日常活动中，激发幼儿对科学探索的兴趣，在动手实践中培养幼儿的动手能力和创造力。比如鼓励幼儿亲手制作戏剧舞台背景板，引导幼儿运用色彩、线条和图案构建出想象中的奇幻世界，锻炼幼儿的艺术审美，促进其手眼协调与精细动作的发展。

结合创新环保元素：道具制作是培养幼儿创新思维和环保意识的绝佳机会。教师引导幼儿利用废旧物品，如纸板、塑料瓶、布料等，通过剪裁、粘贴、涂色等简单工艺，制作出扇子、马鞭等戏剧道具，培养其珍惜资源、保护环境的良好意识。

（四）艺术领域的戏剧化尝试

经典戏剧赏析：比如通过邀请专业剧团或教师为幼儿表演经典戏剧片段《杨门女将》《花木兰》等富含中华优秀传统文化内容的剧目，让幼儿在视觉与听觉的双重盛宴中领略戏剧艺术的魅力，在潜移默化中汲取中华文化的精髓。

戏剧跨界融合：积极尝试将戏剧元素融入音乐活动中，将唱、念、做、打等戏剧表演技巧与音乐旋律完美结合，让幼儿在音乐的海洋中感受到戏剧音乐的独特韵味。

（五）健康领域的戏剧化锻炼

戏剧化体育锻炼：戏剧化锻炼寓教于乐，通过选取适合幼儿学习的戏剧动作和身段，如生动的手势、有趣的步伐等，吸引幼儿模仿学习，从而在愉快的氛围中提升幼儿的身体协调性、灵活性和整体身体素质。

角色动作模仿：选取幼儿熟悉的戏剧角色，教授戏剧角色的典型动作和身段，让幼儿在模拟的场景中结合所学的戏剧动作进行角色扮演和游戏，进一步提升身体的协调性和灵活性。

▶ 案例呈现

有趣的脸谱

一、问题

在幼儿园图书角，今天迎来了一位特别的"嘉宾"——一本封面装饰着五彩斑斓脸谱的绘本，它如同一把钥匙，瞬间解锁了幼儿的好奇心。封面上的脸谱吸引了幼儿的注意力。幼儿很好奇："老师，这个面具好特别啊，它是什么呢？"幼儿围坐一圈，眼中闪烁着好奇的光芒，于是教师开始向幼儿介绍："脸谱是我们中国传统文化中的瑰宝，每一种颜色、每一个图案都代表着不同的意义。比如，红色代表忠诚与勇敢，黑色则象征正直与无私。"话音刚落，幼儿眼中不仅有了更多的好奇，还添了几分跃跃欲试的渴望。老师敏锐地捕捉到了这份热情，提议道："不如我们就来一场创意大冒险，亲手绘制属于自己的独特脸谱吧！"这时，幼儿不约而同地露出了为难的表情，因为对于如何制作脸谱幼儿还是一无所知。老师看出了幼儿的犹豫，于是微笑着鼓励道："没关系，我们一起来探索吧！我们可以先画出脸谱的轮廓，再根据自己的想象填上颜色，画出图案……"

在老师的启迪下，幼儿开始兴奋地行动起来。有的忙着挑选自己喜欢的彩纸和颜色，有的小心翼翼地用剪刀剪出脸谱的形状……在制作的过程中，幼儿充分发挥了自己的想象力和创造力。有的画出了威武的黑色脸谱，有的选择了温柔的粉色形象。每一张脸谱都独一无二且充满童趣和创意。

二、原因分析

现代社会，传统文化日渐边缘化，尤其是戏剧这一富含深厚文化底蕴的艺术形式，更鲜为幼儿们所知，从而导致了他们对传统文化的认知与认同感相对薄弱。幼儿时期，孩子们的天性中充满了好奇，他们更倾向于通过模仿、体验的方式来探索和学习新知。然而，当前的传统文化教育往往侧重于知识的传授与灌输，忽视了幼儿这一重要学习特点，使得教育效果大打折扣。为了更有效地传承与弘扬优秀的传统文化，我们应当积极探索更加符合幼儿学习特点的教育方式，让中华优秀的传统文化以更加生动、有趣的形式融入他们的日常生活与学习中。

三、问题解决

（一）增加带有传统元素的游戏玩具

为了弥补幼儿对传统文化接触的不足，可以引进一系列带有传统元素的游戏玩具。这些玩具应该具备趣味性并且蕴含丰富的文化内涵。例如：可以引入以京剧、川剧等经典戏剧脸谱为创意源泉的玩具，这些玩具包括趣味拼图、自由涂色的脸谱及 DIY 面具制作套装等；还可以引入小型、安全的传统乐器，如小鼓、锣、钹等，让幼儿在敲打中感受传统音乐的韵律与节奏之美，进一步培养幼儿的音乐感知能力，让传统文化的种子在幼儿心中生根发芽，茁壮成长。

（二）丰富戏剧故事绘本资源

图书角是幼儿获取知识、激发想象力的重要场所，应被赋予更多戏剧文化的色彩。为了加深幼儿对戏剧文化的认识，幼儿园应在图书角中增添更多关于戏剧故事的绘本。让戏剧绘本带领幼儿走进京剧、皮影戏等中华瑰宝的世界，领略传统文化的独特韵味。这些绘本应该涵盖多种主题，包括团队合作、正义与勇气、文化传承、历史探索等，让幼儿在轻松愉悦的阅读氛围中自然而然地吸收戏剧文化的精髓。

（三）定期开放戏剧工作坊及开展表演活动

幼儿园可以定期开放戏剧工作坊和开展表演活动。在戏剧工作坊中，幼儿可以自己动手制作简单的戏剧道具、布景或角色服装。使用安全无毒的材料，如彩纸、布料、废旧物品等，通过剪裁、粘贴、涂色等手工方法，创造出属于自己的戏剧元素。幼儿园还可以通过组织小型的戏剧表演活动，让幼儿在实践中更深入地体会到戏剧文化的魅力。

四、反思总结

游戏设计符合幼儿的特点和兴趣能够吸引幼儿的注意力，通过动手操作和亲身体验，幼儿对戏剧脸谱有了更深入的了解和认识。游戏过程中注重幼儿的主体性和创造性，幼儿能够充分发挥自己的想象力和创造力。部分幼儿在制作过程中遇到了一些困难，这需要教师的引导和帮助。下次可以在游戏前增加更多的预备知识介绍内容，帮助幼儿更好地理解和制作戏剧脸谱。

（长春市人民政府机关第三幼儿园　陈瑜）

拓展研讨

保留传统文化精髓的同时，如何创新戏剧游戏的内容和方式，使之更符合现代幼儿的审美和兴趣？如何将脸谱制作活动与其他领域的学习（如语言、艺术、社会等）相结合，实现综合教育目标？如何持续激发幼儿对戏剧文化的兴趣使戏剧游戏活动成为长期的教育资源？如何建立长效机制？比如定期更新戏剧游戏材料、举办戏剧主题月活动等。

游戏化视域下幼儿园"创意陶泥"课程的探索与实践

智慧导引

苏霍姆林斯基说："儿童的智慧在他的手指尖上！"在幼儿园教育中，游戏化教学已经成为一种重要的教学方法。它不仅能够激发幼儿的学习兴趣，还能在游戏中培养幼儿的各项能力。而"创意陶泥"课程作为幼儿园艺术教育的重要组成部分，更是能够通过陶泥这一媒材，培养幼儿的创造力、想象力以及动手能力。本文将在游戏化视域下，探讨幼儿园"创意陶泥"课程的探索与实践。

一、课程设计理念

《纲要》指出：幼儿艺术活动以幼儿为本，强调主动性，改变幼儿被驱使进行艺术活动的被动地位，强调幼儿艺术教育对儿童自身的影响作用、对幼儿发展的促进作用、改变使艺术成为技能训练和表演的功能。《纲要》所蕴含的"以幼儿发展为本"的教育理念为我们指明了开展陶泥活动的方向，即要遵循幼儿的身心发展规律，尊重幼儿的年龄特点和学习特点。

在幼儿园"创意陶泥"课程的设计中，我们遵循以下理念：以幼儿为中心，关注幼儿的兴趣和需求；以游戏化教学为手段，激发幼儿的学习动力；以创意陶泥为载体，培养幼儿的创造力、想象力和动手能力。我们力求在课程中融入更多的游戏元素，让幼儿在玩中学、学中玩。

（一）自然主义教育观

法国教育家卢梭在十八世纪提出了"回归自然"的教育观。人类与生俱来就有一种亲近大自然、亲近泥土的天性，玩泥巴是符合幼儿天性的活动。

（二）玩中学、做中学、生活中学

首先，对于幼儿来说，模仿动作是他们认识世界、思考世界的最初方式。黏土是具有温度、湿度、软度的素材，幼儿操作黏土，通过手部的灵敏感觉来感知材质、密度、柔韧性，通过模仿教师的动作来塑造作品，这符合幼儿时期孩子的生理需求。

其次，在视觉上，这些材料能唤起幼儿对形状、线条和轮廓的关注。使用黏土进行造型可以让幼儿探索物体的多个面，幼儿从前、后、左、右、上、下多个空间角度来观察黏土作品，可以提高空间知觉能力。

二、课程开展的资源与条件

（一）创设优质环境，延长操作时间

我们打造了一间固定的玩泥巴活动场所并延长了每次玩泥的时间，配备了操作桌、围裙、洗手设备、拉坯机等；投放一些玩泥的专业工具、颜料，以及松果、树枝等自然媒材；摆放中国传统的陶艺作品或图片，以及教师和幼儿的陶艺作品等。每个班级都布置了幼儿玩泥区域，准备适宜的黏土材料（托小班幼儿准备了柔软的超轻黏土；中大班准备了陶土）。

（二）依托课题开展研究

在此基础上确立课题、开展课题研究：游戏化视域下幼儿园"创意陶泥"课程的探索与实践。幼儿泥塑能力的发展受幼儿心理发展的影响，并伴随幼儿空间知觉能力和立体造型经验而逐渐发展。对于不同年龄段的幼儿来说，由于手的灵活程度、生活环境以及认知经验的不同，他们所表现出来的差异也不一样，教师要根据不同年龄段幼儿的发展水平和需求，探索相应的指导策略。结合实操过程出现的问题和遇到的难点进行研讨，让老师们思路更加开阔，方法和策略更加丰富。

三、课程内容与实施

（一）课程内容

"创意陶泥"课程内容丰富多样，包括陶泥创作的基本技法、陶泥工具的使用、陶泥作品创作等，初步培养幼儿对泥塑活动的热爱之情，初步培养幼儿热爱、专注、坚持的精神。在课程中，教师将陶泥与日常生活、自然环境、传统文化、童话故事等相结合满足幼儿自主探究的欲望，激发幼儿想象力和创造力，让幼儿获得感官及心灵上的美感体验。在游戏中，幼儿能了解泥性，初步掌握简单的泥塑成型方法，并学会运用泥来表现、表达。

（二）课程实施

1. 多面探索，丰富幼儿的创作内容

（1）生活化的黏土创作

艺术教给我们的是一种"移情作用"，它能发展人的同理心，帮助幼儿和生活产生连接。我们重视幼儿的生活和已有经验，根据幼儿的年龄特点，选择贴近他们生活的儿歌、感兴趣的事物或经常谈论的话题创作，支持幼儿个性化地表现与创造。例如："大树和小鸟""我的好朋友""小房子"等。

（2）提升造型能力的黏土创作

黏土创作不仅能培养幼儿的观察力，锻炼其手部精细动作，还能帮助幼儿掌握工具的使用方法和积累造型经验。引导幼儿使用陶泥塑造各种物体，如星球、小船、螃蟹、鳄鱼等，促进幼儿玩泥能力的发展。

（3）以艺术欣赏为媒介的黏土创作

玩泥是一个创造性的过程，实际生活中不能实现的东西可以用泥塑来实现。我们通过艺术欣赏扩展幼儿的视野，激发幼儿创造力、表现力，让幼儿在参与的过程中获得自信。例如：捏塑《椅子》的系列活动，幼儿们先后欣赏了国内外具有特色的椅子造型，通过多次活动的延伸，增加他们创作的深度与厚度。幼儿们每次都有不一样的创意，教师不仅要关注幼儿知识的获得、技能的形成，还要关注幼儿审美能力的提高。

（4）集创活动等多种创作形式

在创意陶泥的活动里，学习表达的方式既有个人的，又有集体的。幼儿的能力是有差别的，集体合作为他们提供了机会，不仅发挥了他们各自的长处，还让他们获得了合作成功的喜悦。例如：在捏塑集创作品《长城》的过程中，幼儿们了解了长城的作用，有的给烽火台加了屋顶，有的添加了弹药库，幼儿不仅对长城有了更深刻的印象，还用手中的陶泥讲述了他们自己创编的长城故事，感受到了集体合作的力量。

2. 融合与运用，扩展幼儿的创作空间

（1）主题探究中经验的再现

《纲要》指出"艺术是幼儿表达自己的认识和情感的重要方式"。黏土在主题探究中的运用重点在于它是一种媒介，可以将幼儿的情感转为符号，再以分享的方式将生活当中的经验和感知呈现出来。例如：幼儿用泥条塑造了蜗牛，用捏塑法塑造了蜻蜓、蜜蜂、蝴蝶、瓢虫等。幼儿在这一主题活动中对昆虫有了更多的认知，再结合有趣的童谣，创作出的作品就鲜活了起来，对大自然的热爱也逐渐高涨。

（2）区角游戏中与生活的链接

在班级的陶泥区，教师们有意识地提供多种媒材、工具以及制作流程图，让幼儿对泥塑对象获得感性认识，增强活动操作的直观性。同时也经常通过照片、图片向幼儿介绍一些传统的陶瓷作品，让幼儿体验中华传统文化，感受传统艺术的美。

幼儿在游戏区中常常结合生活经验，用泥来做自己想做的任何简单物品，将艺术与生活联系在一起。例如：中班的幼儿在开展"大树"的主题活动时，围绕"鸟妈妈、鸟窝和鸟蛋"持续创作。又如：大班的幼儿用牙签在泥上刻画出图案和文字，创作出自己的名片；在"家乡"的主题活动中了解了市花后，在自主游戏时运用搓条、压扁等方法塑造出了君子兰花。

3.采取游戏的方式，支持幼儿的创意表达

教师要用开放的心态，循序渐进地支持幼儿对黏土的探索。幼儿对黏土的探索可分三个阶段，教师要采取游戏的方式，重视创造的过程而不单单是结果。

第一阶段：初步探索。这一阶段主要适合小班及刚接触黏土的幼儿，通过丰富多样的身体动作游戏，调动幼儿全身的各部位进行探索，包括分解黏土、自由组合、命名塑造等，让幼儿初步了解泥性，同时对玩泥产生兴趣。也可以借助一些辅助材料：树叶、树枝等自然媒材，利用这些自然素材和一些工具来激发幼儿兴趣，让幼儿通过简单的操作获得新的美感体验。例如：在泥板上印树叶、印狗尾草、拓印树皮或使用模具造型等。

第二阶段：平面创作。这一阶段主要适合中班和大班初期的幼儿。运用游戏的方式，教师鼓励幼儿进行更多的尝试。例如：加入水来调整泥的软硬度，探索使用搓和卷等多种方法改变黏土的形状。让幼儿运用已获得的知识，塑造平面式的作品，再通过活动的累加吸收新的技能技巧，并且从平面向立体过渡。在幼儿艺术创作过程中，要重视幼儿个体的思考，鼓励和发展个人独特的视觉语言与表达。重视幼儿探索过程中的"迁移想象"，例如：圆球可以想象成什么？（糖、车轮、太阳……）

第三阶段：综合创作。这一阶段主要适合中班后期和大班的幼儿。这一阶段的幼儿发展了相关的技能，又掌握了一些陶泥制作工具和材料的使用方法，可以注意作品中细节的表现和想象创意。这阶段强调造型的"站立"，即从单一造型发展到具有故事性的空间立体创作，幼儿开始用黏土表达想法、经验和观察结果。教师要注重幼儿在制作中造型与装饰的有机结合，或在游戏中引导幼儿进行联想。

例如：捏塑"小王子的快乐星球"时，提供辅助材料，鼓励幼儿围绕"做一个星球可以用什么方法？"展开了讨论和尝试。在制作星球的纹理时，教师提供了报纸、擀泥杖、百洁丝球、玻璃弹珠、积木块等材料，让幼儿们在团好的"星球"上自由探索，如有的幼儿用玻璃弹珠压坑等方法表示陨石撞击过的星球。在最后的展示环节，教师在光影屋里在大张纸上用荧光颜色涂画出星空的背景，幼儿用荧光颜料为星球上色，营造出星空的情境，在充满惊奇中开始分享讲述。

以上三个阶段，均以幼儿兴趣为主。在游戏中引导幼儿主动探索，学会运用黏土来表达对世界的认识，同时给幼儿留下创作的空间。这样创作出的作品不但生动有趣，而且有着幼儿自己的特色。

（三）融合与创新

1. 童谣在玩泥活动中的融合与运用

为弘扬中华优秀传统文化，激发幼儿内心深处的文化自信和民族自豪感，我们探索在玩泥活动中，结合儿歌童谣，逐步建立基于幼儿生活和游戏的中国传统文化传承活动。

我们初步尝试选择富有游戏性且充满趣味的童谣作品与黏土教学融合，运用童谣引导幼儿体验、感知、理解和想象，丰富作品内容。同时鼓励幼儿为完成的泥塑作品创编、仿编童谣，促进幼儿多角度创意的表达，发展幼儿的审美情感。例如：在捏塑"小茶壶"时，教师通过视频带幼儿了解传统技艺"紫砂壶"的制作方法，初步感受匠人精神。接着教师运用童谣帮助幼儿掌握茶壶的形态："我是小小茶壶，矮又胖，这是我把手，这是我嘴，当我灌满开水，我就喊：提起我，倒杯水。"孩子们十分喜爱创作的小茶壶和茶杯，并在之后的游戏中使用。

幼儿用"泥"塑造大自然中动植物的形象甚至与生活、科技相衔接的太空，动手动脑激发想象；泥塑与朗朗上口、富有童趣的童谣融合，在帮助幼儿养成良好的生活习惯与行为习惯的同时，润泽他们幼小的心灵。无论是童谣韵律还是捏泥塑形，都能让幼儿获得自主的美学快乐，培养幼儿"心灵、手巧、有志向"的综合素养。

2. 信息技术手段在玩泥活动中的融合与运用

在"互联网＋教育"背景下，探索运用信息技术使教学内容趣味化，有意识地培养幼儿的创造力，提高教学效果。

（1）引导幼儿细致的观察和欣赏

例如：教师带领幼儿通过信息技术，观察讨论兵马俑的服饰和造型；在欣赏来自瑞典的艺术家贾科梅蒂作品《行走的人》时，理解作品"又细又高的人像"，同时展开想象，让创作更加顺利。运用信息技术欣赏艺术大师的作品，有利于幼儿理解、积累多种立体表象。

（2）借助信息技术引导幼儿进行创意联想

例如：思考制作一条鳄鱼时，通过切换不同背景来帮助幼儿联想创作。当它在岸边会怎样？在水里呢？联想其造型、构成等手段。

（3）采用信息技术进行作品展示

在陶泥教学中，作品展示是重要的环节，在最后的讲评环节，可以借助电子设备交互式的方式展示幼儿的作品，吸引幼儿边观看作品边谈论。通过这样的评价，幼儿在方法运用上，在工具使用上，在创意思维上均得到更多的启示，获得不同收获。

四、课程评价与管理

（一）反思与教研

每学期，课题组都会针对课程中出现的问题组织研讨、分享和交流，平时各班级通过陶泥展示架互相学习，不断探索新的引导方法。

玩泥活动不只是对幼儿动手能力的发展，更是对幼儿语言、创造力、想象力、观察力等一切能力的全面培养和发展。虽然他们的作品看起来还有些不成熟，但是成人必须用心去体会幼儿们的思考与建构的过程，而不是只靠最后的作品呈现去欣赏幼儿的创作。因此，在玩泥活动中老师要肯定和接纳幼儿不同角度、不同方式、不同水平的创造和表达，肯定和接纳他们独特的审美感受和表现方式，并分享他们创造的快乐，让幼儿享受思考和操作的自由。

（二）时间与人员保障

各班级设立玩泥区角。教师要为幼儿提供玩泥的机会，每次进行玩泥活动时，保证有教师陪伴，保证幼儿有充足的创作时间。创作时，给幼儿提供安全、卫生的多种操作工具和媒材，并时刻关注幼儿遇到的困难，及时给予专门的指导。

（三）观察、纪录与展示

在玩泥活动中，教师要观察幼儿，可通过多种方法记录他们的对话、发现和创作的过程。同时，教师需要帮助幼儿为作品做好标记，保留或进行展示。

五、课程研究成效与展望

课题组的教师们不断发掘中华民族优秀文化中蕴含的教育资源,探讨以游戏的方式在孩子幼小的心灵中打下传统文化的根基,为丰富幼儿园游戏课程多种样态提供了引领与借鉴。

1. 收集适合不同年龄段幼儿的优质童谣、儿歌编辑成册,制作《童谣赏析集锦》视频,为陶泥与儿歌、童谣的融合开展提供园本资源。

2. 收集不同年龄段幼儿的黏土作品,形成《幼儿陶泥作品集》,提供幼儿园教师引导幼儿开展黏土创作活动的新思路。

3. 举办"游戏化视域下幼儿园'创意陶泥'课程的探索与实践"观摩展示与分享活动,为促进玩泥活动在幼儿园的传承与创新发展提供了有效引领。

案例呈现

创意陶泥——小怪兽

一、问题

准备好了环境和材料,我们就带领幼儿开启了有趣的玩泥时光。在中班幼儿初次接触陶泥时,我们期待幼儿能够开心大胆地玩起来,自由自在地创作,但发现幼儿表现得很拘谨。

平时在带领幼儿玩泥的过程中,教师多采取分步骤教授的方法,导致幼儿操作起来不够大胆、泥塑作品雷同较多、缺少创意、作品质量不高等一系列问题,幼儿玩得也不尽兴。

于是我们思考:陶泥艺术是一种富有想象力、创造力的艺术表现形式,教师该如何引领幼儿在玩中掌握技巧,并在掌握技巧的基础上给幼儿留下创作的空间?

二、原因分析

首先,教师对于幼儿园开展玩泥活动的目标和意义缺少认识,对于在幼儿玩泥活动中的角色定位不清晰。如果教师以结果为导向,总担心创作时间不够用、作品效果不理想,就会不敢放手,总想要教幼儿或帮助幼儿完善作品。所以教师的教育理念需要更新,幼儿艺术活动应遵循《纲要》《指南》艺术领域的精神,首先要考虑把幼儿放在什么位置,要从"教师主导的技能训练"向"幼儿自主的艺术探索"转变,有了正确的认识,才能有效改变教学策略。

其次,初次接触陶泥,有些孩子怕脏,需要教师引导;教师本身对泥的性质和陶泥创作的基本技巧欠缺,导致活动目标不明确,不知该如何循序渐进地积累幼儿的玩泥经验。

三、问题解决

(一)专业培训引领

依托《创意陶泥》《童谣的创编与运用》等系列培训活动,使全员教师了解了玩泥的基本技法和使用拉坯机的方法,掌握了幼儿常用的陶艺成型方法。教师们积极尝试童谣童诗的创编及应用,不断挖掘童谣的内涵与教育价值,并初步尝试与陶泥活动相融合。

(二)教育理念输入

首先,带领教师们认识、了解中国传统陶瓷文化,明确陶艺在中国文明史上的重要地位,理解将这个工艺引入幼儿园课程中是对中华传统文化的传承和发扬的意义。通过玩泥活动,我们初步培养幼儿热爱、专注、坚持的匠人精神,既是对幼儿的审美教育,又能拓宽幼儿的视野,激发幼儿爱家乡爱祖国的情感。

其次,教师应以幼儿为中心。从观察幼儿、研究幼儿、了解幼儿出发,保证活动的形式和内容的开发;从关注幼儿的感受和体验出发,激发幼儿的想象力及善性美感的表现表达,达到幼儿纯真质朴的天性与创意艺术的完美结合。

(三)采取多种方式支持幼儿自由创作

1. 通过游戏,链接孩子们的生活经验与身体感知

泥塑"小怪兽"活动是用黏土进行立体脸部五官的创作,在创作过程中鼓励幼儿发展个人独特的视觉语言。幼儿之前有过平面创作五官"可爱的我"的经验,教师让幼儿照镜子,了解五官的特征,初步感知每个人的五官各不相同,再用搓条的方法塑造自己的五官。

为引起幼儿的兴趣,这次的创作教师采用了游戏法链接幼儿与生活的经验。教师先跟幼儿玩"指五官"游戏,并请幼儿说出五官的特征和本领;接着教师和幼儿玩"走走停停"游戏,音乐停止时要找到一个朋友做出有

趣的表情，在幼儿的欢笑声中，教师选择了几个有趣的表情让幼儿去模仿：他是怎么做的？哪里有趣？

2. 运用信息技术，打开幼儿想象的世界

艺术要激发幼儿的想象世界。教师为幼儿准备了"小怪兽"的动画片视频进行观察并提出开放性问题。"这些小怪兽的五官是什么样的？""猜一猜它有什么本领？"有趣的脸部形象吸引幼儿大胆猜想。

3. 提供材料与工具，鼓励幼儿积极塑造

例如在制作"大嘴怪"的过程中，幼儿先用拇指在黏土上选好位置按压出一个小坑，再用拇指向四周慢慢用力按捏出一张大嘴巴，接着用小泥块做牙齿……夸张的大嘴造型吸引幼儿跃跃欲试。此时，教师提供了更多材料，如树枝、枯叶、松塔、小石子等自然材料及牙签、剪刀等更多辅助拓印工具，让孩子们自由选择、自主探索，尝试用不同工具、材料塑造出头上长角、大大嘴巴、三只眼睛、尖尖耳朵、粗糙皮肤等特征的怪兽，这极大地激发了幼儿的积极性及创造力，不断拓宽幼儿想象力，使其创作的过程更加自由且专注。

4. 鼓励幼儿大胆表达

在作品展示、分享环节，教师请小朋友为自己的作品命名，并将作品放在一起相互欣赏，并鼓励幼儿大胆讲述自己的作品所表达的含义。

此次创作，教师充分尊重每个孩子的能力。多数幼儿尝试了拇指按压的方法，综合运用了团、搓、压、捏等技巧表达对五官的想象；幼儿能够大胆运用陶泥及辅助材料塑形，呈现出的作品想象丰富、各有特色，幼儿从中获得成就感。

四、反思总结

本次创意陶泥课程活动取得了圆满成功。反思整个活动过程，仍有几个方面需要改进。一是时间安排需更加合理。在动手实践环节，部分幼儿的创作时间较为紧张，导致作品未能完全展现出他们的创意和想法。因此，在未来的活动中，需要更加合理地安排时间，确保每位幼儿都有足够的时间进行创作。二是指导需更加细致。在巡回指导的过程中，发现部分幼儿在制作过程中遇到了困难，但由于时间有限，未能给予充分的指导和帮助。因此，在未来的活动中，需要加强对幼儿制作过程的关注和指导，确保每位幼儿都能顺利完成作品。三是作品展示与评价需更加完善。在作品展示与评价环节，虽然幼儿积极展示自己的作品并分享创作心得，但评价过程相对简单，未能充分体现出作品的独特性和创新性。因此，在未来的活动中，需要完善作品展示与评价机制，鼓励幼儿表达更多创意和想法，并给予更加全面和细致的评价。

幼儿在创作中体验到了乐趣和成就感，同时创新思维和动手能力也得到了提升。在未来的活动中，我们将继续总结经验教训，不断改进和完善活动内容和形式，为幼儿提供更加丰富多彩的陶艺课程体验。同时，我们也希望通过这样的活动，激发幼儿对陶艺的热爱和追求，为他们的未来发展打下坚实的基础。

（长春市基础教育研究中心　袁千）

拓展研讨

"如何基于儿童立场开展陶泥创意活动？""如何通过多种样态的活动让幼儿感受中国传统陶文化的魅力？""如何使激励性评价更有效？"等等。

话题二 提升幼儿教师能力的新思路

课程游戏化是针对幼儿园课程没有真正贴近幼儿、活动不够生动活泼、游戏精神没有充分落实、内容设计不够完善、教学质量不够高等现状，对课程进行的系统改革。目的是强化游戏精神和课程游戏化意识，核心内容是在课程理念、课程目标、课程内容和资源、课程实施及课程评价等方面进行系统改进，不断强化以游戏为基本活动的活动宗旨，不断完善幼儿园课程，优化教育实践，提高教育质量。

课程实施过程中，最关键因素是教师。教师课程游戏化能力是指教师在幼儿教育过程中，将课程内容与游戏元素有效结合，通过游戏化的方式促进幼儿全面发展的能力。这种能力不仅要求教师对幼儿心理有深入地了解，还要求教师具备创新的教学理念和多样化的教学策略。

本章节将结合教师在课程游戏化实施中的实际，从转变教师观念问题、能力问题、管理问题、实践问题入手，阐释如何提高教师课程游戏化能力。

教师儿童观、教育观和课程观转变

智慧导引

《儿童权利公约》(1989)第31条明确规定："儿童有权享有休息和闲暇，从事与儿童年龄相宜的游戏和娱乐活动……应尊重并促进儿童充分参加文化和艺术生活的权利，并应鼓励提供从事文化、艺术、娱乐和休闲活动的适当和均等的机会。"实施课程游戏化就是保证儿童有充足的游戏活动时间,是对儿童权利主体地位的保护,是把游戏权利还给儿童,尊重儿童的独立人格,保障儿童的游戏权利。只有让儿童在尊重权利的环境中成长,他们才懂得如何尊重自己和尊重他人。意大利教育专家蒙台梭利指出,儿童是具有能动性和自主性的人,绝不是成人任意捏造的蜡和泥,也不是可以任意填塞的容器,教育者应把儿童看作是可以自我学习、自我完善、自我发展的人。因此教师必须转变儿童观、教育观和课程观,尊重幼儿的人权、兴趣与需要,呵护儿童的纯真与幻想,让儿童成为自主成长和自主发展的"自主性的人"。

在我国大部分的幼儿园中,幼儿从入园到离园,从餐点到休息,从户外活动到集体活动,教师通常寸步不离。这种小心翼翼的行为,实质上是对儿童自主能力的怀疑,是教师过度约束、过度保护的体现。在教育实践中,教师一般会按照既定的"程序",用同样问题、同样方法、同样内容教育班级里的所有儿童。在这种严格的"塑造"下,本应充满童趣、即兴、好玩的儿童教育活动,变得机械化、程序化,失去了活泼多样的境遇性和创新性,师幼之间也缺乏情感的交流与维系,儿童的需要没有得到满足,学习的积极性和主动性也难以得到充分调动,儿童成为"被塑造的人"。

同时,教师缺乏对儿童全面、深入地了解,缺乏对儿童个性的关注,难以充分挖掘每个儿童的潜力。教师在学前教育中往往将儿童视为被动接受知识的容器,而忽视其作为主动学习者的角色。同时,教学中过于强调儿童的认知发展,而忽视了儿童的情感、社会性和身体的发展。

一、深化儿童观

"课程游戏化"这一教育理念,强调以儿童为中心,将儿童的发展视为核心目标。它尊重儿童的个人经验、兴趣和独特的学习方式,重视游戏和日常生活在儿童成长中的重要作用。教育者致力于为儿童创造丰富的学习机会,让他们通过"直接感知""实际操作"和"亲身体验"来获取宝贵的经验。教师在这一过程中更加关注每个儿童的个体差异,认识到每个儿童都是独特的个体,拥有各自的特点和优势。因此,在设计和实施游戏化课程时，教师应更加注重满足儿童的个性化需求，为他们提供多样化的学习资源和活动选择，以促进每个儿童的全面发展。

此外，教育者还应重视儿童的主体地位，鼓励他们在游戏和学习中发挥主动性和创造性。教师应认识到儿童是学习的主体，他们应该拥有自主探索和学习的机会。因此，教师应给予儿童更多的自主权，让他们能够根据自己的兴趣和需求选择学习内容和活动方式，从而激发他们的学习动力。

二、更新教育观

树立现代教育观念是教育改革的重要一环。传统的教育观念往往注重知识的灌输和技能的训练，而现代教育则更加重视培养儿童的综合素质和能力。教师在这一过程中应注重培养儿童的多方面能力，如语言表达能力、逻辑思维能力、创造力等。同时，教师还应注重培养儿童的社会交往能力，帮助他们建立积极的人际关系，培养健康的情感态度。

此外，重视教育的过程性也是现代教育观念的重要组成部分。传统的教育观念往往过分追求教育结果，忽视教育过程的价值。转变教育观念后，教师会更加注重教育过程，关注儿童在过程中的体验、感悟和成长，让儿童在快乐中学习、在探索中成长。

教师还要关注儿童的情感体验和心理发展，认识到儿童在情感上的满足和安全感对于他们的学习和发展至关重要。因此，在游戏化课程中，教师要注重为儿童创造一个温馨、和谐、充满爱的学习环境，让儿童在游戏中感受到快乐和成功，从而培养儿童的自信心和积极的人生态度。

三、拓展课程观

课程游戏化理念的深化，要求教师认识到课程不仅仅是教学计划和教材，它更是一种教育资源和教育过程。理解课程游戏化的理念，认识到游戏不仅是儿童的基本活动方式，也是他们学习的重要途径。教师应努力将游戏元素融入课程中，使课程更加生动有趣、富有挑战性。

在游戏化课程中，教师应注重培养儿童的游戏精神，包括合作精神、竞争精神、探索精神等。教师通过组织各种游戏活动，让儿童在游戏中体验成功的喜悦和失败的挫折,从而培养他们的自信心和抗挫能力。

同时,教师还应注重课程的生成性和开放性。课程应该是一个动态的过程,而不是一个固定的计划。教师要努力将课程内容与儿童的实际生活相结合,只有与儿童生活紧密相关的课程才能引起儿童的兴趣和共鸣,提高学习效果。此外,鼓励儿童参与到课程的设计和实施中来,让儿童成为课程的共同创造者和参与者。这种方式不仅能够让儿童更好地理解和掌握知识,还能够培养他们的责任感和创造力。

综上所述,学前教育课程游戏化的实施对幼儿教师的儿童观、教育观和课程观都产生了深远的影响。观念的转变不仅提高了教师的专业素养和教育质量,也为儿童的全面发展提供了更好的保障。

案例呈现

蔬菜大探秘

一、问题

在一次小班"认识蔬菜"的活动中,为了避免幼儿误食风险,教师没有准备真实的蔬菜,而是使用多媒体将蔬菜图片和视频呈现给幼儿进行讲解。正值探索欲强烈时期的小班幼儿对于这种方式呈现的蔬菜认知兴趣不高,不一会儿就开始东张西望、窃窃私语。轩轩说:"我家有真萝卜,这是假的。"乐乐也说:"我家有真辣椒,可辣了。"松松还要把自己家的蔬菜带到幼儿园。教师立刻认识到自己的教学活动存在问题:幼儿这些表现一方面反映了他们已经对蔬菜有过实际接触和观察,具备了一定的认知经验;另一方面反映了自己对幼儿的认知发展和蔬菜认知经验缺乏更深刻的了解。教师需要更深入地了解幼儿并调整自己的儿童观、教育观、课程观。

二、原因分析

在传统的教学模式中,幼儿往往被要求像容器一样被动地接受知识,缺乏主动探索和实践的机会。这种模式导致幼儿对学习的兴趣逐渐消退,他们的创造力和解决问题的能力得不到充分的培养和展现。教学活动中,幼儿常常显得无精打采,对缺乏游戏性的教学活动感到厌倦,这不仅影响了他们的学习效果,也抑制了他们对世界的好奇心和探索欲。

许多教师也固守着传统的教学方法,更注重知识的灌输而非幼儿能力的培养。仍有较多的教师认为,只有通过反复地练习和记忆,幼儿才能掌握必要的知识。当然,适当的重复是必要的,但了解幼儿的记忆遗忘曲线,以及以什么方式巩固与重复更需要我们深入研究。此外,课程内容和教学方法过于单一,缺乏互动性和趣味性,也无法激发幼儿的学习热情。活动中,教师往往占据主导地位,而幼儿处于被动接受的地位,这种不平衡的互动模式使学习过程变得枯燥乏味。

三、问题解决

为了解决上述问题,教师需要从根本上转变儿童观、教育观和课程观。教师应该认识到,每个幼儿都是一个独特的个体,拥有不同的学习风格和兴趣点。通过引入游戏化教学,将学习内容融入游戏活动中,让幼儿在玩中学、学中玩。

首先,树立正确的儿童观。教师要充分认识到幼儿是具有主动学习能力和探索欲望的个体,尊重他们的兴趣和需求。在课程设计中,要以幼儿为中心,关注他们的感受和体验。

其次,转变教育观。明白教育不仅仅是在教室里的讲解,更要注重与生活实际的联系,培养幼儿的实际操作能力和解决问题的能力。

最后,更新课程观。课程不应仅仅是知识的传授,更应是注重实践和体验的活动。对于"认识蔬菜"的活动,应设计更多让幼儿亲身参与的环节。

对于"认识蔬菜"的案例,我们做出以下改进做法:准备真实的蔬菜,让幼儿能够亲手触摸、观察;将幼儿分组,让他们互相交流自己对不同蔬菜的感受和发现;设置一些简单的任务,比如让幼儿找出颜色相同的蔬菜,或者比较蔬菜的大小、长短;让幼儿参与简单的蔬菜清洗和整理工作,增加他们与蔬菜的接触。同时,结合健康教育办园理念的营养健康教育研究内容,拓展和丰富幼儿对食物营养的认识,培养和强化幼儿对蔬菜的深入探究愿望和探究体验,增加蔬菜分类、蔬菜营养、蔬菜食用方法等内容,将"认识蔬菜"由一节教学活动,变为多维度、多领域融合的综合教育活动。

通过亲手触摸和操作,幼儿对蔬菜有了更直观的认识,他们积极地参与到观察活动中,认真观察蔬菜的特征,主动表达自己的感受,通过交谈兴奋地与小伙伴分享自己的发现。同时,教师从"认识蔬菜"这一节教学活动入手，通过与幼儿交谈以及观察幼儿学习与发展情况，了解了幼儿的兴趣点，师幼共构，生成了一系列的"认知蔬菜"主题活动。教师从该活动中及时转变观念，改变策略，改进后的效果显著，凸显了以幼儿为中心的教育理念。

四、反思总结

通过游戏化教学的实践，教师应反思教学方法的有效性，并根据幼儿的反馈和学习成果调整教学策略。教师需要观察幼儿在游戏中的表现，了解他们对哪些活动感兴趣，哪些活动能够激发他们的思考。同时，教师应持续学习新的教育理念和技能，以更好地适应教育的发展趋势，促进幼儿全面发展。教师还应该鼓励家长参与到孩子的学习过程中，共同创造一个支持和鼓励幼儿探索精神的家庭环境。通过这样的努力，我们才能够培养出既有知识储备又有创新精神的适应新时代发展的学习者。

（中共长春市委机关幼儿园　崔缘）

拓展研讨

教师儿童观、教育观和课程观转变，从儿童主体地位出发，发展儿童学习和活动自主性、主动性、积极性、创造性，对新时代幼儿园教师专业素养提出哪些要求？

教师课程游戏化支持策略

智慧导引

随着教育改革的深化与理念的创新，课程游戏化在幼儿教育中逐渐占据重要地位。众多幼儿教师积极地将游戏元素融入教学之中，旨在激发幼儿的学习兴趣，进而提升学习效果。他们采用角色扮演、模拟情境、竞赛游戏等多种方式，结合具体的课程内容，使幼儿在轻松愉悦的游戏氛围中进行学习。同时，科技的进步也为游戏化教学资源的发展提供了强大支持，包括各类教学软件、互动游戏以及益智玩具等，为幼儿教育提供了更为丰富多样的教学手段。

课程游戏化作为幼儿教育领域中的一项关键教学方法，对于提升幼儿学习体验、推动其全面发展具有不可忽视的重要性。为确保游戏化教学的质量得以提升，教师应持续提高游戏化教学的专业水平，深化其在教学中的针对性应用，并构建一套科学合理的评价体系。这样才能充分发挥游戏化教学的独特优势，为幼儿的全面发展奠定坚实基础。

然而，在实际应用中，课程游戏化的现状并不乐观，存在一些问题亟待解决。部分教师在实施游戏化教学时，过于追求游戏的趣味性，导致教学内容被弱化；幼儿在参与游戏的过程中，往往只关注游戏的娱乐性，而忽视了学习的重要性，存在游戏化教学过度娱乐化的问题。

由于幼儿在年龄、兴趣、能力等方面存在差异，游戏化教学的实施应具有针对性。然而，在实际教学中，部分教师缺乏对幼儿个体差异的考虑，导致游戏化教学难以满足不同幼儿的需求，存在游戏化教学缺乏针对性的问题。

游戏化教学的效果需要通过评价来检验。然而，在实际教学中，部分教师缺乏科学的评价机制，无法对游戏化教学的效果进行客观评价。这导致教师难以发现游戏化教学中存在的问题，也无法及时调整教学策略，存在游戏化教学缺乏评价机制的问题。

一、提高教师游戏化教学水平

教师应加强对游戏化教学理念的学习和理解，掌握游戏化教学的相关知识和技能。同时，幼儿园应加强对教师的培训，提高教师的游戏化教学水平。

（一）深化理论学习，掌握科学的教育方法

教师可以通过学习《3—6岁儿童学习与发展指南》，了解幼儿心理，夯实理论基础，深入理解游戏化教学的理念与价值，指导游戏化教学实践。通过参加教育专家课程游戏化专题培训、阅读相关书籍或优秀游戏化课程案例，提升游戏化教学能力。同时参考儿童发展、幼儿心理学等，解读儿童心理、需求及学习品质，为游戏化教学提供理论支撑。

（二）开展课程游戏化策略研究，加强实践指导

幼儿园可以围绕课程游戏化内容开展专题研究，将科学的课程理念贯穿于幼儿一日生活，探究如何实现自然状态下的幼儿游戏向教育背景中的幼儿游戏转化。

定期组织和参加教研活动、交流分享会或观摩其他教师的游戏化课程，以获取新的游戏化教学灵感，学习新的游戏化教学策略。也可以开展教学设计、教学故事等技能竞赛，激发教师的创新精神和教学活力，促进游戏化教学模式的探索与实践。

（三）因地制宜，为课程游戏化提供时间和空间支持

科学合理安排幼儿一日作息时间，减少集体活动时间，增加区域活动时间、户外自主探索游戏时间及自发游戏时间等。这样既有利于幼儿自由游戏，又确保幼儿连续游戏时间，提供更多自主选择机会。

通过创设与课程内容相关的游戏环境，增强幼儿的学习体验。在课程中引入游戏元素和道具等，提高幼儿的兴趣和参与度。

二、加强游戏化教学针对性

教师应充分了解幼儿的特点和需求，根据不同幼儿的年龄、兴趣、能力等方面制订具有针对性的游戏化教学策略。关注幼儿的游戏表现，及时调整教学策略，确保游戏化教学能够真正满足幼儿的需求。

教师需要具备良好的观察能力、分析能力以及信息整合能力，及时发现幼儿的兴趣点，结合幼儿的实际需求和心理特点，生成具有创新性和针对性的游戏化课程。确保游戏与教学内容紧密相关，以提升教学效果和幼儿的学习体验。

（一）构建幼儿视角的游戏课程，提升设计能力

教师需要基于幼儿的认知水平和兴趣特点，结合课程目标和教学内容，巧妙地将游戏元素融入教学设计中，设计出既具有教育性又富有趣味性的游戏化教学方案。

设计游戏化课程时，要从幼儿角度出发，考虑幼儿的兴趣和需求，减少说教，增加趣味活动。如提高数字游戏的操作性，增加幼儿参与度和学

习乐趣。

在游戏设计过程中，教师需要不断思考和尝试，寻找最佳的解决方案，培养创新精神和解决问题能力。鼓励教师跨领域学习，将其他学科的知识和方法融入游戏化教学中，以拓展教学思路和创新能力。

（二）明确目标，丰富游戏化教学策略

开展游戏化教学前要明确学习目标。目标应涵盖认知、语言、社交、情感和身体等方面，并根据学习目标选择适合幼儿发展的游戏活动，如角色扮演、益智游戏、室内外创意和模拟游戏等。

将学习目标融入游戏活动中，确保游戏目标与学习目标一致。引导幼儿通过游戏过程实现学习目标，通过游戏培养幼儿的社交技能、语言表达和创造能力等。在游戏中可以设计团队合作任务，培养幼儿的合作意识和能力。组织小组比赛，让幼儿在竞争中锻炼自己，激发学习兴趣和积极性。

（三）注重个体差异，观察并及时调整教学方案

教师应当熟练掌握多样化的教学策略与方法，并根据幼儿的学习需求和特点，选择适合的教学策略和方法，创设游戏化的教学氛围，使幼儿在轻松愉快的环境中接受知识、学习技能，以达到良好的教学效果。

每个幼儿的兴趣和能力都有所不同，教育活动中，教师需要关注幼儿的个体差异，敏锐地观察幼儿在游戏中的表现，了解他们的兴趣、需求和困难，并能够根据观察结果及时调整游戏化教学方案，根据幼儿的兴趣和特长设计不同的游戏环节，让每个幼儿都能在游戏中得到发展，以满足幼儿个性化的发展需求。

三、建立科学的反思与评价机制

（一）教师反思

教师应在游戏化教学中持续反思教学行为，总结经验教训，并不断提高能力。教学后，深入分析教学优缺点，针对问题制订改进措施，不断提高自己的游戏化教学能力，为今后的教学提供有益的参考。

（二）游戏评价

幼儿园应建立科学的评价机制，客观评价游戏化教学效果，包括幼儿

表现、学习成果和情感态度。教师可通过多样化评价方式激发幼儿兴趣，如设置成就系统、组织游戏竞赛等。

总之，教师课程游戏化支持策略需要教师深耕专业知识、丰富实践经验、锻炼洞察力及培养创新精神，通过不断学习与实践，为幼儿全面发展提供支持，为培养创新人才贡献力量。

案例呈现

动物乐园大变身

一、问题

在一次中班"动物乐园"的角色扮演游戏中，教师根据故事情节，让幼儿自选角色进行扮演。有些幼儿对自己挑选的角色满意，愿意积极配合；有些幼儿却不喜欢自己被分剩下的角色和任务；还有的幼儿选择完角色后，在进行具体的情境和扮演任务时中途改变角色，对这个扮演游戏很快就失去了兴趣；还有个别争抢角色现象。"我也想当小白兔""我才不当大灰狼""还是这个小猫头像可爱"，幼儿此起彼伏的争论声，使角色扮演游戏中断。

二、原因分析

经过细致的观察和深入的分析，教师找到了问题产生的根源。首先，幼儿对于角色扮演游戏的基本玩法缺乏必要的学习和认识。其次，幼儿缺乏对动物的观察和表演经验，无法想象和表现动物的动作、表情、神态。第三，该绘本内容似乎缺乏趣味性，且与幼儿的生活经验脱节，缺乏实际应用的场景，这使得幼儿难以将所学知识与现实生活联系起来。第四，教学中缺乏教师对游戏的组织引导，缺乏循序渐进的扮演游戏教学策略。最后，教师缺乏让幼儿参与扮演游戏角色分配、道具准备等探索精神和创造性思维等方面的培养的意识。

三、问题解决

为了改进这次"动物乐园"的角色扮演游戏，教师采取了以下策略：首先，在角色分配环节，让幼儿自主选择自己喜欢的动物角色，并鼓励他们阐述选择的原因，同时说明幼儿在完成选择的角色表演后，是有机会更换角色的。然后，通过引导幼儿分组游戏和以小组讨论的方式，共同创设有趣且多样化的情境和任务。其次,增加互动元素。在游戏过程中,设置一些需要幼儿之间相互合作才能够完成的任务,例如"一群小动物共同搭建一个温暖的巢穴""合作寻找食物并分配"等,让幼儿在互动中体验合作的乐趣。

同时,教师转变了角色观念,从主导者变为引导者和观察者。在幼儿游戏时,教师更多的是倾听他们的想法,及时给予肯定和鼓励,对于遇到困难的幼儿,提供适当的帮助和引导。根据幼儿讨论的结果,教师提供丰富的道具和场景布置,营造出更加真实的动物乐园氛围,增强幼儿的代入感。

通过这些策略的调整,本次活动最终取得了显著的效果。幼儿们不再是被动地接受分配,而是积极主动地参与到角色选择和情境创设中。那些原本对游戏不感兴趣的幼儿也被重新吸引,全身心地投入游戏里。他们的眼神中重新充满了对学习的渴望和热情,不仅对动物的特点有了更深入的了解,还在互动中提高了语言表达能力、合作能力和解决问题的能力。教师也在这个过程中更好地理解了幼儿的需求和兴趣点,不断优化教学方法,构建了更加优质的互动式学习环境。

四、反思总结

首先,教师应当有意识地在日常生活中引导幼儿进行与角色扮演或者绘本剧相关的认识和经验准备。例如,在数学教学中,引入与幼儿日常生活相关的购物情境。在"小熊超市"游戏中,为幼儿准备了各种商品和货币,让他们扮演顾客和收银员,在买卖的过程中学习计算价格和找零,从而掌握数学运算知识。其次,教师在教学中引入了更多的互动环节,如小组讨论、角色扮演、游戏竞赛等。例如,在语言课上,开展"故事大王"比赛,让幼儿分组讲述自己创编的故事,其他小组进行评价和打分,这不仅提高了幼儿的参与度,还促进了他们之间的合作与交流。再次,教师还采用了多样化的教学方法,如项目式学习、探究式学习等。例如,在科学探索活动中,组织"植物生长小实验",让幼儿分组种植植物,观察并记录植物的生长过程,鼓励幼儿主动学习和思考,培养他们的批判性思维和解决问题的能力。最后,教师利用信息技术工具,如教育软件和在线资源,丰富了教学手段。例如,在美术课上,通过使用电子绘画软件,让幼儿尝试用不同的工具和特效创作作品,使教学变得更加生动有趣,提高了幼儿的学习兴趣。

教师通过了解幼儿的兴趣和需求,设计贴近幼儿实际的教学活动,以及采用多样化的教学方法和工具，对于提高教学效果至关重要。未来，教师将继续探索更多创新的教学策略，如利用虚拟现实技术进行沉浸式学习体验，以及开展跨学科的综合实践活动，以进一步提升教学质量，激发幼儿的学习潜能。教师相信，通过不懈的努力和创新，能够为幼儿创造一个充满活力、互动和乐趣的学习环境。

（中共长春市委机关幼儿园　杨薇）

拓展研讨

教师课程游戏化支持策略方面，教师需要具备与掌握了解儿童、理解儿童、支持儿童的能力与方法。教师需要了解涵盖各领域的一日生活、区域活动、集体教学的支持策略有哪些？

教师课程建设能力

智慧导引

教师是幼儿园课程建设的主力军，其课程建设能力关乎幼儿园课程质量。大量实践研究表明，当前教师与课程之间处于失衡状态，幼儿园教师课程建设能力相对幼儿园课程而言正处于缺失状态，具体表现为教师课程相关知识匮乏，知识与能力分割。教师在实践中通过对课程相关理论的学习内化形成自身课程理论知识，但课程并非一成不变，面对新问题新情境时，教师本身课程理论知识不能与新知识发生碰撞，难以重新审视形成新的课程知识。教师课程意识淡薄，其课程意识水平影响课程知识转化为课程运行并运用到实践过程中，教师对课程认识把握不准确，主动参与意识和资源整合意识薄弱，缺少反思意识，导致不能有效参与课程建设。教师个人基础能力较弱，教师基础能力主要包括观察、思维、想象、记忆、审美、口语表达等能力，它们是教师发展课程建设能力的基础和前提，教师个人基础能力薄弱会使教师缺乏课程知识，缺少资源利用和课程研究意识，从而导致活动不能有效实施。

一、明晰课程游戏化理念

什么是课程游戏化？为什么开展课程游戏化？课程游戏化有哪些现实意义？只有明确了课程游戏化理念及课程游化的重要性，才能真正转变教师的教学思路，提高教师的课程建设能力，让教师在教学中少走弯路。

二、提升课程游戏化能力

课程游戏化能力即幼儿园课程的建设能力，即以《指南》为指导，明确幼儿发展目标，在观察幼儿现实表现的基础上，为幼儿各方面发展创造条件，如创设环境、准备资源，开展多样化活动，让幼儿在丰富多彩的活动中获得相应的经验。面对幼儿不同的兴趣和需要，任课教师要从本园实际出发，从不同角度、不同领域、不同发展水平上对原有课程方案进行调整，以提升课程的适宜性和有效性。

三、提升课程开发与构建的专业性

教师的职业素养和教学能力是课程开发与构建的基础。因此，教师需要提高自己课程开发与构建的专业水平，不断学习和研究教育学理论，参加相关的培训和研讨活动，与同行交流和学习。以上是教师提高课程开发与构建专业水平的有效途径。

提高教师队伍课程开发与构建的专业性主要包括注重课程内容的多样性和实用性。多样性的课程内容可以激发幼儿的学习兴趣，培养他们的创造性思维能力；实用性的课程内容则有助于幼儿更好地适应社会生活，为日后的学习和成长打下坚实的基础。

四、坚持价值融合的课程取向

当前，幼儿园教师在课程价值取向上存在一些问题，如过于重视普遍性目标和行为目标，忽视幼儿的兴趣、需要和自我实现。因此，教师应坚持价值融合的课程取向，将知识识记变为知识建构，将知识传授变为以幼儿为主体的发现创造。要深入研究每一种资源的挖掘、收集和储存过程，研究每一种资源的功能，研究不同资源之间的协同与配合，最大限度地发挥资源的价值。同时，根据幼儿兴趣和需要，组织和改造资源，将基本的资源和辅助资源有机结合起来。

五、开展特色课程研究活动

幼儿园教师需要具备将偶发事件及幼儿感兴趣的游戏生成课程的能力。以园为本，从实际出发，根据幼儿园发展现状和资源条件建设园本和开展特色课程，并通过园本、特色课程研究活动，在实践中不断总结经验，提高自己的课程开发与构建能力，推动幼儿园课程的不断创新和发展。

六、加强幼儿园课程制度建设

幼儿园课程建设需要形成长期发展态势，优化课程资源的组合与调配，协调多方力量。加强较为稳定的课程审议机制、课程研讨机制与资源评估机制等，有助于提升教师的主动性和积极性，形成课程合力。

综上所述，幼儿园教师课程建设能力的提升需要从多个方面入手：深入开展幼儿园课程的改革和实践，不断推进课程的适宜性和有效性，提升教师课程建设能力，普遍提升幼儿园课程游戏化实施水平。只有多管齐下，多箭齐发才能真正提高幼儿园教育质量，更好地促进幼儿的发展。

▶ **案例呈现**

小小建筑师的奇妙蜕变

一、问题

中班"小小建筑师"活动一开始，孩子们就兴奋地围在积木旁，迫不及待地开始动手搭建。明明开心地拿起一块长方形的积木，对旁边的妞妞说："看，这个长长的积木可以当墙。"妞妞也拿起一块三角形的积木回应道："那这个可以当屋顶。"大家都热火朝天地忙碌着。然而，随着游戏的进行，问题逐渐显现出来。轩轩看着自己堆得高高的积木，挠挠头说："我就觉得把它们堆起来好玩，没想过还能怎么摆。"睿睿看着旁边的一堆积木说：

"我不知道要用几个积木才够搭一个大房子。"

二、原因分析

此案例没有将数学领域和艺术领域的知识有效地与搭建游戏进行整合，孩子们只是随意地把积木堆砌在一起，没有去思考不同形状的积木应该如何组合。在幼儿园活动中，割裂现象屡见不鲜，不同领域的学习内容未能有效衔接，导致幼儿在学习过程中难以形成完整的知识体系。此外，课程实施中还存在忽视幼儿个体差异和兴趣爱好的问题，影响了教育效果。经过分析，我们认为主要有三个原因：一是课程设计缺乏整合性。传统课程设计往往按照学科领域划分，忽视了各领域之间的联系和互补，导致课程内容割裂。二是资源利用不充分。幼儿园周边及园内丰富的自然资源、文化资源未得到充分挖掘和利用，限制了课程的多样性和趣味性。三是教师观念转变不足。部分教师仍停留在传统教学模式，缺乏对游戏化课程理念的深入理解和实践。

三、问题解决

（一）制订游戏化课程整合方案

我们组织教师团队，以幼儿发展为中心，围绕核心素养，打破学科界限，设计了一系列跨领域的游戏化课程。通过角色扮演、情景模拟、项目式学习等方式，将语言、科学、艺术、社会等多个领域的内容有机融合。

（二）挖掘和整合课程资源

我们深入调研幼儿园周边环境和幼儿家庭背景，挖掘出丰富的自然资源（如植物园、动物园）、文化资源（如传统节日、地方习俗）等，作为课程的重要补充。同时，鼓励教师利用废旧物品、家庭资源等自制教具和玩具，丰富课程材料。

（三）提升教师课程游戏化能力

我们邀请专家进行游戏化课程理念的培训，组织教师开展观摩课、研讨会等活动，分享成功案例和经验教训。通过实践反思、同伴互助等方式，不断提升教师的课程设计、组织实施和观察分析能力。

（四）关注幼儿个体差异和兴趣

在课程实施过程中，我们注重观察幼儿的行为表现和兴趣点，灵活调整课程内容和方法。通过个别指导、小组合作等方式，满足不同幼儿的学习需求和发展水平。

以上策略帮助教师提升了游戏化课程整合能力。为了改进"小小建筑师"的搭建游戏，我们做了以下尝试：

首先，重新规划课程内容，将艺术元素融入其中。在游戏开始前，为幼儿展示一些著名建筑的图片或视频，引导幼儿观察建筑的艺术风格和装饰特色，激发他们的艺术灵感。同时，引入数学概念，在提供积木时，标注不同形状积木的数量，让幼儿在搭建过程中有意识地计算和选择。

其次，设计多样化的任务。设置一些具体的搭建目标，如"用特定数量的三角形积木搭建一个尖顶的房子""按照给定的比例搭建一个对称的建筑"等，促使幼儿在搭建中思考形状组合和数量关系。

再次，鼓励小组合作。将幼儿分成小组，让他们共同设计和搭建一个大型建筑作品。在小组合作中，幼儿可以相互交流想法，分享创意，共同解决遇到的问题。

最后，增加评价与反馈环节。在游戏结束后，组织幼儿展示自己的作品并进行自我评价和相互评价。教师给予针对性地反馈和建议，帮助幼儿总结经验，进一步提升他们的能力。

通过以上策略的调整，活动最终取得了令人满意的效果。幼儿不再随意堆砌积木，而是能够有目的地选择积木形状和数量进行搭建。他们开始尝试运用不同的形状组合创造出新颖的建筑结构，并且会用彩色贴纸、小石子等材料对建筑进行艺术装饰。在这个过程中，幼儿不仅深刻理解了形状和空间的概念，提高了数学运算能力，还培养了团队合作精神和创新思维，游戏的教育价值得到了充分发挥，实现了预期的教育目标。

四、反思总结

经过一段时间的实践，"游戏化课程整合计划"在幼儿园取得了显著成效。幼儿的学习兴趣和积极性显著提高，综合素养得到全面发展。同时，教师的课程设计、组织实施和观察分析能力也得到了显著提升。我们深刻认识到，课程游戏化是幼儿园教育的重要趋势和发展方向。未来，我们将继续深化课程游戏化改革，为幼儿提供更加优质、多元的教育环境。

（中共长春市委机关幼儿园　蔡洪玉）

拓展研讨

提高教师课程建设能力，我们要思考：如何提高解决幼儿园课程割裂和分离的现象，因地制宜地开展课程规划和设计的能力？如何将把握课程目标、挖掘和利用课程资源、组织和实施教育活动、观察和分析儿童行为以及总结和改进教育实践等能力不断提升？

教师学习意识、研究意识和创新精神培育

智慧导引

在深入研究学前教育课程游戏化过程中，我们认识到培育幼儿教师学习意识、研究意识和创新精神至关重要。然而现实中存在诸多问题。部分教师学习意识薄弱，虽有学习意愿但在课程游戏化理念推广下常面临研究课题选择困惑，不知如何入手和深化；部分教师研究意识不足，在寻求可申报课题时过度关注外在因素，忽略对课程和教学实际问题的洞察，问题意识缺乏；创新精神培养面临巨大挑战，部分教师确定研究课题后对核心内容和目标缺乏清晰认识，结题后实际问题未有效解决，且在课题研究中缺乏创新精神和独特视角，成果千篇一律，缺乏深度和广度。

出现这些问题的原因是多层次的。教育体制和制度层面，传统教育评价体系侧重教学成绩和量化指标，忽视教师研究能力和创新精神培养；教师个人层面，部分教师缺乏批判性思维和问题意识，无法从日常教学实践中发现有价值问题；资源支持层面，一些幼儿园或地区缺乏足够的研究资源和支持。

一、要把教师学习放在课程游戏化建设中的重要位置

幼儿园需要为教师提供丰富的学习资源和培训机会，帮助他们不断更新教育观念、掌握科学教育方法，提高教育实践能力。通过学习，一方面要加深教师对课程游戏化及整个课程建设的认识，另一方面也要让教师获

得课程建设的基本策略和方法，最重要的是要让教师在学习的过程中不断强化终身学习的意识。

例如，加强对教师创新教育理念的培训，通过专家讲座、工作坊等形式，引导教师深入理解创新教育的内涵与外延，掌握创新教育的基本方法和策略。例如，邀请幼儿教育专家开展"创新教育理念与实践"的讲座，详细解读创新教育在幼儿发展中的重要性，并通过实际案例展示如何在教学中激发幼儿的创新思维。

二、幼儿园要为教师创造积极的研究环境

幼儿园要积极作为，创新实践，在理念确立、环境改造、资源挖掘和利用、课程实施等方面为教师创造一个宽松、自由的研究环境，鼓励他们在教育实践中勇于尝试、敢于创新，鼓励教师积极开展和参与教育研究活动，通过实践探索、经验总结等方式不断提升自己的研究能力，鼓励教师向研究要答案，在探索中找方法，努力形成创新思路和方法。

例如，营造鼓励创新的教学环境，建立激励机制，对在教学创新中表现突出的教师给予表彰和奖励。同时，加强幼儿园内部文化建设，形成尊重创新、鼓励尝试的良好氛围。例如，设立"创新教学奖"，每学期评选出在创新教学方面有突出表现的教师，并给予一定的物质奖励和精神奖励。

三、确立以解决问题为核心的教研机制

以解决问题为核心的教研机制是培育幼儿教师学习意识、研究意识和创新精神的重要途径。2019年，教育部颁布的《教育部关于加强和改进新时代基础教育教研工作的意见》指出：教研工作是保障基础教育质量的重要支撑。2023年8月28日，教育部召开了全国基础教育教研工作会议，提出了教研制度是中国特色教育制度体系的重要组成部分，是我国基础教育的优良传统。会议从健全教研体制机制，加强教研队伍建设，完善教研保障机制，创新教研工作方式等方面，对教研工作提出了具体的要求。2018年，《中共中央国务院关于学前教育深化改革规范发展的若干意见》指出："完善学前教育教研体系。健全各级学前教育教研机构，充实教研队伍，落实

教研指导责任区制度，加强园本教研、区域教研，及时解决幼儿园教师在教育实践过程中的困惑和问题。"因此，抓好教研工作，是时代的要求，也是中国特色社会主义教育体系建设的要求，更是学前教育高质量发展的要求。

无论是哪一级教研，无论是实现教研的哪种功能，都应该从问题出发，倡导问题导向的教研。通过问题导向的教研方式，教师要针对教育实践中出现的具体问题进行研究、探讨和实践，从而不断提升自己的专业素养和实践能力。例如，在课程游戏化项目推进过程中，广大教师积极参与研究、实践和创新，不仅提高了自身的专业素养和实践能力，也为推动课程游戏化项目的发展做出了贡献。

对幼儿园而言，教研是具有研究意义的，而研究就是解决问题。没有问题意识的教研经常是盲目的，甚至浪费时间。幼儿园课程教学的研究、管理和质量保障，甚至学习和培训都应该针对实践中的现实问题，要避免"赶时髦式""拍脑袋式"的教研，要切实研究和把握幼儿园课程建设中的真实问题。因此要采取适宜的方式了解每一位教师所面临的具体问题，梳理普遍问题和重点问题，结合这些问题，创造性地采取行之有效的举措，逐一加以解决，使教研真正能解决问题、推进实践、提升教育质量。

我们可以通过完善教师培训体系，建立多元化、个性化的培训模式，根据教师的不同需求和特点，提供有针对性的培训课程和资源。同时，加强与高校、研究机构的合作，引入先进的教育理念和研究成果，为教师培训提供有力支持。比如：针对新入职教师，开展"基础创新教学方法"培训；对于有一定经验的教师，提供"深化创新教育实践"的进阶课程。

应当积极推动教学研究与实践的深度融合，鼓励教师结合教学实践开展教育研究，将研究成果转化为教学实践中的有效策略和方法。同时，加强教学观摩与交流活动，促进教师之间的经验分享与智慧碰撞，共同推动幼儿教育的创新发展。比如，组织教师开展"创新教学观摩周"活动，让教师互相听课、评课，分享创新教学的经验和心得。

总之，幼儿教师作为幼儿的启蒙教师，培养其学习意识、研究意识和创新精神，对于促进幼儿的全面发展具有重要意义。只有具备这些素质的幼儿教师，才能更好地引导幼儿探索世界、发现问题、解决问题，从而培养幼儿的创新精神和实践能力。在案例呈现部分我们能够看到，当教师在教育实践中遇到问题时，他们可以通过学习、研究找到解决问题的方法，并将这些方法应用于教育实践中。这不仅能够帮助教师提高教育质量，还能够激发儿童的好奇心、求知欲和创新精神，促进幼儿的全面发展。

案例呈现

"小小科学家"的创新之旅

一、问题

在一次大班"小小科学家"的实验活动中，我们围绕着浮力进行探索实验，老师准备了各种小物件，如塑料球、木块、铁块等，还有一盆水。孩子们按照老师给出的固定步骤，先把塑料球放入水中，看到它浮了起来；接着放入木块，木块也浮着；再放入铁块，铁块沉了下去。孩子们认真地完成着每一个步骤，眼睛里充满了好奇。当老师问孩子们为什么有的东西会浮起来，有的会沉下去时，孩子们面面相觑。部分幼儿能够说出因为物品的材质不同，多数幼儿只能做出记录，无法说明材质，且教师未能引导幼儿做出对于材质分类的归纳总结，导致该"沉浮"科学探究活动仅在表层，未能引导幼儿进行深入探究。

二、原因分析

在此游戏过程中，教师只是简单地让幼儿按照固定的步骤进行操作，却没有引导幼儿自主思考和探索。当幼儿完成实验后，他们对其中的原理并不理解，仅仅是机械地完成了任务。很明显，这样的结果与我们开展这个活动的初衷背道而驰，没有达到培养幼儿科学思维和创新能力的目的。

究其原因，是因为教师对创新教育理念理解不深，缺乏将其融入教学实践的意识和能力。同时，现行教师培训体系与实际教学脱节，无法满足教师专业成长需求，使得教师在教学中难以有效地引导幼儿进行思考和探索。此外，幼儿园缺乏鼓励教师创新的教学环境和机制，导致教师缺乏创新动力和支持，难以真正发挥探索游戏应有的作用。

三、问题解决

教师通过在创新实践和专业成长方面的学习与反思，采用了以下策略调整了"小小科学家"游戏。

其一，在准备实验材料时，不再局限于固定的几种，而是提供多样化的材料，创造更多自主选择和组合的可能性，激发幼儿的好奇心和探索欲，亦鼓励幼儿在幼儿园寻找，或者自己从家中带来各种不同物品进行实验。

其二，改变指导方式，不再让幼儿按照固定步骤操作，而是提出引导性问题，如"你觉得这样做会产生什么样的结果？""为什么会这样？"鼓励幼儿先自主思考，然后再进行实践操作。

其三，组织小组讨论，让幼儿在交流中分享彼此的想法和发现。教师可以提出能够推进深度科学探究的话题或者问题，也可以在旁倾听和整理幼儿提出的问题，引导其通过交流讨论、实验探索，尝试自己解决问题，并在幼儿实验的过程中适时给予启发和点拨。

其四，设置具有挑战性的任务。教师可以要求幼儿在一定条件下自己设计实验，例如提出"除了沉浮实验，你还想利用这些实验用具探索哪些科学奥秘？""这些物品的重量一样吗？如果一样的材质，不同的重量或者形状，沉浮实验的结果还一样吗？"等问题，培养他们解决问题的能力和创新思维。

通过这些策略的调整，活动最终实现了显著的效果。幼儿不再是机械地完成任务，而是积极主动地思考和探索。他们能够清晰地阐述实验中的原理，提出自己独特的见解。在面对新的问题时，幼儿也能够运用所学的科学思维方法，尝试自己寻找解决方案。教师也在这个过程中不断积累经验，提升了自己的创新实践能力和专业素养，能够更加灵活有效地引导幼儿进行科学探索活动，为幼儿的未来发展奠定坚实的基础。

四、反思总结

通过本次实践，我们深刻认识到创新教育是幼儿教育发展的必然趋势，也是教师专业成长的必由之路。未来，我们将继续深化教育改革，加强教师队伍建设，为幼儿教育注入新的活力与动力。同时，我们也希望广大教师能够积极拥抱创新、勇于实践，不断提升自己的专业素养和教育教学能力，为幼儿的全面发展和健康成长贡献自己的力量。

（中共长春市委机关幼儿园　代金航）

> **拓展研讨**

提高幼儿教师课程游戏化能力，需要在学习意识、研究意识和创新精神培育方面下功夫。一方面要通过学习著作，加深对课程游戏化及整个课程建设的认识，另一方面要有让幼儿参与共同建构课程的基本策略和方法。此外，还有哪些方法能够促进教师研究意识和研究能力？

创新人才培养对幼儿教师课程游戏化教育素养的要求

> **智慧导引**

当今时代，科技的飞速发展和社会的不断进步对创新人才的需求日益迫切。幼儿教师作为幼儿教育的实施者，其课程游戏化教育素养直接关系到对未来创新人才的培养。因此，探讨未来创新人才培养对幼儿教师课程游戏化教育素养的要求，对提高幼儿教育质量、促进幼儿全面发展具有重要的现实意义。

《新时代高素质教师队伍建设的意见》明确指出，要建设一支高素质专业化创新型教师队伍。在幼儿园教育中，教师需要不断提升自身的教育素养，以适应新时代教育发展的要求。课程游戏化是幼儿园教育的重要理念和方法，它强调以游戏为基本活动，让幼儿在游戏中学习和成长。而教育智能化的发展为课程游戏化提供了新的技术支持和创新思路，同时也对幼儿园教师的课程游戏化教育素养提出了更高的要求。

《中国教育现代化2035》也强调要加快信息化时代教育变革，利用现代技术加快推动人才培养模式改革，实现规模化教育与个性化培养的有机结合。教师作为人才培养的关键主体，需要通过智能化手段更好地满足学生个性化学习需求，推动教育现代化进程。

一、幼儿教师要具备创新教育理念与思维能力

幼儿教师需要树立创新教育理念，认识到每个孩子都具有独特的创造

潜能，摒弃传统的灌输式教育模式。例如，在艺术活动中，鼓励幼儿自由表达，不局限于模仿范例，尊重孩子天马行空的想象。

幼儿教师需要具备创新思维能力，能够从不同角度看待问题和设计教学活动。比如在科学探索活动中，引导幼儿尝试多种方法去探索物体的沉浮现象。

二、幼儿教师要具备课程设计与整合能力

教师要具备设计创新课程的能力，结合幼儿的兴趣点和生活实际，开发富有创意和趣味性的课程内容。例如，围绕幼儿对太空的好奇，设计"小小宇航员"主题课程，涵盖科学、艺术、语言等多领域知识。教师要能够整合不同学科领域的知识，打破学科界限，为幼儿提供综合性的学习体验。如在"春天来了"的主题活动中，将自然观察、绘画、儿歌、故事等融合在一起。

三、幼儿教师要具备游戏引导与创新能力

幼儿教师要善于设计和引导各种游戏活动，激发幼儿的参与热情和创造力。比如设计开放式的建构游戏，让幼儿自由发挥，创造出各种独特的结构。幼儿教师要具备在游戏中发现和引导幼儿创新行为的能力。当幼儿在游戏中有新的玩法或创意时，教师能够及时给予鼓励和支持，进一步激发他们的创新潜力。

四、幼儿教师要能够运用现代化教育方法

（一）信息技术辅助教学

为教师提供信息技术培训课程，包括多媒体课件制作、在线教学平台使用等，提升教师信息技术应用能力。鼓励教师在教学中积极运用信息技术，如制作生动有趣的动画课件、利用在线教育平台进行远程互动教学等。建立信息技术教学资源库，方便教师共享和使用优质的教学资源。

（二）探究式教学

组织教师参加探究式教学培训，学习探究式教学的理念和方法。开展

探究式教学实践活动，让教师在实际教学中尝试运用探究式教学方法引导幼儿自主探究和解决问题。组织教师进行探究式教学案例分享和研讨，共同提高探究式教学水平。

（三）个性化教学

开展幼儿个体差异评估培训，帮助教师了解如何评估幼儿的兴趣、需求和发展水平。鼓励教师根据幼儿的个体差异制订个性化的教学计划和游戏活动，满足幼儿的个性化发展需求。建立个性化教学案例库，分享教师们的成功经验，促进教师之间的学习和交流。

五、幼儿教师要具备小班制教学能力

（一）关注每一个幼儿

建立幼儿成长档案系统，要求教师详细记录每个幼儿的发展情况、兴趣爱好和需求，以便更好地关注每个幼儿。组织教师进行小班制教学观察与反思活动，定期交流在关注每个幼儿方面的经验和问题。开展"一对一"辅导活动，让教师有更多机会与每个幼儿进行深入互动和交流。

（二）加强师幼互动

举办师幼互动相关培训，教授教师如何与幼儿进行有效的沟通和互动。设计师幼互动观察表，让教师互相观察彼此与幼儿的互动情况，并进行反馈和改进。鼓励教师在游戏活动中积极参与幼儿的游戏，与幼儿建立良好的关系。

（三）创设个性化的游戏环境

组织教师参加游戏环境创设培训，学习如何根据幼儿的年龄特点、兴趣爱好和发展水平创设个性化的游戏环境。开展游戏环境创设评比活动，激发教师的创造力和积极性。邀请幼儿参与游戏环境创设，让教师倾听幼儿的想法和建议，共同打造富有特色的游戏环境。

六、幼儿教师应具备观察与评估幼儿的能力

教师要学会细致观察幼儿在日常活动中的表现，识别幼儿的创新行为和潜在的创新能力。例如，注意到某个幼儿在绘画时使用了独特的色彩搭

配或构图方式。

要掌握科学的评估方法，对幼儿的创新能力进行准确评估，为个性化教育提供依据。可以通过观察记录、作品分析、幼儿访谈等方式进行评估。

幼儿园要为教师提供丰富的观察能力培训课程，帮助教师掌握如何确定观察目的和重点。组织教师进行观察计划制订活动，让教师根据教学需求和幼儿特点制订具体的观察计划。建立观察指导小组，为教师在确定观察目的和重点方面提供指导和支持。举办观察方法和技巧培训，教授教师定点观察、追踪观察、轶事记录等方法。开展观察实践活动，让教师在实际教学中运用不同的观察方法和技巧，提高观察能力。组织教师进行观察案例分享和研讨，互相学习观察方法和技巧的应用经验。提供观察记录模板和工具，帮助教师进行客观记录。开展观察记录分析培训，教授教师如何对观察记录进行分析和总结。建立观察记录反馈机制，让教师之间互相交流观察记录和分析结果，共同提高观察分析能力。

成立课程游戏化标准制定小组，由教师、专家和家长代表共同参与，确保标准的科学性和可行性。开展课程游戏化标准调研活动，了解教师、幼儿和家长对课程游戏化的期望和需求，为标准制定提供依据。定期对课程游戏化标准进行修订和完善，以适应不断变化的教育环境和幼儿发展需求。同时组织教师参加课程游戏化评价培训，学习观察评价、作品分析评价、家长评价等方法。建立课程游戏化评价体系，明确评价指标和流程，确保评价的客观性和公正性。开展课程游戏化评价反馈活动，让教师了解评价结果，并根据反馈意见进行教学改进。

案例呈现

课程游戏化点亮教师成长之路

一、问题

一次，我园开展了"动物园"主题活动，一位年轻的李老师打印了许多动物图片，她站在前面，手持图片逐一讲解动物的名称、特征以及生活习性等。她介绍得很详细，然而孩子们那原本充满好奇的眼神却随着一张张图片变得越来越黯淡。有的开始交头接耳，窃窃私语；有的眼神游离，望向窗外。活动氛围变得沉闷而压抑。

二、原因分析

这种活动方式过于传统和生硬，核心原因还在于教师游戏化能力的欠缺。首先，教师在设计教学活动时，未能充分考虑到幼儿的年龄特点和学习方式，单纯以讲解图片的方式呈现动物知识，缺乏趣味性和互动性，无法吸引幼儿的注意力。其次，教师对游戏化教学的认识不够深入，没有意识到游戏在幼儿教育中的重要性，未能将游戏与教学内容有机结合起来，导致教学活动枯燥乏味。最后，教师在游戏设计方面缺乏创意和经验，无法设计出富有吸引力和挑战性的游戏环节，难以激发幼儿的学习兴趣和积极性。

三、问题解决

（一）加强信息技术培训

通过学习信息技术，李老师掌握了制作生动有趣的交互式课件的技巧。随后，她运用这些新技能，为孩子们设计了一场别开生面的"动物奇幻之旅"。在活动中，随着李老师轻点鼠标，大屏幕上随即播放出精美的动画视频，展示着各种动物在自然环境中的生活场景。孩子们的眼睛瞬间被这绚丽的画面吸引住了，他们全神贯注地看着，仿佛自己也置身于那神奇的动物世界之中。接着，李老师运用交互式课件，示范点击不同的动物图片，点击的同时会弹出相应的动物介绍和有趣的小问题。孩子们兴奋不已，纷纷举起小手，积极参与回答问题。课堂气氛一下子活跃起来，充满了欢声笑语。

（二）提高游戏化能力

通过游戏化能力培训与相关理论培训，李老师重新规划了"动物世界"的主题活动，设计了更多富有创意和趣味性的游戏环节。比如，开展"动物模仿秀"游戏，孩子们根据抽到的动物卡片，模仿该动物的动作和叫声，其他小朋友来猜是什么动物。这个游戏不仅让孩子们在欢乐中认识了各种动物的特征，还锻炼了他们的表现力和观察力。孩子们一会儿像可爱的小兔子蹦蹦跳跳，一会儿像威武的老虎发出阵阵吼声，一会儿又像优雅的天鹅翩翩起舞。整个教室变成了一个充满活力的动物乐园。

（三）统整课程融合

在课程推进过程中，李老师巧妙地将科学、语言、艺术等领域的知识有机地融入游戏中。在这次主题活动中，孩子们一边用各种材料搭建动物的家园，一边热烈地讨论不同动物的生活环境。这既涉及科学知识，让孩子们了解了动物的生存需求，又锻炼了他们的动手能力和合作能力。同时，引导孩子们用语言描述自己搭建的动物家园，锻炼了他们的语言表达能力。孩子们用稚嫩的声音描述着自己心中的动物家园，充满了想象力和创造力。在绘画活动中，孩子们用画笔描绘自己心中最喜欢的动物，将艺术与对动物的认知完美结合起来。他们用色彩斑斓的画笔勾勒出一个个栩栩如生的动物形象。有的画了可爱的熊猫在吃竹子，有的画了美丽的孔雀在开屏，有的画了勇敢的狮子在奔跑。

（四）完善课程游戏化的标准与评价体系

李老师不仅仔细观察孩子们在游戏中的参与度、合作能力和问题解决能力，还积极邀请家长参与评价。她通过班级微信群分享孩子们在游戏中的照片和视频，让家长了解孩子们的学习过程。家长们纷纷留言，对这种游戏化的教学方式给予了高度评价。李老师根据孩子们的表现和家长的反馈，不断调整教学策略，逐步完善质量评价体系。她制订了详细的评价指标，包括孩子们在游戏中的积极性、创造力、合作能力、知识掌握程度等方面。通过科学合理的评价，李老师能够更加准确地了解孩子们的学习情况，为进一步改进教学提供有力依据。

（五）实行小班制教学

小班制教学或者分组教学都是为了更好地关注每一个孩子。在动物主题活动中，李老师发现有一个性格内向的小女孩在游戏中总是不太主动参与，于是特意安排一个温柔开朗的小朋友和她一起组成小组。在小伙伴的耐心带动下，小女孩逐渐变得开朗起来，开始积极参与到游戏中。李老师时刻关注着小女孩的变化，及时给予鼓励和肯定，让她感受到自己的价值和进步。

四、反思总结

通过这次"动物世界"的主题活动，李老师深刻体会到了课程游戏化的无穷魅力。她不仅提升了自己的教育素养，也为孩子们打开了一扇通往知识和成长的大门。孩子们在游戏中快乐地学习、成长，他们的好奇心和创造力得到了充分的激发，为未来的发展奠定了坚实的基础。而李老师，也将继续在课程游戏化的道路上不断探索、砥砺前行，为孩子们带来更多的精彩和惊喜，让阳光幼儿园成为孩子们茁壮成长的幸福乐园。

（中共长春市委机关幼儿园　张玉芙）

拓展研讨

在课程游戏化背景下，幼儿教师如何平衡创新与规则，以更好地培养创新人才？幼儿教师怎样激发那些较为内向幼儿的创新潜力？如何处理幼儿的"非传统"创新行为？如何引导家长参与到课程游戏化的创新人才培养中来？

话题三　创建区域游戏活动的新策略

游戏是幼儿课程的重要内容，也是最基本的教学活动形式。之所以强调要在活动中彰显游戏精神，是因为在不断增强幼儿主体学习地位的同时，要努力为幼儿提供良好的学习与生活环境，进而从中不断地累积知识、收获经验、赢得发展。随着课程游戏化的不断推进，区域游戏的重要性也逐渐凸显，构建课程化的游戏区域是开展高质量游戏促进幼儿发展的关键抓手。我们应以游戏精神引领高质量的区域游戏，创设有益于儿童游戏的环境、优化区域活动组织与引导策略、提高师幼互动的有效性、完善区域活动评价，以此创建课程游戏化区域，开展高质量的游戏。

游戏精神引领高质量区域活动助力幼儿发展

智慧导引

《3—6岁儿童学习与发展指南》强调："幼儿的学习是以直接经验为基础，在游戏和日常生活中进行的。要珍视游戏和生活的独特价值，创设丰富的教育环境，合理安排一日生活，最大限度地支持和满足幼儿通过直接感知、实际操作和亲身体验获取经验的需要，严禁'拔苗助长'式的超前教育和强化训练。"

随着学前教育的改革和课程游戏化的不断推进，区域游戏的价值逐渐凸显。区域活动是教师从儿童的需要、年龄、兴趣出发，融合教育目标和正在进行的各种教育活动的要求,将活动场地划分为若干不同的区域,如角色区、表演区、自然角、阅读区、数学区等,在其中投放各种活动材料,制定相应的活动规则,让幼儿自由选择活动,在不同的区域内幼儿通过与材料、环境及同伴的相互作用,进行个性化的学习并获得发展的一类教育活动。它是以快乐和满足为目的,以操作、摆弄为途径的自主性学习活动。区域活动充分体现了幼儿身心发展的特点,可满足幼儿活动和游戏的需要,更好地促进幼儿自然、自由、快乐、健康地成长,实现"玩中学""做中学"。区域活动能有效促进幼儿自主性的发展,通过互相交往,互相合作,共同商讨,提高幼儿处理问题、解决问题的能力,同时还有效促进了幼儿良好个性与社会性的发展,是幼儿自主学习与多元发展的重要途径之一。

一、为幼儿自主性与社会性发展创造良好条件

区域活动是幼儿教育中的一种重要的课程形式,能够极大地满足幼儿成长的需要,激发幼儿参与活动的兴趣,让幼儿自主地融入游戏角色之中,根据自身能力完成游戏,获得自信心和解决问题的能力。一方面,区域活动可以设置、建构多个不同层次、不同种类的活动,或者投入新材料不断地提升区域活动的新鲜性,让幼儿自主选择感兴趣的活动,使其在区域活动中能够持久地保持新鲜感,从而强化幼儿的兴趣浓度,增强幼儿的参与感,提升幼儿的综合能力。其次,区域游戏是一种极为有效的寓教于乐的教育形式。幼儿可以根据自身的喜好和兴趣做出自主性选择,自主选择游戏区域、游戏材料与游戏玩伴,按照自己的想法投入其中并体验情感,从而将自身的意愿和想法极大限度地呈现出来,为自主性发展创造充分的条件。另一方面,区域活动为幼儿社会化发展提供良好环境。社会性发展是指幼儿通过学习获得社会生活所必需的道德品质、价值观念和行为规范,形成社会技能,逐步适应社会生活的过程。幼儿园区域活动包含多个区角,每个区角的游戏类型和操作方式不尽相同,能促进幼儿的多样性发展,有利于发展幼儿的社会性。例如,在角色区,教师可以让幼儿模拟社会生活,扮演社会角色,感知社会规则,增强规则意识,有助于幼儿克服以自我为

中心的不良行为习惯，学会理解、帮助他人，与他人分享成果等；在科学区，通过使用丰富多样、具有挑战性的材料，给予幼儿更多的想象空间，培养幼儿的社会性认知、技能与情感等，加强幼儿之间的互动，从而增强幼儿的交流、合作与实践能力。

二、提升幼儿问题解决能力，培养幼儿高阶学习品质

区域活动中幼儿的学习是指在与周围同伴和环境互动的过程中，在发现问题与解决问题的过程中，幼儿通过自主的游戏与探索，积极主动地学习知识，积累经验，并将这些经验纳入原有的认知结构中，应用于新的情境，以此发展各种高阶的学习品质与能力。马扎诺在学习维度框架中描述了六个方面的高阶认知策略，即问题解决、创见、决策、实验、调研和系统分析。区域活动不是单纯的玩耍，而是在玩耍的同时促使幼儿的智力等综合能力得到提升，这是其存在的本质意义。区域活动分为多种类型，在不同的活动中幼儿会遇到不同的问题和难关，解决策略、决策策略等高阶认知策略是通过幼儿的游戏活动呈现的。基于不同的游戏活动，幼儿在区域中自主选择游戏材料与同伴开展游戏，在教师的引导下，幼儿发现游戏中的问题并在与同伴的分享与交流中尝试解决问题、积累经验并不断提升游戏水平，这一过程蕴含着幼儿问题发现与解决能力、创造能力、合作探究能力等高阶学习能力的发展契机。因此开展高质量的区域活动，不仅能丰富和提高幼儿的游戏经验和水平，同时能够在一定程度上培养幼儿的问题解决能力，从而培养幼儿高阶的学习品质和能力。

三、搭建分享交流平台，提高幼儿语言表达与反思能力

区域活动最大的特色在于幼儿之间、师幼之间的交流与合作，这一特色对于促进幼儿表达能力的发展具有积极作用。一方面，幼儿在参与区域活动的过程中调动注意力，发挥创造力，同时在与同伴的交流沟通和共同创作中有效发展语言表达能力，获得灵感，从而完成游戏。另一方面，区域活动中的游戏分享交流环节为幼儿语言表达能力与反思能力的发展提供机会。教师在区域活动结束后以活动中某一内容为话题，组织幼儿进行反

思、讨论与分享，以此回顾活动过程、丰富幼儿生活经验，进一步提升幼儿活动水平。例如，在区域活动中，当幼儿制作出作品之后，教师可以进一步提问幼儿如何销售自己的作品，或者让幼儿讲述制作过程、介绍作品、分享关于作品联想到的故事，引导幼儿将自己的想象或者思考过程表述出来，这能够有效地发展幼儿的语言能力和思维能力。同时采用启发式提问，引导幼儿对作品进行概述性评价，思考活动中遇到的问题，回顾活动情节并进一步反思哪里能够做得更好，培养幼儿反思与评价的能力，拓展游戏建构思路，深化游戏内涵。

综上，区域活动为幼儿分享交流搭建平台，能够培养幼儿的语言表达与抽象思维能力，表达的过程能够进一步激发幼儿之间的交流欲望及幼儿发言的积极性，在丰富幼儿情感、锻炼其交际能力的同时，发展其评价、反思等多种能力。

四、激发幼儿的自信心，增强幼儿自我效能感

自我效能感，由美国心理学家班杜拉提出，他将其解释为："个体对自身完成既定任务目标与行为能力的判断，即个体对自身能力的信念和判断。"在幼儿阶段，自我效能感往往表现为幼儿对自己完成特定任务的信心与能力。通常，区域活动是多层次而非单一化的活动形式。在区域活动开展的过程中，针对幼儿不同的能力设置多个、多层次的区域，真正地顾及不同幼儿的感受，让每一位幼儿在区域活动中都能够完成相关任务，获得成功体验，从而增强自信心与自我效能感。例如，在手工类的活动区域内，既要准备一些较为复杂的制作材料，也需要准备一些相对比较简单的制作材料，这样不同能力的幼儿不会因为游戏太难或太简单而失去兴趣，增加了幼儿对游戏的探索欲望，便于幼儿进入深度学习的状态，确保幼儿能够完成难度适当的任务，增强幼儿参与活动的自信心。在各种类型的区域活动中，教师皆可以设置不同难度的项目，引导幼儿根据自己的能力选择不同难度的目标，这样不仅能够增强幼儿的自我认知感，同时也能够让幼儿视活动的完成度逐步增加难度，从而激发创作热情，提升自信心。

> **案例呈现**

科学区域"光的反射"

一、问题

N幼儿园设计了以"光的反射"为主题的区域活动，并以幼儿深度探究与学习发展为目标设计了完整的科学区域活动，即利用镜子的反射为着手点，投放多种材料，引导幼儿逐步探究。在实际操作中，我发现幼儿的兴趣并没有持续太久，幼儿最初对区域中的镜子十分感兴趣，但一会儿就转移了注意。有时幼儿的活动仅限于摆弄和操作区域内的材料，进行的是表层学习，缺乏与材料之间的深入互动和交流，遇见问题时尝试解决问题的幼儿越来越少。

在活动中，教师将更多的精力投放在材料布置上，对于幼儿活动过程缺少科学合理的引导，区域活动的潜在价值并未得到充分实现，这在一定程度上减弱了幼儿对活动的兴趣，加之在活动过程中教师的目的性过强，急于向幼儿传递光的反射与折射等科学知识而忽视幼儿的自主、自由，进一步影响了幼儿的学习效果，使得区域活动无法发挥其应用价值。

二、原因分析

（一）教师缺乏对区域活动的正确理解，幼儿游戏精神不足

自主游戏，打破了传统的区域界限，这让许多教师对区域活动产生了错误的认知，忽视了区域活动对幼儿动手能力、创造能力、问题解决能力等多种能力的培养价值。同时在指导时呈现高控的状态，目的性过强，幼儿自由度不高，游戏精神不足。

（二）区域活动开设的支持条件也影响着区域活动应用价值的发挥

一方面，环境创设缺少合理性，教师对区域环境与主题活动之间的关系缺少思考，也无法很好地兼顾幼儿多样化的学习兴趣和学习需要，对区域环境的理解多是照搬书本，缺乏应有的实践智慧和主观能动性。另一方面，部分教师对于区域活动的价值尚不明晰，缺少对幼儿合理的支持，区域活动中的观察能力较为欠缺，指导方式和介入手段较为单一，并未发挥出区域活动的应用价值。

三、问题解决

为解决"光的反射"这一主题活动的开展问题,教师可以通过区域活动、材料投放、设置层级问题与科学引导等手段,充分发挥区域活动对幼儿探究与问题解决能力的价值。

(一)创设适宜环境,激发幼儿探究兴趣

在游戏区域与班级环境中为幼儿提供镜子材料,创设光影区。幼儿在系列探究过程中发现物体随着镜子数量、镜子摆放角度等因素的变化而呈现不同的状态。当幼儿在班级走廊发现镜子能反射太阳光形成光斑时,他们将镜子与班级的光影区进行融合,当镜子遇到光影区又呈现出奇妙的现象,幼儿借助光的反射原理观看了趣味皮影戏。随着兴趣点的深入,幼儿的各种问题呈现了出来:镜子可以把光投到我们需要的位置,在光影区光线暗,可以实现光的转弯吗?能用镜子让太阳光转弯,投到我们光影区的皮影戏上吗?

(二)设置层级挑战话题,启发幼儿深度探究

竞赛能激发大班幼儿探究的积极性,而层层增加的闯关难度,使竞赛更具挑战性,引发幼儿深度思考,从而主动探究镜子反射光的秘密。基于价值分析,设计组织集中的科学活动"让光转弯"。通过有目的、有计划地设置游戏挑战关卡,引领幼儿通过动手操作、调整思考、反思领悟,层层深入地挑战问题、获得新的认知和体验,引导幼儿用镜子的反射作用解决游戏中遇到的问题。

(三)将游戏精神贯穿在区域活动的各环节中

增加闯关挑战游戏。第一关卡,作为上一环节的延续,调换机器人的位置,根据幼儿的操作情况,教师给予支持,传递经验,如两面或一面镜子都能帮助解决问题,通过直观操作将幼儿思维可视化,幼儿在操作中也将获得感知、收获新体验。第二关卡,机器人位置不变,增加障碍物,提高挑战难度,引导幼儿在操作中发现路线是多种多样的、镜子摆放的角度会影响接下来的路线,引导幼儿感知角度不同、路线不同,实验结果也会不同的道理。第三关卡,幼儿创意设置关卡,可邀请同伴答题。幼儿参与思考设计、关注同伴、检验操作的过程,也是幼儿深入思考探究的过程。

四、反思总结

区域活动对幼儿发展具有多样化的价值,但在实践过程中仍会存在诸

多问题，影响区域活动的开展质量。为解决这些问题，教师应正确认识区域活动的价值，以游戏精神引导高质量的区域活动开展，在此基础上应提升教师的游戏指导能力、加强科学的组织引导，从材料与环境上着手，并思考何种提问与指导方式能够支持幼儿的深度探究与发展。

（长春市南关区第三幼儿园　孙诗瑶　佟馨婷）

拓展研讨

随着自主游戏的大力推进，部分幼儿园以自主游戏替代了区域活动，在课程游戏化背景下，如何科学处理区域游戏与自主游戏的关系？基于区域游戏的多元价值，对于教师游戏指导的能力又提出了哪些新要求？

创设适宜区域游戏环境支持幼儿自主游戏

智慧导引

《幼儿园教育指导纲要（试行）》将"环境"提升至重要的教育资源地位，强调教育者应通过环境创设和利用促进幼儿的发展。区域游戏环境包括物质环境和心理环境两个方面。物质环境涵盖了游戏区域的空间布局、设施设备、游戏材料等可见的、有形的元素；心理环境指游戏过程中所形成的氛围、人际关系、情感体验等无形的因素。在区域活动里，创设适宜的游戏环境是顺利开展活动的基础，幼儿是游戏的主导者，游戏环境是必需品，幼儿在不断实践的过程中得到丰富多样的经验知识，从而提升自身的综合素质。同时，幼儿对新信息的接受能力较强，易受到多种多样因素的诱导，因此，在区域中，随着幼儿年龄的增加和经验的积累，应该不断更新游戏素材，确保材料的多样性与个性化。这就需要教师具有活络的观察力和辨察力，适时调整教育方式。根据对幼儿行为习惯、日常表现的分析，教师调整日常活动中所使用的材料，潜移默化地通过游戏的开展和实施、物质材料的运用，完成整体教育教学目标。

一、创设区域环境源于对幼儿的了解

首先，教师要判断各年龄段幼儿当前发展水平，既要考虑全体幼儿水平，又要关注个体差异；其次，要回顾本班幼儿的兴趣倾向，幼儿的兴趣是"幼儿想要的"环境创设的依据，能有效促进幼儿自主游戏的开展；最后，要思考幼儿应该得到的发展是什么，这一点是教师心中的目标，也是"幼儿需要的"环境创设的立足点。

二、创设符合幼儿心理感受的区域游戏环境

布置区域时，要充分考虑环境的温馨度与舒适度。班级是幼儿在园生活的主要场所，区域又是班级环境中重要组成部分，因此布局设计要注重游戏区域的合理性和美观性，选择材质安全、舒适、色调柔和的工具架、桌椅垫，投放生活中常见的、安全的、低结构的、多种玩法的材料，让幼儿对物品身体感觉舒适、心理感觉安全。

三、提升区域游戏环境的开放性

给予幼儿足够的自主选择和探索的空间，鼓励他们自由发挥和创造。打破传统的教室布局，营造开放、灵活的游戏空间，让幼儿能够自由地移动和选择游戏区域。给予幼儿足够的游戏时间，不随意打断或限制他们的游戏进程，让他们能够充分地探索和体验。在保证安全和基本秩序的前提下，适当放宽游戏规则，鼓励幼儿自主制定规则，发挥他们的创造力和自主性。

四、灵活利用空间进行动静分离

采用多层次的空间利用方式，如设置吊柜、壁橱等，增加收纳和展示空间，同时不占用地面活动区域。利用角落、窗台等小空间，打造小型的特色区域，如植物观察角或私密的谈话角。考虑幼儿年龄特点，小班为幼儿设置较小且较为集中的游戏区域，方便教师照顾和指导。随着幼儿能力水平提升，逐渐扩大区域范围，增加区域之间的互动性，以适应中大班幼儿更复杂的游戏需求。将较为安静的阅读、手工等区域与喧闹的建构、表演等区域分开，减少相互干扰。

五、合理规划让幼儿操作更方便

在区域材料摆放中,教师可有意识地按照各区材料的性质进行相应的分类,以便幼儿有序收放。如科学区可以将材料相应分为实验类、观察类、测量类、制作类。数学区可以将材料相应分为益智类、数学类。益智类以棋类、迷宫材料为主;数学类以数的组成、排序、图形等材料为主。这样合理的规划摆放,并图文并茂地贴上标识,如实验类画天平符号,观察类画放大镜,测量类画尺子,自然材料类画石头、树枝等,一方面有助于引起幼儿对文字、符号的兴趣,另一方面也为幼儿创设了条件,让其学会主动有序摆放材料,并清楚地看到自己都做了哪些工作,接下来该做哪些工作,从而帮助幼儿形成规则意识,培养文明习惯和社会秩序感。

案例呈现

大功能区里的科学小天地

一、问题

在一次科学区的自由探索活动中,幼儿对"物体沉浮"的实验表现出了浓厚的兴趣。然而老师观察发现,在操作过程中出现了一系列问题。一些幼儿为了争抢实验水槽而发生争吵,还有一些幼儿在操作时不小心将水洒得到处都是,导致地面湿滑,存在安全隐患。而且,由于水槽数量有限,很多幼儿不能同时进行实验,只能在一旁等待,渐渐失去了耐心和兴趣。

二、原因分析

作为教师,我对这些问题进行了深入的分析,发现主要原因在于科学区的环境创设不够合理。首先,水槽的设置数量过少,无法满足多名幼儿同时进行实验的需求,这导致了幼儿的争抢和等待。其次,实验区域的空间划分不够明确,没有为每个幼儿提供独立的操作空间,使得幼儿在操作时容易相互干扰。再者,缺乏有效的防水和排水措施,导致水容易洒出且难以清理,影响了实验的顺利进行和活动区域的安全。

三、问题解决

为了解决这些问题,我采取了以下措施:

首先，我们创设了优质的科学学习环境。幼儿园根据大班幼儿的年龄特点和发展水平，将区域游戏设置为大功能区实行走班制，即每个班级整体创设一个区域，将其细化分为三到四个不同的部分。科学区是大班幼儿喜爱程度较高的区域。这个区域投放了各种科学实验材料和工具，旨在激发幼儿对科学的兴趣，培养他们的观察、思考和动手能力。科学区的布置充满了科学元素，墙上贴有科学家的画像和科学知识海报，架子上摆放着各类实验器材和材料。

其次，增加水槽的数量，确保每个幼儿都能在同一时间进行实验，减少等待和争抢的情况。

然后，重新规划实验区域，为每个幼儿划分出相对独立的操作空间，并用矮隔板进行分隔，使他们能够专注于自己的实验，减少相互干扰。

最后，在实验区域设置专门的防水台和排水管道，及时清理洒出的水，保持地面干燥，确保幼儿的安全。此外，我还在科学区的墙上张贴了操作步骤和注意事项，引导幼儿正确进行实验，避免水的洒出和秩序的混乱。

四、反思总结

通过这次对科学区环境创设问题的解决，我深刻认识到环境创设对于幼儿活动的重要性。一个合理、舒适、安全且富有启发性的环境能够极大地激发幼儿的学习兴趣和探索欲望，提高他们的参与度和学习效果。在今后的工作中，我将更加注重科学区环境创设的细节和合理性。在投放材料和设备之前，充分考虑幼儿的数量、年龄特点和操作需求，确保资源的充足和有效利用。同时，加强对幼儿活动的观察和分析，及时发现问题并进行调整和改进。另外，我也会鼓励幼儿参与到科学区的环境创设中来，听取他们的意见和建议，让他们感受到自己是这个区域的主人，从而更加积极主动地参与科学探索活动。

总之，科学区的环境创设是一个不断完善和优化的过程，需要教师持续关注幼儿的需求和发展，为他们提供一个优质的科学学习环境，助力他们在科学的世界中快乐成长和探索。

（长春市政府机关第三幼儿园　齐欢）

> 📖 **拓展研讨**

我们知道，班级区域是教师为幼儿的自主游戏而准备的。所谓自主游戏，是幼儿自主选择玩什么、跟谁玩、怎么玩，在游戏过程中幼儿完全按照自己的想法进行，体现的是幼儿的"意图"。而开园前的区域和材料是教师设置与投放的，在某种程度上体现的是引导幼儿发展的教师的"意图"。那么如何让教师的"意图"潜藏于环境和材料中，让"双意图"合二为一，使得孩子们看到区域就被吸引，见到材料就想玩，让幼儿真正在自主游戏中自主学习呢？

科学投放区域材料助力幼儿经验生长

> 📖 **智慧导引**

科学合理的材料投放对幼儿的游戏质量起着决定性的作用。当材料的投放经过精心策划和筛选，具备高度的适宜性时，便能极大地激发幼儿参与游戏的热情和积极性，使他们迫不及待地投身于游戏情境之中。在游戏的过程中，丰富多样且富有挑战性的材料能够有效地引领幼儿不断探索、尝试和创新，有力地培育他们的动手能力、思维能力及解决问题的能力。显而易见，科学合理的材料投放无疑是幼儿游戏顺利开展、幼儿能力全面发展的坚实保障。

一、投放有层次性的材料

在区域游戏材料的投放过程中，应当充分考虑幼儿的年龄差异及发展水平，精心设定具备不同难度、层次的游戏内容。依据不同年龄段幼儿的身心特性和发展程度，针对性地配置难度各异的游戏内容与材料。比如，针对同一类型的材料能够推行三段阶梯式的难度设定。第一梯度以简单的感知、操作类游戏作为主导，这类游戏旨在帮助幼儿初步接触和熟悉相关概念，培养他们的基本动手能力和观察能力。第二梯度增添一些带有一定挑战性的合作游戏，通过团队协作的方式，锻炼幼儿的沟通交流与合作协调能力。第三梯度则是开展更为复杂的探究性游戏，激发幼儿的深度思考和创新思维。

此外，还需密切关注每个幼儿的发展差别，给予多层次的游戏选项，使每个幼儿都能够在游戏当中获取成功的体验及发展的契机。对于能力较强的幼儿，能够提供更具挑战性的任务，让他们不断突破自我，充分发挥自身潜能；对于能力较弱的幼儿，则要给予更多的支持与引导，帮助他们逐步建立自信，提升能力。可以引入建构主义理论，强调幼儿在与环境互动中主动建构的重要性。在设计游戏材料时，不仅要注重其趣味性和教育性，还应考虑如何促进幼儿的主动探索和学习。例如，可以设置一些开放式的问题或任务，鼓励幼儿提出假设、进行实验验证并得出结论。同时也可以将现代技术融入游戏材料中，如使用AR（增强现实）技术让幼儿在虚拟环境中学习自然科学知识，或者利用编程玩具培养幼儿的逻辑思维和问题解决能力。这样的创新不仅能够吸引幼儿的注意力，还能帮助他们适应快速发展的信息社会。

二、注重材料的动态更新

建构主义理论认为，知识不是被动接受的，而是通过学习者主动构建的过程。教师应根据幼儿的兴趣和发展水平，不断更新和调整游戏材料，以此保持材料的新鲜感与吸引力，助力幼儿的主动学习和探索。密切关注幼儿的游戏需求及发展变化，适时对游戏区域的主题和内容加以调整，促使游戏活动更具针对性和实效性。伴随季节、节日等的更迭，对游戏环境展开相应的布置和装饰，使幼儿能够感受到时间的悄然流逝和生活的多姿多彩。这种动态的材料投放可以激发幼儿的内在动机，使他们在不断变化的环境中获得新的知识和技能。例如：春季可以在游戏区域增添一些与花草、昆虫相关的材料和装饰；到了冬季，放置一些与冰雪、保暖相关的物品；每逢节日，如春节布置充满喜庆氛围的红色饰品，中秋节摆放与月亮、月饼有关的道具。通过这样的动态更新，不仅能激发幼儿的游戏热情，还能丰富他们对生活的认知和体验。

三、引入本土自然材料

在幼儿教育的广阔天地里，深入挖掘并巧妙融入本土文化的精髓，是滋养幼儿心灵、增强其文化认同感的重要途径。我们倡导深度融入本地的文化特色和丰富资源，如深入挖掘本地的传统文化、民俗风情、特色建筑等宝贵资源，巧妙地将其融入游戏环境之中，促使幼儿深入了解和积极传承本土文化。让幼儿在游玩中学习，在学习中成长。为此，可通过积极与当地的工厂、作坊、农民等建立紧密联系，努力获取具有鲜明地方特色的材料。比如，从当地的纺织厂获取一些剩余的布料边角料，用于手工区域。也可利用废旧物品，如旧竹篮、废弃的木板等，经过精心加工和巧妙改造，用于建构区域或装饰环境。充分利用本地的自然材料，如竹子、泥土、沙石等，进行环境创设和游戏材料制作，可以专门设置特定的区域，鼓励幼儿和家长一起收集自然材料，如石头、贝壳、羽毛等。倘若幼儿园有自己的花园或绿地，那么这些自然资源更是不可多得的宝藏，可以直接用于科学探索或美工创作。定期组织幼儿到公园、郊外等地进行自然材料的采集活动，让幼儿亲身感受大自然的神奇魅力的同时，获取所需材料，并培养他们的观察力和环保意识。

四、生活材料融入游戏背景

生活材料在游戏背景中的巧妙运用能够很好地激发幼儿的探究热情与创造力。新颖丰富、别具一格的材料能够强烈吸引幼儿的注意力，有效激发他们的探究兴趣。将生活材料巧妙地设置于背景之中，让物化的环境蕴含深厚丰富的情感内涵，如此能够极大地激发幼儿的学习热情和强烈愿望。如教师可以在科学区将幼儿收集来的各种生活材料，包括硬币、碎布、纽扣、螺丝、瓶盖、调羹、钥匙等，精心装饰在自制小船的船帆上，然后让幼儿进入乘坐小船的游戏情境中，手拿磁铁探索"谁吸得起来"的游戏，此活动能够大幅增添幼儿探索的兴趣。又如在数学区，教师可以提供幼儿好朋友的照片，让幼儿进行"比高矮""设计美丽项链"等数学活动。在生活区，教师可以提供班级小女生的大头像，让幼儿为好朋友编辫子，还可以摆放纸盒制作的机器人，让幼儿为机器人穿衣服、扣扣子等。在美工区，教师更是可以赋予材料以鲜活的生命，让幼儿用羽毛装饰作品，并通过与幼儿的耐心交流和悉心引导，让幼儿勇敢地道出自己的审美体验。通过这样的情感刺激，愉悦幼儿的情绪，促使其更好地与材料互动，有助于提升幼儿观察、思维、动手操作、语言表达、想象及创造能力的发展。

五、平衡幼儿发展水平与材料的可操作性

操作性强的材料能够直接开启幼儿主动探索的大门，吸引幼儿主动投入其中。依据建构主义理论，幼儿通过亲自动手摆弄、探索和尝试，与周围环境进行互动，从而建构自己的知识和经验。这种直接的体验不仅极大地激发了他们的好奇心和求知欲，还促进了幼儿认知、情感和社会性的全面发展。为了切实保障材料的可操作性，教师在投放材料的过程中应当充分考量幼儿的年龄特点和发展水平。材料的难度需要适中，既不可过于简单致使幼儿丧失兴趣，也不能过于复杂令幼儿产生挫败感。与此同时，还需要全面考虑班级幼儿的整体发展水平及个体之间的差异。针对发展较为迅速的幼儿，教师可以为他们准备一些需要更高技巧和复杂步骤的手工材料，如STEAM教育中的创意搭建、编程启蒙等，以此推动他们在探索与创造中不断超越自我。这些活动不仅锻炼了幼儿的动手能力，还培养了他们的逻辑思维、创新思维和团队协作能力。对于发展稍显缓慢的幼儿，则应当提供相对简单、基础的材料，助力他们建立自信，逐步增强操作能力。通过这样的方式，能够更好地平衡材料与幼儿发展水平之间的关系，在充满挑战与机遇的环境中，让每个幼儿都能在适合自己的操作中获得成长和进步。

总之，通过科学合理地投放区域材料，我们不仅能够为幼儿提供一个多元化的学习环境，还能够根据每个幼儿的特点和需求，提供个性化的支持和挑战。这样的做法有助于激发幼儿的内在动机，促进他们在各个方面的全面发展。

案例呈现

一场创意与成长的邂逅

一、问题

在美工区，大班的子墨正全神贯注地进行捏泥活动，她怀揣着满心的期待，想要按照示范图捏出一个可爱的小厨师。然而，随着作品渐渐成型，子墨却发现自己的创作不尽如人意。小厨师的眼睛过大，致使五官比例失调，发型与服装也显得单调无趣，完全不符合她心中的审美标准。子墨为此深感苦恼，无奈之下，她向教师寻求答案。

二、原因分析

教师经过细致观察与深入分析，找出了问题产生的根源。

其一，大班幼儿在审美方面已然有了一定的要求与标准，他们渴望创作出令自己满意的作品。但与此同时，他们的动手操作能力尚有待提高，难以精准地将心中所想转化为实际的作品。其二，所提供的材料存在明显的局限性，辅助性材料不足，专业工具缺乏，极大地限制了幼儿的创作发挥。其三，在环境创设方面缺乏富有创意的引导。在布置美工区时，未能深入激发幼儿的创意，对幼儿的兴趣和发展水平缺乏全面了解，没有提供足够的视觉刺激和创意启发元素，无法有效地引导幼儿开拓思维，充分发挥想象力。

三、问题解决

为帮助子墨解决问题，教师采取了一系列切实可行的措施。

首先，教师提供了更多更专业的彩泥使用工具，如塑形刀具、模具等，使幼儿能够更加出色地处理彩泥的形状和细节。其次，教师引导幼儿打开思路，鼓励幼儿利用班级中现有的垫板、铅笔等工具来辅助彩泥创作，极大地拓展了创作的可能性。最后，教师帮助幼儿发散思维，将彩泥与毛根、彩笔等其他类型材料相结合。通过巧妙的搭配和组合，子墨最终制作出了一个漂亮的、符合其审美的小厨师。这个小厨师不仅头变大了、眼睛变小了，头眼比例更加协调了，而且借助辅助工具，小厨师的头更圆了，眼睛也粘上了睫毛。子墨还为小厨师设计了漂亮的发型和厨师帽，以及小厨师外出买菜时挎着的小篮子。看着自己的作品，子墨的眼睛里闪着亮晶晶的光，而教师也感到无比的欣慰和愉快。

四、反思总结

经过这次经历，教师进行了深刻而全面的反思。在今后的区域游戏材料投放中，教师要更加全面充分地考虑幼儿的发展阶段和需求，不仅要关注材料的种类和数量，更要注重材料的多样性和适用性。同时，教师应进一步加强对幼儿的观察和指导，用心倾听幼儿的反馈，及时敏锐地发现问题并给予有效的支持和帮助,大力激发幼儿的创造力和想象力,让他们在区域游戏中获得更多的成就感和满足感。

(吉林省省直机关第一幼儿园　丛爽　张琪)

拓展研讨

在区角游戏中,幼儿需要用操作材料来构建自己的认知结构。那么在材料投放过程中,教师应如何从儿童视角为幼儿提供足够喜欢的、足够适宜的、足够新奇的材料,让每一个幼儿在活动区的空间里自主学习、自主探索、自我发现、自我完善,从而建构经验、体验快乐呢?这无疑是每一位幼儿教育工作者都应当深入思考和积极探索的重要课题。

优化区域组织策略提升幼儿游戏水平

智慧导引

区域游戏组织策略是在幼儿园教育中,为了促进幼儿的全面发展,通过创设不同的游戏区域,引导幼儿主动参与、探索和学习的一系列方法和措施。这些策略旨在提供一个丰富多样、多功能、多层次、自由选择的活动环境,使幼儿能够在游戏中实现自主性学习。实施区域游戏组织策略不仅利于提高幼儿的语言能力和沟通技巧,也利于其思维的发展。区域游戏中教师的组织策略不仅可以保证区域游戏的有效开展,也能进一步实现区域游戏活动对幼儿发展的价值。

但目前教师在区域游戏组织中存在诸多问题。有些教师在区域游戏中的介入与指导不当,存在着教师一手包办的现象,还有些教师在介入前,并没有对幼儿的游戏进行观察,不了解游戏的进程,也没有取得幼儿的同意,强硬地介入,影响了孩子的自主发挥,这种行为除了凸显教师在游戏中强制性的指导地位,并没有达到有效指导的目的。还存在区域空间规划不合理的情况,如区域活动空间受限,幼儿操作空间过小,教师不遵循区域空间动静原则，规划混乱，致使幼儿区域游戏质量降低。还有些教师区域游戏规则设置不科学，分享与交流环节浮于表面、流于形式等。这些问题会导致幼儿区域游戏水平降低，影响教育效果。

因此，教师应合理优化组织策略，提升幼儿高质量游戏水平，真正使区域游戏活动服务于幼儿的综合发展。以幼儿为中心，建立安全、平等互信、彼此欣赏的师幼关系，最大限度地支持幼儿的学习与发展，将促进幼儿的健康和谐发展作为根本目标。

一、合理规划区域空间布局

合理地进行区域空间布局是开展区域游戏的首要条件。教师应以幼儿为本，创设独立的区域空间，站在幼儿的角度，从幼儿心理出发进行规划和设计，它是符合幼儿年龄特点的，是满足幼儿内在需要、兴趣和爱好的，是符合幼儿最近发展区的。考虑到幼儿需要专注于游戏，需要独立进行思考，教师应该安排一个相对安静的区域空间。此外，区域空间的设置应具有一定的科学性，例如科学区应设在阳光充足和靠近水的地方，将语言区设置在光源较为充足且安静的区域，将美工区设置在接近水源，取水、清洗方便的位置。区域数量与大小要适宜，"动区"与"静区"要避免相互影响，根据需要选择开放式区域或封闭式区域，例如体育区、建构区等"动区"空间，可以设计成开放或半开放的形式，保证幼儿有充分活动的空间。

二、科学调整教师指导策略

教师在组织区域游戏的过程中要明确自身角色，作为观察者和合作者，不能随意打断幼儿的游戏节奏。教师要关注幼儿探索学习的整个过程，观察了解创设的区域环境与投放材料是否符合幼儿的发展需要，如幼儿在玩什么、怎么玩、为什么要这样玩、在玩的过程中获得了哪些经验；教师要发现区域游戏真正的教育价值与幼儿的兴趣所在，充分了解每一名幼儿的实际发展水平。

对不同层次、不同表现的幼儿教师应予以正确指导，指导的方法也不尽相同。例如，当幼儿在游戏中遇到困难，导致游戏无法深入时，教师应该如何助推游戏的发展？教师首先应该分析原因。游戏无法深入有的是因为幼儿缺乏相关经验，有的是因为幼儿缺乏相关能力，还有的是因为缺乏材料。教师应该根据不同的情况进行引导，比如缺乏经验，那在活动前教师应该思考幼儿是否有相应的经验积累，当游戏中遇到困难时，教师可以提出启发性的问题，基于问题让孩子思考，从而进一步深化游戏；如果是能力方面的问题，比如材料和工具不会操作，教师应该直接教，或者用流程图、步骤图来间接指导；如果是缺乏材料，教师应该告知幼儿游戏材料放在哪里，确保幼儿知道寻求材料的技巧和策略。这些方法都是在日常生活中进行渗透的，不是一次活动就能够解决的。

三、弹性设置区域游戏时间

幼儿园开展区域活动的时间安排在一定程度上能反映幼儿园的课程观、教育观以及对区域活动的重视程度，因此，教师应该合理设置以幼儿为中心的区域游戏时间。教师研究表明，一般情况下，如果幼儿玩某个游戏时全情投入的时间少于 30 分钟，通常不会出现复杂游戏，因此，教师要确保幼儿每天有充足的区域游戏时间。不同种类的区域游戏的时间安排可以根据幼儿当天的活动节律和兴趣进行适当调整。只有这样，幼儿的想象力与创造力在区域游戏的过程中才能得到充分的发挥，幼儿在区域游戏中才能尽情地探索与发现。

四、科学制定区域游戏规则

活动规则是有效开展区域活动的先决条件，幼儿喜欢、愿意接受他们通过协商所达成的规则，因此，教师可以与幼儿共同制定区域游戏规则，这也是师幼互动中平等互信的体现。

在区域游戏中，规则主要包括参与人数、进区、区域交流、区域材料的使用、社会关系、角色责任等方面。师幼在共同制定区域游戏规则时，要将规则制定权交给幼儿，在教师对幼儿信任的心理暗示及幼儿自主选择的要求的驱动下，规则制定对他们来说是一件自然而愉快的事。教师也要给幼儿提供合理的建议。幼儿年龄小，缺乏经验和能力，教师作为合作者、互动者，应该充当助手，利用自己的经验和能力来影响和促进幼儿更好地制定活动规则。最后，教师应允许幼儿对规则进行修改或重新制定。由于幼儿的经验是随着他们的游戏和认识经验的变化而不断发展的，教师鼓励幼儿大胆对已经制定的规则提出质疑和调整方法，是从心理上给幼儿莫大的鼓励和支持，从而让幼儿在不断调整游戏规则的过程中提高能力。

五、注重区域游戏分享与交流

要想优化游戏分享环节，教师首先要提升对游戏分享环节价值的认知。自主游戏是幼儿获得发展的保障，游戏后的分享和集中反思能够帮助幼儿不断提升游戏水平，这其中需要教师的专业能力作为支撑，以发挥对幼儿学习与发展的支持作用。游戏结束后，教师可以在较短的时间内，如5—10分钟，围绕游戏中的关键点进行即时性分享。分享时，教师要尽可能暂时保留游戏现场，让幼儿实地讨论，分享结束后再收整材料；教师也可以将游戏过程中有价值的动态环节，以照片和视频的方式记录下来，方便分享环节回顾使用。

适宜的评价与激励也能推动区域游戏的不断深入，进一步激发幼儿对区域游戏的兴趣。评价是贯穿于幼儿整个游戏过程中的，可以在游戏开始、游戏过程中，也可以在游戏结束之后。评价方式包括师幼评价、自我评价、幼幼评价。教师引导幼儿互相评价，提出问题、想法，并在接下来的游戏中去尝试、验证，开创新思路，让游戏更加完善。正确有效的评价与激励能使幼儿获得成就感，让幼儿体会到成功的快乐，从而变得更自信、勇敢、积极和主动，促使幼儿个性和品质都得到良性的可持续发展。

六、优化区域游戏组织形式

教师应建立平等的区域组织形式，允许每一位幼儿发出自己的声音，重视他们的意愿和想法，将幼儿的声音与自己的观点相融合。在大班额的现实中，区域游戏活动如何能做到在单位时间内让每位幼儿充分表达、对话、交流？只能采取分组的方式，降低师幼比，提升单位时间内效率。借鉴美国高宽课程的实施模式，即计划——工作——回顾，将班级教师和幼儿分成相对固定的几组，每组教师和幼儿固定做区域计划和区域回顾，工作环节教师观察自己带领的小组，针对该组幼儿的区域计划有目的地进行观察和支持。在计划环节中，幼儿决定自己工作时间要做的事情，如在什么区域进行游戏、使用何种材料以及和谁一起进行活动，并且与该组的老师和同伴进行计划分享。在回顾时间，幼儿与老师和同伴分享、讨论他们在工作时间做了什么和学到了什么。在计划和回顾环节中，允许幼儿用口头、书面、作品、照片等多种形式表达他们的想法，教师需要用心且深入倾听和解读幼儿的各种声音，力求获得对幼儿感知、经验和行动的深层理解，同时融合自己的视角，与每一位幼儿进行有效的单独的对话，为区域活动中的观察支持以及后续活动设计提供依据和支撑，避免陷入形式主义。

案例呈现

建构区——纸杯游戏

一、问题

在幼儿园建构区区域游戏中，几名小朋友在用纸杯合作搭建迷宫，这时教师注意到这样一个问题，小朋友们搭建的迷宫简单得不像迷宫，原因是大家把有限的纸杯用在了垒城堡、搭桥梁上，导致纸杯数量不足，迷宫搭建无法进行。面对这种情况有两种选择：一是用时久，比较费精力和需要一些技能；一是停止完成迷宫，游戏进入暂停状态。

二、原因分析

问题的原因在于教师没有进行适度的指导和介入，同时缺少对区域游戏的回想、反思。教师不仅是观察者，在必要时也应该是区域游戏的参与者，教师应适宜、适时、适地地抛出问题支持幼儿深度游戏，设置回想环节，帮助幼儿解决游戏中的问题，优化幼儿游戏思维，提高幼儿游戏水平。

三、问题解决

首先，创造心理空间，作为教师应肯定、鼓励幼儿，为幼儿提供发展的机会。

其次，创造自主探索空间，让幼儿的创造力、问题解决力、自我调节能力得到发展。

最后，建立在多元智能理论基础上，形成教师支持策略。

游戏结束后孩子们完成了计划表，回想时将小故事分享给大家，同时也分析了杯子数量的问题。幼儿通过前期设计准备，提升了规划意识和前书写技能，投票选出图纸，展现了集体意识和决策能力。其中包括对纸杯数量的清点、独特的测量方法和搭建，这是对数的概念和空间感知能力的掌握。面对教师提出的问题，孩子们积极反思，在有限的时间内，他们通过合作和自我调整，灵活应变、发挥创意。最终，他们不仅完成了作品，还通过表征形成系统游戏，是其思维能力提升和深度参与的体现。

四、反思总结

在有限的空间内，孩子们以纸杯为媒介，从平面设计图纸到实际操作搭建，再到孩子大脑中呈现的空间高阶思维，这一过程实现了平面到立体（空间）再到平面的思维转化，最后一个平面可以被视为思维层面的扩展和深化，代表着思维的进阶和发展。

超越了点、线、面的限制，体现了孩子们在有限的空间内空间思维的发展，是多元思维、全方位思维的呈现，也是孩子们从形象思维到抽象思维的有力证明。

这也给教师带来一些启示，即在区域活动中，教师不但要扎实做好观察、记录、分析、评价等工作，更要将这些切实应用于幼儿身上，从而最终形成一个幼儿从开始（基于已有水平基础上）到投放材料，再到调整材料，最后回归幼儿（使其获得新经验、得到新发展）的内循环过程。因此，根据搭建游戏我也总结出，无论是在纸杯迷宫搭建中，还是各个区域、户外活动中，乃至家庭中，我们的幼儿都可能处在一个有限的材料和环境中，只要我们尊重孩子们、支持孩子们，他们就能创造无限的可能、创新无限的游戏、获得无限的发展。

（吉林省省直机关第一幼儿园　郑力　张天月）

拓展研讨

在区域活动中有的幼儿比较强势，始终处于主动支配地位，当有幼儿不配合时，他就会大声指责或威胁别人，在面对这样的幼儿时教师该如何指导，如何帮助游戏中的弱势幼儿？

创新区域活动形式拓展幼儿发展空间

🔲 智慧导引

《幼儿园保育教育评估指南》提到:"充分尊重和保护幼儿的好奇心和探究兴趣,相信每一个幼儿都是积极主动、有能力的学习者,最大限度地支持和满足幼儿通过直接感知、实际操作和亲身体验获得经验的需要。"区域游戏活动作为幼儿园一日生活中的常见环节,能满足幼儿在选择、探索、思考、合作等方面的自主性。区域游戏活动的材料、规则,教师在区域游戏活动中的观察、指导,通常是研究的重点。区域游戏活动的形式也比较固定,即将班级内部空间划分为语言区、生活区、建构区等区域,投放预设的材料,以便幼儿进行操作。而区域游戏活动的开展形式可以稍做变化,以更好地为幼儿提供发展空间。比如采取走班制区域游戏活动的形式,打破班级界限,以整个班级作为一个区域,让幼儿走出原有班级,以此拥有更多的操作材料、活动空间以及同伴交往的机会。与常见的区域游戏活动相比,走班制区域游戏活动具有相对鲜明的特色。

一、区域游戏活动形式的适度创新符合幼儿园课程的发展规律

课程是幼儿园教育的核心和基础,影响着幼儿的学习与发展。社会的发展、幼儿的成长决定了课程需要随之而变。区域游戏活动作为幼儿园课程的一部分,也是实现教育目标的手段,起着引导幼儿获得身心健康、全面发展的作用,需要在课程变革的背景下做出适当的调整。

课程是幼儿丰富学习经验的过程,是幼儿体验的过程,是师幼共同发展的过程。走班制区域游戏活动则以扩大的活动区域、更加丰富的操作材料、相对复杂的同伴关系为特点,让幼儿在教师的支持与引导下获取新的体验,实现师幼共同发展。这种形式是在长期实践中形成的,具有鲜活的生命力和更多可开发的空间。

二、走班制区域游戏活动能够满足幼儿日渐增多的发展需求

走班制区域游戏活动是一种有利于幼儿人格和社会性发展的自主性游戏

模式。这种自主性游戏可以满足幼儿对感兴趣的领域进行深入探究的欲望，保证每个幼儿都有充足的活动时间和空间。它以幼儿的发展为基本出发点，以幼儿日常生活中的活动场景为背景，以幼儿园现实条件为基本前提，以幼儿教师自身能力为基础，是一种基于园所自身条件的课程创新。走班制区域游戏活动适合在中大班开展。尤其是大班幼儿，处于幼升小的特殊阶段，需要将四个入学准备做得更加深入，尤其应具备深度学习、探索、交流的能力，以及快速适应环境、处理人际关系的能力。走班制区域游戏活动在促进幼儿发展方面最显著的优势在于社会性的培养。打破班级界限后，幼儿活动场域更大，接触的同伴、教师更多，学习挑战的材料和任务多而有趣，自我管理的时间、空间更充足。进行走班制区域游戏活动的目的是要培养幼儿适应新环境的能力、结交新朋友的能力、自我控制能力、倾听表达能力，具备爱心、自信心和责任感，为进入小学做好社会准备，为幼儿一生发展奠基。

走班制区域游戏活动为幼儿提供了更大的发展空间，幼儿能用积极的情绪饱满地投入活动，与陌生的同伴合作，在临时组成的小组中解决问题，在自我评价与教师评价中培养反思的意识。更多自主的空间和时间，更有利于幼儿完成一次又一次主动的、有深度的自我建构。于大班幼儿而言，基于儿童立场的走班制区域游戏活动能让他们真切地感受到成长的力量，在宽松的氛围中守护、支持幼儿的好奇心和求知欲，用富有层次的材料引发幼儿独立的思考、坚持的探索，以变化的环境和人际关系培养幼儿适应、沟通、协作的能力，帮助他们养成自主学习的习惯和积极的学习态度，自然地融入幼小衔接的四个准备，让幼儿获得敢于尝试新事物的勇气和快速适应新环境的能力，以便应对日后生活中的每一个新阶段。

三、走班制区域游戏活动能够培养幼儿的学习品质

活动前，幼儿需要计划去哪个活动区域，进行哪项任务，这个过程培养了幼儿的计划能力、执行能力；活动后，幼儿需要回想任务完成的程度、收获，这个过程培养了幼儿的反思能力、自我评价能力。走班制区域游戏活动将同类型的材料分梯度、大量地聚集在一起，让幼儿有机会在相对充裕的时间里进行深入的探究学习，提高了幼儿学习的专注力、探究能力；与陌生同伴共同活动，接受陌生教师的指导，提高了幼儿的倾听、表达、

沟通、协作能力；在陌生的环境中寻找自己感兴趣的材料并进行自主学习，提高了幼儿对环境的适应能力。

四、走班制区域游戏活动能够调动教师的儿童视角

每个幼儿都是独立、鲜活、有思想的个体。幼儿具备主动建构认识世界的能力，即朴素的儿童观。作为教育者，应该发现、尊重幼儿对于周围事物的想法。走班制区域游戏活动以幼儿的发展为基本出发点，要求教师要保证活动的儿童视角。幼儿在走班制区域游戏活动的过程中会在材料、环境、人际关系的交互影响下产生个性化的思考，当教师面对多个平行班级的幼儿，甚至异龄幼儿时，需要从幼儿视角看待活动的内容，做到投放能够引起幼儿兴趣的、有助于幼儿获得新知识、新技能的材料，随时接纳不同幼儿的想法，尊重幼儿的观点，让活动由教师主导转变为幼儿主导。当幼儿有了足够的自由发挥与探索的空间，教师要更清晰地看到幼儿发展上的可能性、可塑性、可变性，以支持幼儿的成长。

走班制区域游戏活动需要由教师主导的、更加有效的师幼互动，以便让不同班级、不同特质的幼儿能在该教师指导的区域中积极参与活动，展现真实的自我，专注于发现问题和解决问题。这就要求教师能迅速、精准地分析幼儿的需求，为之提供适宜的指导，用更专业的视角看待每一个幼儿。

案例呈现

走班制戏剧表演区里的故事

一、问题

在进行走班制区域游戏活动时，一名教师在表演区的指导中出现了视角上的偏差。教师引导幼儿选择绘本，将绘本转换成脚本，为幼儿分配角色，并指导幼儿进行表演，这种形式并不符合儿童视角。幼儿像提线木偶一样，一举一动都由教师操控着。久而久之，这个区域就不再受幼儿欢迎了。

二、原因分析

在教师的已有认知中，表演是有程序的，是融合剧本、改编、演员、动作、台词、服装道具等因素综合呈现的艺术形式，最终的结果是展示一场完美的演出。但在走班制区域游戏活动中，进区的幼儿是不固定的，教师也就无法掌控全局。究其根本是教师的成人视角与儿童视角产生了冲突。幼儿选择这个区域并非为了完成完美的表演，而是为了获得不同角色、道具、场景、情节带来的特别体验。幼儿不愿接受教师强制性的安排，但又没有主动选择、决定的机会，所以放弃了对这个区域的探索机会。

三、问题解决

通过研究走班制区域游戏活动的目的，引导教师将活动的结果导向转变为过程导向。创设戏剧表演区不是为了呈现一场完美的演出，目的是发挥儿童的主动性去感受文学作品的魅力，让幼儿明白剧本和表演内在的联系。因此真正的儿童视角，呈现的应该是幼儿对故事情节、形象、台词的理解，是他认为应该用怎样的动作、语气、神态去表现，是他决定需要哪些道具、怎样布景，是他认为故事的后续还可以有哪些走向。这是幼儿与文学作品进行深度对话的过程，是剖析的过程，是涵养文学素养的过程。请教师不要急于完成表演，而是把绘本阅读、脚本转换、剧目划分、道具制作等步骤分开，每一个环节都先由幼儿去想去做，教师观察，看幼儿能否发现问题，看幼儿能否自己解决问题，看自己能提供给幼儿哪些帮助。教师自然而然地退到了幼儿身后。

四、反思总结

走班制区域游戏活动要关注幼儿需求，要充分、准确了解幼儿的兴趣和发展水平。如案例所述，幼儿在走班制区域游戏活动中，自由选择的范围更大，需要更灵活、适切的教育支持。表演区的目的就不能仅仅定位于"表演"，而是要关注幼儿在接触文学作品时学习了哪些内容，包括如何欣赏文学作品、理解绘本与剧本的关系，懂得每个职位的任务，学习和不同角色的同伴协商合作，等等。这样，幼儿能够从更加宏观的角度理解文学作品，每个孩子都能做导演、做演员、做剧务。走班制区域游戏活动内容应该更加系统化，从理念到操作聚焦幼儿的深度学习，创新与构建高质量的游戏环境。

走班制区域游戏活动可以支持幼儿的深度学习，融合了材料、时空、问题、共情、表征、创新等要素，师幼共同构建开放、动态的环境支架，循序渐进地支持幼儿游戏中的深度学习与进阶发展。

（吉林省省直机关第一幼儿园　张巍　杜洁琼）

> 拓展研讨

走班制区域游戏活动的操作材料更集中、更多样，选择性、复杂性、挑战性更强，陌生的环境、陌生的教师、陌生的同伴为幼儿提供了更多自主选择、自主学习、自我约束、主动交流的机会。这种区域游戏活动形式需要教师思考幼儿在相对灵活、多变的环境中是如何进行深度学习的，走班制区域游戏活动能否与主题活动相结合等问题。教师怎样观察、支持幼儿的学习是我们需要认真对待的问题。走班制区域游戏活动的形式需要教师面对着不熟悉的幼儿，那么教师如何观察才能有效地捕捉到幼儿学习与发展的痕迹，怎样迅速了解幼儿的发展水平、行为特点、兴趣倾向和学习风格，从而保证走班制区域游戏活动的适宜性和有效性，让教师看得见幼儿的学习与发展，并为其提供有力的支持，也是需要我们认真思考的课题。

有力的师幼互动助推区域活动高质量开展

> 智慧导引

《幼儿园教育指导纲要（试行）》指出：关注幼儿在活动中的表现与反应，敏感地察觉他们的需要，及时以适当的方式应答，形成合作探究式活动。区域活动是幼儿园一日活动中的重要组成部分，师幼互动的质量将会直接影响幼儿在区域活动中的游戏活动效果，进而影响到幼儿多方面的发展。当前，区域活动游戏师幼互动中仍存在诸多问题，因此本章节将结合具体案例探讨区域活动中师幼互动的有效策略，为一线教师的区域活动指导提供有价值的参考。

一、建立对话型的师幼互动关系，关注幼儿的主体地位

观念是行为的先导，教师的互动观念指导着教师的互动行为，教师平等的师幼互动观是师幼良好互动的基础与前提。对话是一种建构人际关系的过程，教师与幼儿之间的对话是发现谬误、辨明真理的过程。对话与讨

论或辩论的区别是：在对话的过程中你不会试图去赢取对方，也不会强行要求别人接受自己的观点。对话型的互动关系强调师幼之间的彼此平等、双向理解、共同建构、情感共鸣。在这种对话关系中，教师不是通过发现幼儿的不足并直接进行灌输式的教育，而是通过建立良好的互动氛围对幼儿进行潜移默化的教育。此外，在这种关系中，教师高度重视幼儿在师幼互动中的话语权，并以一种欣赏的眼光走进幼儿的生活，了解幼儿的经验，观察幼儿在发展"征途"中表现出的最真实的状态。在对话理论的视角下，我们应清楚认识到师幼之间应该是一种平行的互动模式，即教师与幼儿之间的地位平等并同为师幼互动的主体，教师应充分关注、尊重、提升幼儿的主体性地位，以实现平等高效的师幼互动。

二、教师明晰自身角色定位，科学平衡幼儿自主与教师指导关系

区域游戏中幼儿享有支配游戏的权利，这集中体现在幼儿的自主与自由。首先，幼儿可以根据游戏内容选择游戏时间、地点、材料、类型及游戏同伴等。其次，游戏没有外在目的，游戏目的集中体现在游戏本身和幼儿自身。最后，幼儿可以自主发起和进行游戏，在游戏过程中充分表达并实现自身目的。当前区域游戏的指导易于走向两个误区，即忽视幼儿主体性和过度"放手"缺少科学适宜的指导。区域活动中教师不应过度干预游戏活动的进程，应充分尊重幼儿的主体性，但幼儿自主并非强调教师不指导，而是要科学平衡幼儿自主性与教师指导的关系。自主性的区域游戏强调儿童的权利、教师的支持，教师支持的目的在于满足幼儿的游戏需要，提高幼儿的游戏能力，促进幼儿在现有游戏水平上向更高水平递进。在一定程度上，教师的指导是幼儿提升游戏水平、促进区域游戏高质量发展的关键。

三、正确观察和解读幼儿的游戏行为，及时回应并科学引导

蒙台梭利说："唯有通过观察和分析才能真正了解孩子的内在需要和个别差异，以决定如何协调环境，并采取应有的态度来配合儿童成长的需要。"由此可以看出，观察幼儿是教师指导区域活动的根本出发点。活动

观察是教师获取幼儿真实活动状态和学习需求的关键手段，是教师有效进行师幼互动和教育支持的基本前提。

在一线教学中多数教师会发出这样的感叹："我想观察幼儿，但不知道观察什么。"这句话一语道出了目前教师在观察幼儿行为时普遍存在的一个焦点问题：缺乏观察的目的。那么，面对幼儿在区域中的众多行为，"观察什么"是需要首先澄清的问题。唯有如此，观察才能有目的地进行，观察才具有意义。在观察前，教师应规范观察的目的、维度及主要内容，以此来推动观察不断走向深入。区域活动中的教师观察最为核心的内容是幼儿的行为表现，具体又包括幼儿在活动中表现出来的学习兴趣、活动状态、情绪情感、意志品质、行为方式与行为特征、同伴交往等内容。教师需要在观察的基础上去判断和评价幼儿的活动结果与其原有发展水平之间的异同，以及对教育目标的完成程度。同时，观察幼儿行为与支持幼儿活动是并行的，教师应正确解读幼儿的行为并深度分析幼儿当下的游戏需要，提供材料支持、情感支持与策略支持，以促进区域活动的深入。

四、选择适宜的互动与指导方式，丰富游戏情节

在区域活动开展的过程中，教师应当在持续、细致地观察幼儿的基础上，选择恰当的时机，运用合理且科学的方法对幼儿的游戏进行引导和提升。通过这种方式，教师可以有效地推动幼儿的游戏活动向更深层次发展，从而显著提升游戏的质量和效果。具体来说，教师需要在日常的区域活动中密切关注幼儿的行为表现和游戏进展，以便及时发现他们在游戏过程中遇到的问题和需求。在观察的过程中，教师应保持耐心和细心，记录下幼儿在游戏中的各种表现，在充分了解幼儿的基础上，教师应选择合适的时机介入游戏，避免打断幼儿的游戏进程，同时确保介入的方式能够被幼儿接受并产生积极的影响。例如，当教师发现幼儿在某个游戏环节中遇到困难时，可以适时地提供一些提示或建议，帮助他们克服障碍，继续游戏。此外，教师还可以通过提问、示范或提供新的游戏材料等方式，激发幼儿的探索欲望和创造力，引导他们尝试新的游戏方法，从而提升游戏的深度和广度。

五、积极参与游戏过程，指引幼儿游戏走向深入

幼儿年龄特点不同和实际经验缺乏会影响幼儿游戏活动，教师的介入与指导对推动幼儿游戏是十分关键的。当孩子在游戏过程中遇到困难、处在游戏的关键转折点时，教师应当捕捉适当的教育契机，积极参与游戏中，引导幼儿游戏向更高层次发展。区域活动不是集体教学活动，它强调的是幼儿在有准备的环境中的自由、自主、自选的活动，因此教师在指导时，一方面不能破坏幼儿活动的自主性、自愿性，不要把区域活动演变成教学活动，另一方面又要通过适宜的指导帮助幼儿更好地投入活动，获得全面的发展。为使区域游戏顺利开展，教师应在幼儿游戏中扮演多重角色：材料的提供者、游戏的支持者、游戏的参与者、游戏的倾听者等。同时，游戏是动态、多变的，教师需要关注游戏的开展情况，根据游戏需要调整自身角色，为幼儿自主的区域游戏提供支持。

六、注重启发性提问，引导幼儿深度思考

在区域活动过程中，开放性的提问和有深度的问题是引导幼儿深度思考的依据和核心。首先，在进行师幼互动时，教师应该适度减少对知识技能层面以及简单低层次的问题的提问，杜绝使用机械、封闭式的词句。教师应该根据幼儿的最近发展区，增加高认知水平提问的比例，在分享情境中，灵活提出与项目相关的运用性、分析性、评价性和创造性问题，以确保问题的探究深度和广度，引导幼儿在互动交流时从一些主观、浅层的表象问题逐渐提升为客观、深层的内容。同时，教师要明确分享交流的主线，心中要有目标，清楚通过自己的问题能引导幼儿建立何种经验或认识，以幼儿已有经验为主线，使用开放式和推进式的追问，提出具有促进作用的想法，并引导幼儿利用已知经验和知识与分享内容建立联系。因此，把握幼儿活动目标以及通过启发式的提问方式，能够促使幼儿以质疑、探索和讨论为基础，从多个角度进行思考，使思维发散碰撞并最终在教师的支持下汇聚融合，形成更广深的认知，丰富幼儿的知识经验。

> 📝 **案例呈现**

小医院变得无趣了

一、问题

自从我们班开设了小医院后，孩子们都很感兴趣，一到区域活动时间或课间，就跑过去争当小医生。可是我发现，孩子们最初的兴趣只是摆弄这摆弄那，并没有理解游戏的玩法。看：小 M 总是第一个跑过去，抢到衣服穿上；小 L 抢到帽子戴到头上；浩浩则把听诊器扣到头上；另一名幼儿在摆弄药盒。整个角色区显得毫无秩序，不像是医院，而像是一个玩具店。

这样，孩子们摆弄了几天后，我发现听诊器断了，针管、温度计不见了，药品的盒盖也不见了，只有小 X 一个人在区域内。"有人要来看病吗？"他独立站在医生办公桌前大声地"招揽病人"，但没有人参与他的游戏，于是他走到美工区，拜托美工区的同伴帮他制作一些"传单"，上边画了一幅图画，寓意为"免费体检"。小 X 拿着传单又招揽了几次，依旧没有小朋友回应他。很显然，其他孩子对小医院已失去了兴趣。

二、原因分析

（一）幼儿缺少关于"医院"的社会生活经验

上述材料中的幼儿喜欢小医院的区域，但在小医院里仅仅热衷于穿白大褂、戴听诊器、玩药盒药瓶等。这从一个角度反映了幼儿对医院的认识和了解不够，对医生、护士的角色也缺少经验积累。

（二）幼儿角色扮演意识和角色扮演技能较为薄弱

幼儿在角色扮演的过程中，往往缺乏足够的灵活性和创造性，难以根据同伴的角色需求进行相应的调整和变化，案例中小 X 发起游戏时，其他幼儿并未对同伴的游戏给予回应。

三、问题解决

（一）利用环境与材料的互动符号，进行隐性指导

材料中，幼儿对区域内已有的材料已经逐渐熟悉，因此教师应保证材料投放的动态化与层次性，更新材料并且不断完善区域设置。教师可以对"医

院"的角色区进行较为细致的划分，逐步增加挂号处、门诊处、治疗处和药房四个区域，并与幼儿共同进行区域环境的布置。在区域入口处自动挂号、取号。门诊处墙饰应该突出医院的氛围，将医生的工作内容和工作流程图呈现在墙上，提示幼儿。教师要关注扮演医生的幼儿履行职责的情况，尤其要关注幼儿与病人的交流。以环境隐性指导的方式提示幼儿，激发幼儿参与游戏的兴趣与积极性。

（二）教师把握适宜契机，利用师生互动丰富幼儿的社会生活经验

针对这种情况，我组织幼儿观看了医院的纪录片，并与家长进行沟通，带领幼儿进行实地参观。在确保幼儿已有经验的基础上，围绕以下问题进行交流讨论：医院里有什么？到医院看病时要先做什么，后做什么？医生是怎样看病的？医生和病人是怎样交流的？在适当的契机向幼儿科普有关医院就医的相关经验，在幼儿了解了看病的基本程序，了解了医院各部门的功用以及医生、护士等角色的主要工作内容之后，再进行医院的角色游戏，此时幼儿游戏的开展就会更加顺利，幼儿也会在经验的基础上重新激发出对游戏的兴趣。

（三）以角色身份介入游戏，丰富幼儿游戏情节

基于对幼儿游戏的持续追踪与观察，教师应结合当前游戏的现状以及幼儿的游戏需求灵活调整。当我观察到小X在区域中无人理会但却有自己的游戏想法时，我顺着他的思路鼓励道："你的想法真的是太棒了，医院刚好缺一个院长，不如你来当院长，我们一起想想办法，让医院更好地为大家服务。"随后我作为患者的角色进入游戏中，首先到挂号处咨询，"有人吗？我要挂号。"原来在挂号处的小医生迅速走了过来，没一会儿就吸引了其他幼儿，挂号处、门诊处、治疗处和药房的小医生各司其职，医院变得井然有序。

（四）耐心倾听并及时回应，帮助幼儿分析游戏困境与解决办法

游戏结束后，教师可以组织幼儿进行分享与交流活动，耐心倾听幼儿在游戏中面临的困难和诉求，帮助幼儿总结在游戏过程中出现的问题，例如参与性不强、角色意识薄弱等问题，通过讨论提升幼儿对角色的认识和对活动内容的了解。例如游戏结束时，教师可以组织幼儿讨论：医院都包含哪些人员？医生是怎样与病人沟通的？谁还有更好的想法和做法与大家

分享？以此丰富幼儿的游戏经验。

四、反思总结

材料中"小医院"的师幼互动策略包含共建角色区域、共讨游戏内容、共玩角色游戏、共同反思活动情节。

重新规划布局与创设环境，能够唤醒幼儿的游戏兴趣。教师在互动交流中引导幼儿了解医院的常识与职责分工，丰富了幼儿的游戏经验，最后教师基于持续的观察，抓住适当的介入时机，以平行介入的方式推动了幼儿的游戏进展。可见，合理的互动方式能够有力地推动幼儿游戏高质量的发展。

此外，教师应具备课程生成意识。教师可以以游戏中所呈现的问题为着手点，注重挖掘教育素材并生成教学，在丰富游戏内容的同时，促进幼儿能力的进一步发展。

（长春市南关区第三幼儿园　许玲　王贺旭）

拓展研讨

师幼互动是幼儿游戏中常说常新的话题，对推动游戏进行和幼儿发展都具有重要的影响意义。区域游戏中的师幼互动要求教师既不放任幼儿，又不能过分干预和指导幼儿，这就要求教师要把握"放权"与"指导"的度，既要为幼儿创设自主的环境，又要实施科学适宜的指导，当然，更要把握好介入和指导的时机。

支持幼儿高质量的游戏分享与交流

智慧导引

随着游戏改革的不断深入，游戏分享交流这一概念逐渐进入大众视线。在国外，许多优秀的课程模式中都蕴含着分享、回顾、评价等理念，例如高宽课程、方案教学以及瑞吉欧教育模式。游戏评价与分享是改善游戏活动、进行游戏实践的重要环节，是促进幼儿发展的必要步骤。游戏分享是指在幼儿班级内部，师幼共同参与，针对之前开展的游戏进行分享交流的活动，对促进幼儿发展发挥着巨大作用。游戏分享能够促进不同年龄段幼儿游戏水平的提高，促进幼儿动作、想象、言语和逻辑思维能力的发展，通过与同伴和教师之间的分享、讨论、评价与反馈，来促进幼儿的经验整合与知识建构，提升幼儿的表达能力、批判性思维和解决问题的能力。

一、游戏分享交流需要遵循的对话原则

（一）平等性原则

马丁·布伯认为人与人之间的关系是一种"我与你"的对话关系，而非"我与它"即"我与物"的关系。因此，我们必须改变教师以往高高在上的权威地位，由传播现成的知识和灌输即成的价值，转为蹲下身子，与幼儿开启平等的对话和交流。在分享交流中，教师要与幼儿建立良好的师生关系，这种关系是平等的，不以任何一方控制对话的进程为前提的。教师与幼儿都是发言者，大家可以各抒己见，从各自的角度出发与其他同伴和教师发起积极的互动。在此过程中，教师需要耐心地倾听幼儿的心声，尊重幼儿的想法，不把成人的思维定式强加在幼儿身上。

（二）开放性原则

游戏分享交流应具有开放性，主要体现在：首先，任何幼儿感兴趣的、适宜当下讨论的、能促进幼儿发展的内容都可以成为分享交流的话题。分享交流就像是海纳百川的过程，各种不同的观点汇集到一起，互相交融，抑或是发生思维的碰撞。其次，分享交流的形式不拘泥于口头表达，可以丰富多样。丹尼尔·沙因费尔德等认为"儿童并不总是通过言语来表达他们的意思，他们可能通过行动、手势或者面部表情这类非言语的方式来表达"。罗里斯·马拉古齐认为，儿童有一百种语言、一百种思想、一百种思维方式、游戏方式、说话方式……教师要鼓励和支持幼儿大胆地使用表达方式来呈现自己的想法，同时也要善于通过不同形式的表达捕捉幼儿的所思所想。

（三）整合性原则

在对话中，不同的人会分享不同的内容，这些观点受每个人已有认知和经验的影响，很多都是碎片式的。也正是因为对话，各种各样的零散经

验才会相聚，汇集成对某样事物更为完整的认知框架。游戏分享交流亦是通过幼儿的各抒己见，然后通过教师的及时梳理和回应，将幼儿各自对周围事物的认识整合联结起来，不断拓展和延伸对该事物的认知的过程。幼儿们从各自的生活经验和对此问题的见解出发，通过教师的小结提升，知道了原来有那么多办法可以解决当前遇到的问题。

（四）生成性原则

游戏分享交流具有极大的生成性，它没有固定的问题框架和应答模式，应围绕幼儿的想法、问题、发展状况和感兴趣的话题进行交流与合作。教师事先很难预设好交流的走向，更多的是根据实际情况进行动态调整。常常教师会和幼儿聚焦一个共同的话题，或围绕一个话题不断衍生出新的话题。比如：在动物园游戏中，饲养员们不停地喂动物吃东西，生怕它们会饿。在分享交流时，有一位幼儿就提出了质疑："吃那么多，小动物会撑死的。"这个问题也引起了其他幼儿的兴趣，于是我们生成了新的讨论问题："多久喂一次食比较合适""除了喂食，饲养员还可以怎么照顾小动物"等，围绕喂食规则的制定和饲养员的工作来展开交流。

二、幼儿游戏分享与交流活动的组织策略

（一）突出幼儿的主体地位，增强幼儿游戏分享的意识

在高宽课程中，分享是师幼互动的核心所在，教师和幼儿分享控制整个学习过程，而不是由教师一人掌控。教师在组织游戏分享时突出幼儿主体地位的同时，还应该发挥好支持者和引导者的主导作用。教师应该做到以下几点：

首先，在分享内容的选择上，尽量围绕幼儿感兴趣的话题进行深入讨论，而不是泛泛而谈，并给予幼儿游戏分享的话语权和表达自己想法的机会。其次，在分享环节的互动上，教师应该构建一种平等、民主、互相尊重的交流氛围，尊重幼儿内心的真正想法和情感，避免主观判断。多为幼儿提供与同伴、小组互动和分享的机会，而不仅限于师幼之间。再次，在分享策略的选择上，避免采用教师主控式的纯语言讲述策略，教师应为幼儿提供多种分享策略，鼓励幼儿通过不同的方式来表达想法

和分享经验，鼓励幼儿通过直接体验和操作感知来自主解决问题，而不是直接告知。最后，教师应为幼儿提供符合其年龄特点和发展水平的指导，以沟通交流、启发引导、问题解决、情感体验为重点，尊重个体差异，做到因材施教。

（二）保证游戏分享的深入讨论，提高游戏分享效率

教师应对幼儿游戏过程进行细致观察和深入分析，或制定详细的观察表作为辅助，或通过照相、视频等方式，来提高游戏观察的效率，选择有价值的分享点深入讨论。教师应深刻认识到游戏分享对于拓展幼儿科学知识领域、传授审美经验以及培养学习品质的价值。在游戏观察时多关注幼儿在这几方面的表现并记录下来，在游戏分享时了解到幼儿在某领域的经验不足后，将幼儿这几方面的不足转化为新的课程资源，促进幼儿的认知发展。此外，幼儿在游戏中会生成众多的问题，在游戏分享时有多种内容可供选择，但游戏分享的时间有限，如果教师在一次分享活动中"面面俱到"，那么讨论的深度只能是"蜻蜓点水"，游戏分享促进幼儿游戏水平的发展和经验提升的功能就会受限。因此，并不是所有话题都要进行分享，教师应该筛选、甄别出一两个具有代表性的、有价值的内容与幼儿进行深入讨论和层层剖析。

（三）及时有效地回应，梳理和整合幼儿游戏经验

首先，教师要倾听幼儿的想法，及时给予幼儿回应。在游戏后的分享交流中，幼儿会抛出各种他们的所见所闻和所思所想，教师需要给予幼儿充分自主表达的机会，也要及时地回应幼儿。即时即刻的回应能让幼儿感到自己被聆听，从而能够更加活跃地主动参与到分享交流之中。切记教师的回应并不是简单地重复幼儿的话或行为，而是围绕幼儿的想法进行一定的梳理和提升。此外，教师要使用多种思考技巧帮助儿童建立广泛的联系。教师可以通过质疑、设疑、追问、邀请等形式来梳理和提升幼儿的零散经验，引导幼儿建立人与人、人与社会、人与自然等广泛的联系，并将这些联系汇集成更为全面的认识框架。

（四）拓展和延伸话题，激发幼儿的思维

首先，教师要运用开放式和推进式的提问拓宽幼儿思路。开放式提问没有唯一的答案，它会给幼儿充分思考和发挥的空间，引发更多来自

不同角度的思考，教师可以从中动态捕捉幼儿生成的话题，为其思考提供鹰架支持，从而不断和幼儿共同构建对某一事物更全面的认识。推进式提问亦是如此，能将幼儿所呈现的泛泛而谈一步步具体化、深入化。在此过程中，教师心中要有目标，要围绕某个交流主线，清楚通过自己的问题能引导幼儿建立何种经验或认识。其次，教师要启发幼儿之间和幼儿自我的对话。教师要鼓励幼儿倾听同伴的介绍，并敢于提出自己的看法。每位幼儿都有着与众不同的生活经验和理解方式，通过幼儿间的生生互动，从不同角度出发的思维得以发生碰撞并最后通过教师的支持汇聚在一起，形成更广更深的认识。除此以外，教师还要注重启发幼儿自我经验的内化，交流时多多联系生活实际，将游戏中的问题与真实情境联系起来，促进经验的内化。

案例呈现

火锅店游戏的分享与交流

一、问题

随着冬季的到来，气温降低，孩子们逐渐换上秋冬厚重的衣服。周一来园时，几个孩子兴高采烈地谈论起了周末父母带其外出吃火锅的经历。其中一个孩子提议："我们在游戏中开一家火锅店吧！""好啊！好啊！"她的话马上得到了所有人的响应。于是，火锅店的游戏就如火如荼地开展了。新开张的火锅店在接下来几天的游戏里吸引了众多的顾客前来。基于孩子们的兴趣点，我在区域活动分享环节和大家一起聊了聊火锅店的故事。教师：今天火锅店里很热闹呀，你们想听听发生了什么吗？幼儿都表现出了极大的兴趣。我邀请了幼儿逐个上台进行分享，多数幼儿在分享时只能说出自己的工作，对火锅店的基本工作有初步的了解，知道有的人负责烧菜，有的人则负责端水或端菜，但对具体的职务名称和分工却很模糊。此外，多数幼儿在分享交流时会谈到自己做了什么、和谁做的，分享内容集中于具体的活动情节，并未涉及游戏玩法、情绪情感体验，也缺少对游戏感受、收获的交流，并且分享方式多以语言表达为主，一些幼儿在同伴分享时表现出旁观者的态度，和同伴之间的分享交流并不深入。

二、原因分析

（一）幼儿分享主体意识较为薄弱

在火锅店游戏的分享环节中，幼儿表现出分享主体意识较为薄弱，这可能是因为他们在日常的游戏活动中缺乏足够的机会去主动表达自己的想法和感受。在传统的教育模式中，教师往往占据主导地位，幼儿习惯于被动接受信息，而较少有机会主动分享自己的观点和经验。因此，在游戏分享环节中，幼儿往往只能描述自己所做的事情，而无法深入地表达自己的感受和思考。

（二）缺乏多样化的分享方式

幼儿主要采用语言表达的方式进行分享，这限制了他们表达的多样性和深度。幼儿在语言表达方面的能力参差不齐，一些幼儿可能在语言表达上存在困难，导致他们在分享时无法充分表达自己的想法。此外，语言表达方式可能无法完全捕捉到幼儿在游戏中的感受和体验，使得分享内容显得较为表面化。

（三）教师引导方式单一

在火锅店游戏的分享环节中，教师的引导方式较为单一，主要采用提问和邀请幼儿上台分享的方式。这种方式虽然能够激发幼儿的参与热情，但可能无法充分调动幼儿的思维和创造力。同时，幼儿之间的互动和讨论较为有限。幼儿在分享时往往只是简单地描述自己的行为，而缺乏对他人分享的回应和深入探讨。

三、问题解决

（一）增强幼儿的分享主体意识

在游戏活动中，教师可以鼓励幼儿主动分享自己的想法和感受，给予他们更多的自主权和表达机会。例如，教师可以设置"分享角"，让幼儿轮流担任分享者，分享自己在游戏中的独特体验和感受。

（二）提供多样化的分享方式

教师可以引入多种分享方式，如绘画、角色扮演、情景再现等，让幼儿从不同角度和形式来表达自己的游戏体验。例如，在火锅店游戏中，幼儿可以绘制火锅店的布局图，或者通过角色扮演来展示不同岗位的工作内容。

（三）采用更多元化的引导方式

教师可以设置一些开放性问题，引导幼儿进行深入思考和讨论，激发幼儿的思维和创造力。如"如果你是火锅店的老板，你会如何管理这家店？""在火锅店游戏中，你遇到了哪些困难？你是如何解决的？"

（四）创造深入互动和讨论的机会

教师可以创造更多的机会，鼓励幼儿之间进行深入的互动和讨论。在上述案例中，教师可以组织小组讨论，让幼儿分享自己在游戏中的独特体验和感受，并邀请其他幼儿进行回应和补充。通过这种方式，幼儿可以更好地理解他人的观点，拓展自己的思维和认知。

四、反思总结

通过多元化的分享方式与及时的回应引导能够支持幼儿分享交流活动的进行，同时，想帮助幼儿进行有效的梳理，教师首先心中要明确幼儿的游戏水平和"最近发展区"，还要对正在讨论的话题有一个初步的认识框架，而不是无目的、无计划地任随幼儿的兴趣而交流。这样，教师才能更好地发挥在分享交流中的支持作用。

（长春市南关区第三幼儿园　许玲　王贺旭）

拓展研讨

游戏分享与交流是游戏活动的重要环节之一，对于改进游戏与提升幼儿经验都具有重要作用。回顾与思考游戏的过程蕴含着幼儿多种学习品质发展的契机，教师应该如何利用分享交流环节，才能有效地培养幼儿对游戏的反思与评价意识，这是我们不得不思考的一个问题。

自主游戏中幼儿的深度学习及支持策略

智慧导引

"让孩子成为能够独立思考、主动学习的问题解决者。"游戏是幼儿探索周围世界、促进自我学习发展的最重要的途径。幼儿自主游戏是幼儿在一定的游戏环境中根据自己的兴趣和需要，以快乐和满足为目的，自由选择、自主开展、自发交流的积极主动的活动过程。幼儿对游戏的规则、内容、方式都有自己的选择权，具有多样性、主体性、趣味性、生成性等特点。那么在幼儿的自主游戏中，有没有可能产生深度学习？我们怎么在自主游戏中指导幼儿，让他们的学习有效而且有一定的深度呢？

答案是肯定的。深度学习可以帮助教师更好地理解游戏与幼儿学习之间的关系。教师应尽可能地为幼儿提供深度学习的空间和时间，提供提问、交流、反思、推理的机会，拓展和提升幼儿的思维力和理解力。

一、深度学习的由来

美国学者 Ference Marton 和 Roger Saljo（马顿和萨尔乔）根据对学生学习过程的实验研究发现：学习过程不一样，结果是不一样的。根据对学习过程的研究，以及过程与结果之间关系的研究，他们于1976年发表了《学习的本质区别：结果和过程》一文，最早提出了深度学习（Deep Learning）和浅层学习（Surface Learning）两个相对应的概念。

深度学习是"学习者以高级思维的发展和实际问题的解决为目标，以整合的知识为内容，积极主动地、批判性地学习新的知识和思想，并将它们融入原有的认知结构中，且能将已有的知识迁移到新的情境中的一种学习"。（安福海，2014）作为一种学习方式，深度学习强调的是批判性思维，即学习者能将已有知识应用到新的情境中，作出决策，解决问题；作为一种学习过程，深度学习指的是个体将学习到的知识经验从一种情境应用到另一种新情境的过程；作为一种学习结果，深度学习发展的是高阶思维和问题解决能力。

二、自主游戏中存在深度学习的可能

很多人会有一个疑惑：在教师的指导下，幼儿可能进行深度学习，在自主游戏中能否进行深度学习呢？其实，幼儿作为探索者，与生俱来的好奇心以及他们对周围世界的疑问，使他们深深地沉浸在自己的游戏中，以至于分不清自己是在游戏还是在探索。如果我们能把活动区创设成一个有

真实问题需要幼儿解决的游戏情境，它原本应该具有的促进幼儿深度学习的作用就能充分地发挥出来。

三、幼儿自主游戏中的深度学习策略

深度学习关注的是幼儿的学习能力，即学会如何学习。具体表现为：幼儿在问题解决的过程中合理地迁移运用知识经验，发展高阶思维，在这一过程中建构经验，获得解决问题的能力。那么，怎样在自主游戏中促进幼儿的深度学习呢？

（一）追随幼儿的兴趣，寻找探究线索

《幼儿园保育教育质量评估指南》（以下简称《评估指南》）在阐述教育过程中"师幼互动"这一关键指标时提出："善于发现各种偶发的教育契机，能抓住活动中幼儿感兴趣或有意义的问题和情境，支持幼儿主动学习。"对于幼儿来说，他人的命令、奖励或诱惑等外在动机是无法有效驱动他们深度学习的，只有对事物本身的好奇和兴趣这样的内在动机才能真正驱动他们的深度学习。

提出问题是幼儿主动学习的一种表现，反映了幼儿在探究活动中的参与程度和思维状况，教师要善于倾听、欣赏、鼓励幼儿提问。例如："是什么让自行车跑起来的？""雨从哪里来？""下雨时小生物会去哪里？"等等。日常生活中教师应给予幼儿提问的机会，班级中建立自由提问的氛围和尊重接纳的心理环境，还可以创设包含问题的游戏情境，鼓励幼儿持续地保持好奇心并提出问题。

教师要对幼儿的好奇好问进行回应与回顾，可以通过甄别有意义的问题开展持续探索。那么怎样确定一个有待探索的问题呢？首先，该问题具有发展适宜性，且符合很多幼儿的兴趣；其次，该问题要来自幼儿的游戏，并有助于幼儿进行元反思——对自己思考的问题和好奇的反思。根据幼儿在活动中展现出来的兴趣和问题，教师可以发现一条条探究的线索，继而通过适宜的支持促进幼儿展开深度学习。在此过程中，教师可将探讨的问题以及解决问题的过程以网络图的形式进行展示，有目的地帮助幼儿梳理和总结：解决了哪些问题？用什么方法解决的？

（二）规划循环探究的情境，设计激发方案

深度学习的一个重要特点是解决问题，而问题常常要设计在情境当中。游戏就是幼儿的一种典型的情境性学习活动，创设活动区的目的就是要为幼儿提供一种有意义的学习情境。比如：创设几个专门用于开展探究的区域，选择能引发并鼓励探索的材料，创设能发起对话和邀请探索的环境，同时要注意区域间的融合。

教师要研究环境和材料能否激发幼儿探究的兴趣，能否挑战幼儿去发现问题，能否支持幼儿验证和实验自己的假设。因为幼儿所能探索和解决问题的复杂程度既受其发展水平的影响，也受游戏材料和情境的影响。所以在游戏区创设中，教师可通过投放材料激发幼儿的循环探究欲，让幼儿在与材料的互动中发现问题和解决问题。

为促进幼儿主动建构新经验，教师要引领幼儿的发展，这种引领是通过各种支架推进幼儿深度学习的过程。作为教师需要思考：幼儿还需要什么？尝试在有意义的情境脉络中鹰架幼儿的能力，这样幼儿的能力才会多元，也会逐步深化。例如：探究过程中教师可以一次又一次地对活动进行再设计，以适应幼儿不断变化的兴趣，让教师发起的活动和幼儿发起的活动来回动态地推动探究活动的发展。

（三）扩展幼儿思维，搭建学习鹰架

深度学习不是指内容上难度的增加，而是指思维阶段上的提升。幼儿的思维是在参与具体的探究活动中得到发展和深化的。在深度学习的过程中，成人必须挑战幼儿的思维并扩展他们的学习。当活动满足幼儿的兴趣又对他们具有些微的挑战时，他们就会被吸引并参与其中，积极地尝试解决问题。说到思维，布鲁姆在修正完善教学目标分类学说时提出了学习者的"思维进阶"，认为把教学目标仅仅定位于"记住""理解"是不够的，还要提升到运用和创造。在引导幼儿深度学习过程中，我们应该关注的是在探究过程中是否有高一层次的思维和高水平的认知活动的参与。

问问题是教师最重要的工作，教师需要思考：什么样的问题能够让幼儿专注而投入地游戏，并激发更深层次的游戏情节；什么样的问题能够让幼儿共同思考，促使幼儿持续深入地探究、让经验迁移到不同的场景之中。这样，教师可以通过不同认知水平的问题和不同类型的问题形成层层递进

的问题链，引发幼儿新旧经验之间的冲突，让幼儿与教师持续"共同思考"。

（四）有效的师幼互动，涵养幼儿健全人格

深度学习不仅可以促进学习者认知发展，而且能够促进其情感、社会性和个性的发展，对于幼儿而言，这种促进更为直接、全面和深远。我们所期待的是通过游戏来提升幼儿自主学习的意识和能力，例如：勇于面对困难的自信、关怀照顾环境与他人的责任心、解决问题获得的自信心、人际互动的能力、独立性、积极主动的人生态度等。

综上所述，首先，教师要做追随者，追随幼儿的兴趣点。自主游戏中，幼儿根据自己的意愿作出选择，唯有有趣的、有吸引力的活动才能激发幼儿学习的原动力，教师可通过观察、分析幼儿的行为和语言寻找探究的线索。其次，教师要做规划者，规划循环探究的环境，设计激发方案。第三，教师要做促进者，游戏过程中不断扩展幼儿的思维，支持幼儿持续探究，提高幼儿发现问题、解决问题的能力，促进幼儿深度学习。最后，教师作为支持者，还应重视解决问题过程中对幼儿的自信心、坚持性、合作能力等人格品质的培养，以形成更加优良的师幼互动，涵养幼儿健全人格。以上四点有效促进了幼儿自主游戏中的深度学习。

案例呈现

有趣的轨道

一、问题

在户外自主游戏时间，大班的几名幼儿在操场上玩起了"滚轮胎"的游戏。两个小朋友面对面推动轮胎，不断地调整方向和力度，以便能准确地接住对方的轮胎，陆续有其他小朋友加入游戏。不久，大家改变了游戏玩法：两边的人还是分别从两侧向对方推轮胎，一人要从两个滚动的轮胎中间迅速跑过去，而且不能被两边滚动的轮胎撞到，一群孩子在愉快的情绪中轮换着挑战新玩法。

一会儿，户外活动结束时间到了，孩子们收整好轮胎回到班级，跟着老师进入当日计划中老师预设的其他课程中。

对于观察到的游戏情景，教师看到了孩子的兴趣，是放任不管还是要积极回应，如果要回应，该如何支持孩子们进行持续探究呢？

二、原因分析

《评估指南》要求"教师支持幼儿自主选择游戏材料、同伴和玩法，支持幼儿参与一日生活中与自己有关的决策"，但实际的状况并不理想。一方面，幼儿习惯性地跟随教师，缺少主动性，且幼儿缺少持续开展探究的时间和空间。另一方面，幼儿只有表面的自主。由于缺乏教师的专业引导，使其看似有充分的自主，但缺乏深入和聚焦，如幼儿停留在表面的游戏或重复无趣的活动上。

（一）教育价值取向的影响

受传统"目标导向"的影响，教师忽略了自主游戏的价值，实践中游戏和教学分离，出现了过分强调教学的"灌输式"教育和过分注重游戏的"放羊式"教育。

其实，教学的"生成"与"预设"并不矛盾，好的教育既不是完全预设的，也不是完全生成的。完全预设不考虑幼儿的兴趣特点、生活经验，那么幼儿只能进行浅层学习。完全生成虽然能够发挥幼儿的积极主动性，但是难以让幼儿全面发展。所以在教育的过程中，预设和生成是相辅相成的。

（二）师幼互动的有效性欠缺

多数教师简单地把自主游戏当成幼儿自己的游戏，在幼儿自主游戏时，师幼互动"缺位"或师幼互动"失效"，教师更多的是在游戏中扮演"看管者"的角色。即便教师能在自主游戏中观察幼儿，但多数观察记录并没有发挥其应有的作用。

自主游戏中教师的任务不应是简单地追随和放任幼儿的兴趣，而是要分析他们感兴趣的事物中所包含的学习契机，帮助幼儿建立各类活动之间的经验联系，使幼儿的活动复杂化，最终让幼儿在活动中深入思考、有效学习。

（三）外部系统的期望压力

受家长、园所的期望压力，教师忙于教授规定的课程，无暇顾及幼儿的兴趣需要，只关注学习结果，而忽略幼儿的学习过程。

三、问题解决

（一）持续性观察，解读幼儿行为

理解幼儿的想法和思维是教育的基础和前提，教师重视对幼儿游戏的观察，还要关注幼儿在游戏中的思维，即思考"幼儿为什么这么做"。我们可以通过多个角度来分析我们所看到的幼儿表现，这样我们就可以选择想要扮演的角色来提升幼儿的经验。

首先，教师对观察到的资料进行反思：幼儿已经知道些什么？他们在想什么？他们正在质疑或试图弄清楚什么？那么，在"滚轮胎"游戏中我们观察到了哪些反映幼儿对学习的渴望和他们学习能力的细节呢？

瑞士心理学家让·皮亚杰把"图式"描述为一种在儿童的游戏中反复出现的思路，这就意味着儿童的游戏反映了其更深层次的内在的定向思维。当儿童探索图式时，他们正在建构对抽象的思想和概念的理解。例如"轨迹"图式：探索物体或者自己的水平、垂直和对角线运动，让物体在空中飞行或移动自己。"旋转和循环"图式：用可以旋转的东西做实验（自己、轮子、球），探索曲线和圆圈。根据图式理论分析，"滚轮胎"游戏中孩子们在探索旋转、循环图式和轨迹图式。过程中他们又增加了游戏的复杂性——闯关，挑战着孩子们的协调性和敏捷性。

其次，对幼儿的自主游戏进行价值判断：我看到的这个情景或幼儿正在做的事情对于幼儿的学习和发展有什么价值？幼儿可以从中获得什么经验？

"滚轮胎"游戏是幼儿自己设计的，他们对玩轮胎有着共同的兴趣，在观察能力、推理能力、自主探索材料方面表现得非常出色。通过新的尝试，提高了游戏难度，这个新玩法引发了幼儿广泛的兴趣，大家都想试一试，幼儿在内在动机的驱动下，能够享受当下的事情，获得足够的满足感。

第三，在观察幼儿游戏时教师问自己以下问题：需要我干预吗？幼儿遇到问题了吗？我还能提供什么来挑战他们正在发展的能力呢？

教师在了解幼儿兴趣的基础之上，要通过引导性参与，在幼儿已知的信息与将要学习的信息之间架起一座桥梁。在这里，教师需要为幼儿提供进一步学习的机会，采用多种方法扩展幼儿的图式，为幼儿活跃的心智提供更为丰富的养料。

观察幼儿的"滚轮胎"游戏，一方面可以给幼儿提供使用其他工具进行艺术探索、科学探索等持续探索"旋转""轨迹"图式的机会，例如：在艺术创作中可将轮胎蘸上各种颜料在纸上自由滚动等等。另一方面，教师通过持续性观察尽可能地理解幼儿并看见他们的学习,进而设计出最贴近当前幼儿思维的课程方案,使教师的"教"有意义。

例如:老师发现通过游戏中的(身体可以体验的)关卡激发出对各种游戏关卡的兴趣,于是支持孩子们用各类型积木建构成一个有轨道、滑梯、桥梁等关卡的游戏区域,并用玩具车来闯关。但孩子们在实际尝试之后,发现这些玩具不能像人的身体那样,没办法自己通过关卡,于是延伸出新的思考与问题:"有什么东西会自己走,不用我们的手帮忙就可以玩闯关呢?"幼儿通过集思广益,联想到了之前玩的轨道游戏的旧经验:如果是轨道的话,玻璃弹珠就能够在不用手推的状况下往前滚动,在老师的支持下,大家决定一起探索有趣的轨道。

(二)提供鹰架,促进幼儿解决问题

首先,老师帮助幼儿将目前想到的关于轨道的问题和想法做成网络图,让他们探索时可以随时回顾已完成和未完成的事情,也可以帮助幼儿的思考更有逻辑。

接着,幼儿先在积木区创作了高一点、长一点的轨道,这样弹珠或球就会滚得比较快,使轨道更有趣。在美工区,老师又提供了各种素材支持轨道"变身",如硬纸、软纸等材料,与幼儿进行了纸轨道的游戏和创作,引领幼儿感受材料的质感和特性,再通过弯与折的方法做出更多的造型。例如:把长方形纸张的两边折起就是U字形轨道;纸张对折会变成V字形轨道;将纸卷成圈,就成了圆筒形的轨道。将每个人的纸轨道连接起来就成了长长的轨道,但是小弹珠在长轨道游戏中常常出现停顿的现象,幼儿通过观察努力寻找解决方法。

老师又陆续将新的媒材投放到不同的区域中,科学区的孩子们尝试将弹珠从水管的一头滚到另一头,经过反复操作,他们发现"水管"轨道也需要一边高一边低,弹珠才可以滚下去。孩子们通过彼此的交流与合作,从可以转弯的水管,联想到弯弯的、仿佛旋转滑梯一样的轨道,于是,他们要尝试盖出会转弯的轨道。

老师从孩子们玩"滚轮胎"闯关游戏到支持孩子们探索"有趣的轨道",帮助孩子们扩展了对轨道的思考和设计,逐步在多样化的活动中,持续发展动力、高度、重量等科学知识,并帮助孩子们学会搭建、测量等技巧与策略。

例如：积木区的孩子们发现，以圆柱积木为底层叠加长方形积木简单地搭建完成的轨道，与大家印象中的轨道不同，而且玻璃弹珠也没办法自己滚下来，还会从旁边掉下去。于是在老师的支持下，孩子们重新探索了"斜坡的秘密"。孩子们观察发现：要想让弹珠自己滚下来，轨道就要有斜坡。老师继续追问：那什么是斜坡呢？孩子们操作发现：斜坡就是斜斜的，一边高、一边低。于是，科学区的孩子们利用软积木开始研究各种组合斜坡的方式，让轨道有了不同的变化。

在探索怎样才能让纸轨道的宽度都一样时，老师引领孩子们寻找辅助工具测量，完成了一段一段宽度相同的小轨道，增添了孩子们的测量经验。为了验证大小弹珠滚动的速度，孩子们进行了坡道与速度的比赛。在孩子们的探究过程中，老师需要时常就"哪些概念正在吸引幼儿的注意"进行反思，让这些概念像一粒粒小种子，萌发出一个个探究的焦点。

（三）师幼共同建构，扩展幼儿的思维

老师会将幼儿在游戏中获得的零散经验在教学活动中进行整合和系统化，同时，也会让教学活动中的经验在幼儿喜欢的游戏当中得以充实和深化。在用积木搭建"会转弯的轨道"时，孩子们用长条积木拼接成L形的转弯处，就像我们平时走的道路一样。但是实际上弹珠滚落后却发现，弹珠会在L形的转弯处停下来，不会向着弯道转过去。"怎么办呢？""如果把转弯的地方变小一点呢？"孩子们想起了之前制作"电子小昆虫走迷宫"时用短吸管缩小了转弯处的方法，于是他们迁移经验，在转弯处加入三角形的积木让弹珠滚过去。

孩子们还想制作如同旋转滑梯一样的轨道，也想为大型轨道增加更多好玩的关卡。在给纸轨道设计关卡时，老师收集了轨道的相关资料，带领孩子们观看了轨道的视频，孩子们发现原来轨道的关卡多种多样，而且有很多都是他们可以尝试的。老师引导孩子们制作了视频中出现的风车关卡和漏斗起点，帮助他们打开更宽广的视野，推动游戏活动向深入发展。

在选择搭建轨道的材料时，老师启发幼儿思考：还有什么其他的东西可以变成轨道吗？孩子们想到了纸、水管、纸杯，还可以把矿泉水瓶切开……老师继续追问："那轨道这么长，怎么才能把全部的材料都放进去呢？"孩子们讨论后决定用"分"的方法：一段用水管、一段用瓶子、一段用积木……

从这个例子中我们可以看到,探索"有趣的轨道"的孩子们都是不气馁的小小实验家,他们在同一个目标的指引下,逐渐培养出热情、专注的精神,即使需要不断尝试,即使遇到许多困难,也从来不轻言放弃,直到共同解决问题。

四、反思总结

在自主游戏中,当教师能够追随幼儿的兴趣,幼儿会成为学习的主导者,迸发的热情会促使幼儿走向更积极的行动历程。对幼儿来说,自主游戏中的深度学习必然是一段积极主动、充满兴趣和情感的难忘的旅程。

（原长春吉大力旺实验幼儿园　关欣

长春市基础教育研究中心　杨思憶）

拓展研讨

1. 自主游戏中教师如何拓展幼儿的思维？
2. 自主游戏中如何扩展幼儿的新视角,增加儿童的探索机会？

体育区中民间传统体育游戏的组织与实施

智慧导引

《幼儿园教育指导纲要（试行）》指出,"培养幼儿对体育活动的兴趣是幼儿园体育的重要目标,要根据幼儿的特点组织生动有趣、形式多样的体育活动,吸引幼儿主动参与""用幼儿感兴趣的方式发展基本动作,提高动作的协调性、灵活性。在体育活动中培养幼儿坚强、勇敢、不怕困难的意志品质和主动、乐观、合作的态度",这些都是幼儿园体育活动的重要目标和内容。体育区活动是幼儿园体育活动的一种特殊的组织形式,是对幼儿园基本体育活动形式的一种补充。体育区活动是指幼儿在一定的体育活动区域内自主自愿地游戏活动，是以走、跑、跳、投、平衡等基本动作为主要内容的，并且有一定的角色、情节和规则的，运用游戏形式进行的身体训练。体育区活动通过反复练习，在发展幼儿走、跑、跳跃、平衡、投掷、钻爬和攀登等基本动作的同时，提高幼儿的速度、力量、耐力、灵敏性、协调性和柔韧性等身体素质。体育区是幼儿喜爱的区域活动之一，它符合幼儿的身心发展特点，既能促进幼儿生长发育，又能促进幼儿发展智力，锻炼其意志，提高其心理素质，培养其机智勇敢、团结友爱和遵守纪律的品德。因此，在体育区开展民间传统体育游戏，既能激发幼儿积极参与民间游戏的兴趣，又能帮助幼儿增强体质，在爱玩、会玩的同时，体验文化传承、同伴共同游戏的快乐。

一、创新适合幼儿的民间传统体育游戏内容

随着社会的不断发展，人们的价值观、生活方式以及社会风俗习俗都发生了变化，而民间游戏在一定程度上表现出时代和地方的局限性。有些游戏的玩法过于单一呆板，有些游戏的规则不适合现代儿童，有些材料操作难度大……一系列的问题导致了民间游戏在幼儿游戏中占比越来越小。因此，对于搜集到的民间游戏就需要进一步整理和改变，主要从民间游戏的形式、内容、操作材料、玩法及语言方面进行创新。

首先是民间游戏内容的创新，主要采用降低难度法、优化组合法、拓展法、发散引导法四种方法对民间游戏内容进行创新。

其次是民间游戏玩法的改变与创新，着重从游戏的组织形式、游戏人员参与的形式、材料投放的形式三方面改变与创新。

再次是民间游戏器械与材料的传承与创新。

（1）巧妙装饰，美化玩具装饰材料。

（2）变废为宝，替换传统的器材。

（3）民间游戏器材的创新运用。

最后是民间游戏童谣的整理与创新，通过将搜集和整理到的民间游戏童谣进行改编和创新，使其更加适合现代儿童。

二、合理利用园区环境资源创设游戏空间

民间传统体育游戏是我国民族文化的一部分，是由劳动人民改编的、适合幼儿年龄特点的、乐于被幼儿所接受的、富有浓厚趣味性和娱乐性的幼儿游戏活动，具有因陋就简、就地取材、娱乐性强、易学易玩，不受时间、地点、材料、人数限制的特征。在环境创设上，我们因地制宜、合理利用周围环境资源，努力挖掘园区环境资源的潜力，创设了合理的运动区域和空间，确保幼儿充分发挥其运动灵敏性。幼儿园根据民间游戏所需要的器材及特定场景，分为肢体类、场景类、线绳类、竹木类、纸类、综合类六大类。这样分类有助于民间游戏器材的搜集、整理，有助于班级进行分区设置，有利于开展基于一类材料进行的一物多玩及创新玩法。

三、寻找民间传统体育游戏的学习生长点

游戏课程化是从幼儿的游戏出发，及时把握幼儿学习的生长点，由教师通过引导和建构新的游戏，促进儿童学习与发展的过程。

如果说，游戏是学习的载体，那么，一个游戏之中蕴藏着哪些学习经验？如何发现这些隐藏在游戏之中的学习经验呢？其中必然存在着一个学习经验的游戏表征问题。民间游戏作为学习经验的载体，隐藏着丰富的学习经验。为此，教师基于幼儿的发展水平（生活经验）选择适宜的游戏（游戏的适宜性），并且透视其中的"经验生长点"（游戏的生长性）。在实践中，民间游戏课程化就是以民间游戏作为学习经验的表现性任务，通过对幼儿游戏行为的观察，透视其中包含的学习经验及其上升路径，借助多元表征方式（思维地图、绘画等）形成经验链条，和幼儿一起生成新的游戏。在这个意义上，民间游戏课程化也是传统游戏的"活化"过程，激活了民间传统游戏的自我更新机制。

四、在民间传统体育游戏中培养幼儿多元思维

游戏是幼儿获得身心和谐发展的必由之路，只有在宽松自由的环境中幼儿才能以自己的方式学习。而运动游戏作为区域游戏的重要组成部分，

幼儿营造了主动学习的环境。思维能力是人的一种高级认知能力，是在感觉、知觉、记忆等过程的基础上产生的，是智力的核心。思维敏捷的幼儿有较强的分析和解决问题的能力，能够快速作出正确的分析和判断。这就要求教师要创设良好的游戏氛围，在不同的情境中用不同的角色推动游戏，构建积极的师幼互动，把过去的教师教、幼儿模仿的形式变为教师引导幼儿主动思维、让幼儿乐于参与并大胆尝试的形式。如，肢体类——跳跃区设置的民间传统体育游戏"跳房子"。跳能够训练幼儿的平衡能力，跳要比跑和走都有难度、有技巧，更能提高幼儿思维的灵敏性，教师可以在游戏中提供多种"跳房子"图案，幼儿根据房子中的指示进行跳跃。为了培养幼儿思维的灵敏性，老师还刻意地不时变换跳跃方式，让幼儿在跳跃的时候及时发现和观察，通过快速思考，随时控制好自己跳跃的方式（单脚跳、双脚跳）。为了增加运动游戏的情趣，我们不时更换房子中的小标识，如各种小动物，幼儿跳到哪个小动物的家就模仿这个小动物，还要求幼儿必须在跳跃时敏捷地做出选择并回答："我现在扮演是谁？我要做什么动作？"的问题，这样的运动游戏符合幼儿的天性，很受幼儿喜爱，在轻松愉快的游戏中，幼儿既掌握了基本动作，达到了锻炼效果，又发展了幼儿对动作的想象力。他们在运动中的快速思维能力能及时地显现出来，且幼儿百玩不厌，身体动作更是不断发展。可见，民间传统体育游戏不仅促进幼儿身体的健康发展，而且有利于幼儿心理的健康与智力的发展。

▶ 案例呈现

大班民间传统体育游戏"跳皮筋"

一、问题

皮筋是用橡胶制成的有弹性的细绳，长3米左右，被牵直固定之后，幼儿即可来回踏跳。可三人至五人一起玩，亦可分两组比赛，边跳边唱非常有趣。在幼儿园民间游戏大会中，我们班选择此项民间游戏作为展示活动。在学习跳皮筋的过程中，幼儿学习三种跳皮筋技法，分别对应三种队形。可是在学习变换队形时，教师发现幼儿在对掌握哪种队形用哪种跳法上容易弄混。

二、原因分析

作为教师，我对这些问题进行了深入的分析，发现主要原因在于幼儿在出现"三角"队形和"四边形"队形时，常常记不清楚抻皮筋人数与跳皮筋人数。

三、问题解决

为了解决这些问题，我采取了以下措施：

首先，幼儿绘制括号图，了解整个跳皮筋游戏是由三种队形和三种技法组成的，帮助幼儿了解三种队形对应哪种跳法，记忆整个游戏。

其次，通过绘制双气泡图来区分两队跳法的不同与人数的不同。区分两种队形分别对应的两种技法。对比其不同之处，通过对比幼儿加深了对队形的印象。

最后，在整个民间游戏结束时，教师引导幼儿根据游戏中变幻的每一个队形绘制流程图，以加深对整个游戏的掌握，更完整地记录游戏。

幼儿通过绘制图表来梳理整个游戏的过程中，不仅能完成自己的部分，还能够纵览全局，增强了幼儿的计划性，锻炼了幼儿的逻辑思维能力。

四、反思总结

通过这次绘制思维地图解决游戏中出现的问题，我深刻认识到民间游戏课程化也是传统游戏的"活化"过程，激活了民间传统游戏的自我更新机制。

幼儿在整个游戏活动中使用了8种思维地图，通过讨论、思考、统计、绘画、游戏等几个环节，教师始终是一个协助者与支持者，幼儿自主参与，进行自主游戏。

幼儿能够从整体到部分、再从部分到整体地将游戏脉络运用思维导图的形式呈现出来。在最后反思环节中，他们使用了复流程图来分析事物的因果关系，也就是跳皮筋的过程中出现问题的原因，以及由此导致各种的结果。多种因素导致一件事情，一件事情导致多种后果，幼儿通过反思，能更好地参与到今后的游戏中。

（长春市基础教育研究中心　谭清）

拓展研讨

《3—6岁儿童学习与发展指南》指出："幼儿园要利用民间游戏、传统节日等，适当地向幼儿介绍我国主要民族的民族文化，帮助幼儿感知文化的多样性和差异性。"那么，教师将如何挖掘民间游戏所特有的教育价值，将民间游戏渗透在一日活动中，探索民间游戏与幼儿园体育活动、区域活动的融合？

话题四　探索课程游戏化评价的新举措

伴随着教育理念的不断更新，幼儿园课程游戏化研究不断深入，游戏与课程的关系日益明朗，游戏在幼儿园课程中的地位也更加明确。高质量的教育有赖于科学的实践，游戏化教学是科学实践的基本路径和指导思想之一。如今，大多数幼儿园都认识到，游戏蓄积了幼儿发展的价值。没有游戏，幼儿就不可能实现真正的全面发展。游戏是幼儿成长的需要，幼儿的学习与发展更离不开游戏。

然而，课程游戏化不是把幼儿园的全部活动都转变成游戏，而是保证基本的游戏活动时间，还能够把游戏精神整合在课程实施的多种活动之中。与此同时，评价涉及不同的层次和对象，其功能和作用引起了越来越广泛的关注。评价是现代学前教育的关键环节，也是提升学前教育质量的重要举措，让评价工作科学化、规范化、制度化和有效化是教育评价工作的基本目标。《幼儿园教育指导纲要（试行）》（以下简称《纲要》）指出，幼儿园课程评价是幼儿教育工作的重要组成部分，有助于了解教育工作的适宜性、有效性，有助于调整和改进教育工作，更有效地促进每个幼儿的发展从而提高教育质量。2022年，教育部印发了《幼儿园保育教育质量评估指南》（以下简称《评估指南》），强调幼儿园以游戏为基本活动，不断提高幼儿园办园水平和保教质量，树立科学的评价导向，聚焦班级观察，重点关注幼儿园提升保教水平的努力程度和改进过程，切实扭转"重结果轻过程、重硬件轻内涵、重他评轻自评"等非科学倾向，推动以评促建，引导办好每一所幼儿园。

课程评价既是幼儿园课程体系的重要组成部分，也是检验课程目标、内容和教育方法是否合理有效，是否适合儿童的身心发展的一把关键"钥匙"，更是贯彻落实习近平总书记关于教育评价改革的重要论述，加快推进《深化新时代教育评价改革总体方案》落实落地的关键举措。幼儿园课程评价是一个多主体共同参与、协作的过程，这些主体包括教师、幼儿、家长及管理人员等，他们在评价过程中将发挥各自独特的作用。通过课程评价，关注儿童的活动和发展状况，了解环境、课程及教师对儿童活动和发展的支持与促进程度，真正把握过程中的、情境中的、互动中的教育质量，发现创新性的、有效性的教育实践方法和策略，以及影响儿童学习和发展的主要因素，发现教师与儿童互动并支持和促进儿童发展的主要困难或问题，并据此改进课程体系，真正以评促改、以评促建，让评价真正起到提升课程质量和教育质量的目的，将"课程目标—课程实施—课程评价—课程优化"等环节形成闭环，真正使评价为提升教育质量服务，为儿童成长服务。

评价课程游戏化目标设置的适宜性

智慧导引

幼儿期是儿童发展的关键时期，儿童在这个阶段经历着身体、认知、情感和社会能力的迅速发展。幼儿园课程是实现幼儿园教育目标的根本途径和重要手段，它是为实现学前教育目标而设计和管理的所有学习活动和过程要素的总和，可以让儿童获取更多的有效学习经验，以此促进幼儿的综合发展。传统的幼儿园课程注重知识灌输，缺乏对幼儿全面发展的关注，目前人们意识到了这个问题的严重性，越来越多的研究开始关注如何通过游戏化的教学方法促进幼儿的综合发展。

幼儿园课程游戏化是对幼儿游戏作为基本活动的具体表现。随着幼儿园课程改革的深入推进，游戏与幼儿园课程之间从分离状态走向融合是必然趋势。实施幼儿园课程游戏化，儿童是核心，教师是关键。课程游戏化的过程，不仅是贴合幼儿爱玩天性的过程，也是教师专业化的过程。审视课程游戏化的效果，真正把握幼儿的需要，才能使幼儿园课程游戏化的完善和推进更具有针对性。游戏化课程目标的构建是游戏化课程落地的起点，也是游戏化课程优质发展的关键。

一、课程目标的内涵

课程目标是根据教育目的和教育规律而提出来的课程的具体价值和任务指标，也是国家教育目标最直接和最具体的表现。幼儿园课程目标是幼教工作者对幼儿在一定学习阶段的学习效果的期望。幼儿园的课程目标是我国学前教育目标的表现形式，是课程质量评估的基础，对幼儿园课程目标体系的研究也将为幼儿园教育体系的创建提供强有力的支持。

二、课程目标的设置

（一）符合幼儿认知水平

目标体现了教师对活动宗旨的预设，它决定着整个活动的基本走向。一般而言，幼儿园教育活动目标分为认知、情感和技能三个维度。教师要及时了解国家政策的变化，特别是全新的教育发展标准，根据《3—6岁儿童学习与发展指南》和《幼儿园教育指导纲要（试行）》的最新要求制定课程目标体系，保证本园课程目标体系的时效性和实效性。课程游戏化目标设计的原则，应遵循建构主义的"以学习者为中心"的学习观点，需从幼儿个体或群体的认知水平出发，有针对性地进行情境目标设计，在符合幼儿认知水平的情境的基础上，进行目标设计。在课程中，随着幼儿的认知结构不断变化，目标的设计也要随之变化。总之，在课程游戏化实践的过程中，在总目标不变的前提下，课程子目标要随幼儿个体的沉浸体验、认知水平变化而不断变化。

（二）符合幼儿发展特点

活动目标应贴近幼儿生活和已有经验，符合幼儿最近发展区，促进幼儿个性、社会性、价值观等人格素养的陶冶和形成。首先课程目标的确立应适应幼儿目前的发展能力，结合幼儿的最近发展区的创建挖掘幼儿自身潜力。此外，各个年龄段的幼儿应设置差异化的目标，这才符合幼儿发展的年龄特点。面对不同年龄段的幼儿，遵循其身心发展的规律，有针对地进行课程目标的设计。目标的设计要遵循课程的基本范式，按照三维目标进行设计，在设计时有计划地指向课程实施内容所要达到的目的。同时，课程目标的设计要契合园本课程的特性，根据园本课程的独特性进行设计，这也是园本课程所要考虑的方向。

（三）关注幼儿兴趣需要

教师在平时活动的过程中要注意观察幼儿的兴趣点，以此为契机衍生出相关的活动目标，提高幼儿参与活动的积极性。教师在日常生活中也应该与幼儿家长多进行一些交流，幼儿平时与父母相处的时间比较长，与父母的交流也是教师了解幼儿兴趣的一个重要渠道，这为我们制定教育活动目标提供了一个重要依据，有利于活动目标与幼儿兴趣相吻合。

（四）目标应具有生成性

教师在开展教育活动前，应掌握相关的知识理论。首先，教师应扎实地备好课，了解活动的重点和难点在哪里；其次，教师要预设教育活动中可能出现的各种问题，做好一个紧急预案；最后，教师要准备合适的活动材料，供幼儿观察、学习。教师只有提前充分地备好课，在遇到新的问题、新的情况时，才可能既临危不乱，自然地过渡到新的活动目标上，再掌握好分寸衔接回来，做到来去自如。

（五）目标与游戏相结合

在活动过程中，教师可以将教育目的转化为具体的游戏任务，让幼儿在游戏中完成学习目标。将游戏元素和规则引入教学活动，能够有效激发幼儿的好奇心和竞争意识，使其更加积极地参与到课程教学中。在游戏化的教学过程中，教师应当及时给予幼儿反馈和奖励。在设计游戏任务时，教师也应明确任务与学习目标的对应关系，并确保相应的游戏能够帮助幼儿达到预期的学习效果，促进幼儿的全面发展。

例如，为了培养幼儿的数学概念和计数能力，教师可以带学生一起玩"宝藏计数探险"的游戏。教师需要提前准备一些珠子、一个藏有宝藏的盒子、一些数字卡片，并将教室或室外区域布置成一个探险场景，添加山丘、河流、桥梁等元素，将珠子隐藏在探险场景的各个角落。教师引导幼儿扮演探险家的角色，让他们根据数字卡片上的提示找到相应数量的珠子。在这个过程中，教师应当鼓励幼儿积极寻找、计数并收集珠子。当幼儿找到正确数量的珠子时,可以将其放入宝藏盒子中,以获得相应奖励并继续探险。通过扮演探险家,幼儿能够加深对数字概念和数量关系的理解,教师的引导和反馈也可以帮助幼儿建立正确的数学概念,并增加他们的学习动力和自信心。

案例呈现

探秘泥雨

一、问题

一场"特别"的雨后,当我像一个泥娃儿一样走进班级时,顿时吸引了孩子们的注意力,"老师,你的衣服上怎么全是泥呀!"突然间,泥的由来引起了大家的兴趣。

幼儿A:老师肯定是摔倒了。

幼儿B:不是,是沙尘暴。

幼儿C:对,是沙尘暴……

基于孩子们的对话,我发现孩子们对于这种特殊天气缺乏认知。根据孩子的兴趣点与年龄特点,我预设了一节目标为"了解泥雨形成的原因;能够对泥雨形成过程进行简单的实验操作;感受并表达泥雨天气产生的影响"的科学探索活动。

但是在户外感知天气时,孩子对浑身是泥的小葱产生了极大的兴趣,引发了"给小葱洗澡"的想法。但在课程的预设与准备中,并未涉及淋浴器的相关知识点。因此,只能尽量带领孩子探讨给小葱洗澡的多种方式,未能及时根据孩子的兴趣调整课程内容,抑或是引发出相关的游戏活动。

二、原因分析

(一)课程目标设置过度知识化

幼儿园课程活动目标的设置次序在教学过程之前,而且是提前设定好的,这就导致活动目标带有很大的教师主观色彩。案例中的活动目标设定过于注重幼儿对"泥雨"特殊天气的认知与掌握天气的形成原因,过于偏向知识与技能层面,对"过程与方法"和"情感、态度与价值观"的目标维度存在忽视情况,未从情感角度思考"泥雨"特殊天气给幼儿带来的感受与体验。这就导致教师在预设活动目标、准备活动过程时过于关注知识层面，缺乏从情感与幼儿兴趣角度思考活动实施过程中可能会出现的情况以及幼儿的疑问。

（二）教师应变能力较低

传统的课程观长期使教师们热衷于做一名忠实的"教书匠"，根据预设的活动目标及过程按部就班地实施。这也是当前课程实施过程中的主要危机之一，直接影响教师不能第一时间根据幼儿的兴趣与疑问做出及时的回应和调整而生发新的活动目标。该课程观更是未能将游戏的精髓融入活动中，目标及实施环节过于死板，教师的"教育机智"未能充分发挥，只能用成人的眼光左右儿童的兴趣、回应儿童的需要，忽视幼儿在活动中不断生成的探究与创造的欲望，削弱幼儿探索新知的积极性。

（三）课程资源不够丰富

课程资源是影响教师"课程游戏化"创新能力的重要因素。一节教育活动内容的取向因活动目标的限定具有唯一性，而在整个幼儿园课程的编制过程中，则需要获取大量多样化的课程资源，才能建设出具有教育性、创新性的教育活动。案例中的教育活动未储备丰富的课程资源，也就无法在幼儿提出新的兴趣点时给予充分探索的条件和机会。

三、问题解决

随着社会的不断发展，教育理念也在不断更新。为了满足幼儿的求知欲望，教师应保持终身学习的态度，以此对幼儿园课程游戏化活动当中的教学思想进行准确定义，结合幼儿的发展需求，把从儿童视角出发的教学理念运用到幼儿园课程的教学实践中。

（一）更新课程目标体系

幼儿园课程的最终目标是全面追求幼儿发展的完整性，促进幼儿自身的语言能力、情感表达能力、认知能力等协调发展。教师应首先根据《3—6岁儿童学习与发展指南》和《幼儿园教育指导纲要（试行）》的要求制定活动目标，符合幼儿的身心发展规律与年龄特点，适应幼儿目前的发展能力。但是，教师也不能仅仅依据文件大纲的要求，更重要的是从幼儿的实际情况出发，结合本班幼儿的特点与学习兴趣和需要，对目标做全方位、多角度的考虑，这样才能将幼儿需要掌握的和幼儿喜欢了解的内容融于一体，让课程目标真正为幼儿的全面发展服务。此外，教师要注重活动的多维度的目标设置，不仅要关注与活动内容有关的知识技能的掌握，更要从情感态度维度上思考活动内容能给予幼儿何种渗透与影响。

（二）提高目标生发能力

教师要明确，活动的实施不是单纯地为了完成活动目标，也不是让幼儿掌握活动中的全部知识，更不是将超出预设目标外的知识与问题排斥在活动之外。教师应带着"发展的眼光"预设活动并实施活动。以案例中幼儿想给小葱洗澡为例，活动不应当局限于预设的"模样"，可以是更加广泛的、开放的、随机应变的，教师可以组织幼儿就"如何给小葱洗澡"问题展开头脑风暴，支持幼儿根据已有的理解讲述、绘制、探究用于洗澡的淋浴器。并且让幼儿自主选择感兴趣的设计方案，组建队伍进行制作，满足他们对"洗澡"行为的兴趣，也可以由生发出的活动帮助幼儿掌握淋浴器的工作原理来作为生发活动的目标。探索活动后，再使用不同的引导方法带领孩子继续探究"泥雨"特殊天气的形成原因。

（三）广泛利用课程资源

丰富多样的课程资源是幼儿园课程高质量实施的条件之一。教师应根据活动情况以及本园的实际物质资源，提高课程资源的使用率与课程质量。首先园所要确保教育资源的投入，给予足够的软硬件支持，如探究设备、仪器等硬件支持，也可以通过知识科普、环境创设等途径进行渗透。教师自身也要充分发散思维，广泛利用幼儿园内的课程资源，不仅是设备、仪器等硬件资源，还可以发挥家长资源、人文资源、社会资源的合作作用。与此同时，游戏也是课程实施中重要的资源之一，游戏能够调动幼儿的活动兴趣，也能够以幼儿喜爱的方式达成活动目标。案例中的科学探究活动，教师可以借助游戏、小学以及家长等外部资源，通过开展"淋浴游戏"，以给室内的玩偶洗澡为活动内容，让幼儿自主探索如何制作淋浴器，这样既满足了幼儿的活动兴趣，也给予了幼儿充分探索的机会。也可以通过邀请小学科学老师或是组织幼儿走进小学等途径，借助小学的专业设备，让幼儿亲自操作感知特殊天气的形成原因。还可以通过家庭资源，观察发现家中淋浴器的形状、工作原理等，帮助幼儿开展给小葱洗澡的探究活动。

四、反思总结

孩子的学习是不断生发而来的，这种生发是需要孩子的兴趣与教师的支持相辅相成的，孩子的操作活动是需要有良好的环境与充足的材料做支撑的，在操作中不断尝试和解决问题是孩子们获得提升的必经之路。有意义的学习一定是以孩子为本，以自然为师，以支持为辅，不断追随、不断生发的过程。只有这样的学习才能让师幼共同体验永无止境的成长之旅，才能让师幼携手共遇最棒的自己！

（长春汽车经济技术开发区实验幼儿园　朱莹　李莹）

拓展研讨

《幼儿园教育指导纲要(试行)》强调：幼儿园教育应与游戏活动相结合，从而使幼儿在游戏活动过程中接受更好的教育。幼儿园的课程应该是游戏化的，这就决定了游戏课程是幼儿园实现教学目标的重要形式，这种教育形式对于发挥幼儿的主动性、创造性、独立性等都具有重要价值。随着儿童观对学前教育影响力的不断提升，将儿童视角融入幼儿园的课程游戏化中也是必然趋势，教师树立正确的教学理念对加强幼儿培养的重要性，对提升幼儿的主动性、独立性及积极性也都有着重要的意义。那么教师应如何在儿童视角下，审视、实施课程游戏化呢？

评价教师在课程游戏化实施中师幼互动情况

智慧导引

《3—6岁儿童学习与发展指南》和《幼儿园工作规程》均指出，幼儿学习以直接经验为基础，以游戏为基本活动形式。这就要求幼儿园应为幼儿创建良好的学习环境，改进课程教学方法，使幼儿能够在宽松、自主、活跃的学习环境中获取直接经验。幼儿园有必要推进课程游戏化改革，将课程游戏化作为课程建设的价值导向，建立起以游戏为基本活动的课程教学体系，加快课程与游戏之间的融合，使幼儿在完成游戏活动的过程中主动建构经验，获取基本知识，以达到寓教于乐的效果。

在当今快速变化的教育领域，课程游戏化作为一种新兴的教育策略，正日益受到重视。课程游戏化是指通过游戏的形式，结合幼儿的生活经验和兴趣，将教学内容融入游戏活动中，以提高幼儿的学习兴趣和主动性。这种教学方法的特点包括竞争与合作、目标设定、即时反馈和成就系统，这些都是为了激发幼儿的内在动机和积极性。在幼儿教育中，师幼互动尤其重要，因为它不仅影响幼儿的社交技能发展，还影响幼儿的认知和语言发展。有效的师幼互动能够为幼儿提供一个安全和充满挑战的学习环境，这对于幼儿探索世界、建立自信和发展独立性至关重要。因此，结合课程游戏化与师幼互动的研究不仅具有理论意义，更具有实践意义，它能够帮助教育者设计更有效的教学策略，满足现代幼儿教育的需求，并为幼儿提供一个全面发展的起点。

一、师幼互动的内涵

师幼互动是在幼儿园教育环境中，教师同幼儿建立起的一种积极、平等、有益的互动关系，其具有尊重与理解、沟通有效性、启发式教育、互动多元化等显著特点。在实际的师幼互动环节中，教师不仅需要以幼儿的发展特点、成长节奏、进步需求为出发点制定并优化教育教学策略，还需要通过与幼儿建立起有效的沟通体系来达到促进幼儿全面发展的目的。在幼儿园一日活动中，要关注教师与幼儿之间发生的各种形式、性质、程度的互动所产生的作用和影响。

二、高质量师幼互动的意义

《幼儿园教育指导纲要（试行）》明确提出，"幼儿园的教育活动，是教师以多种形式有目的、有计划地引导幼儿生动、活泼、主动活动的教育过程"，应"关注幼儿在活动中的表现和反应，敏感地察觉他们的需要，及时以适当的方式应答，形成合作探究式的师生互动"。因此，在分析幼儿园一日活动情境中的师幼互动时，应着重观察、评价教师对幼儿的作用和影响。

《幼儿园保育教育质量评估指南》视域下，幼儿园建立起高质量的师幼互动体系具有重要价值。第一，促进幼儿全面发展。在良好的师幼互动中，幼儿的认知水平能在教师提问、启发、引导等活动中得到提升。教师对幼儿的情绪、情感、人际交往等方面做出回应，有助于提升幼儿的情感与社会能力。第二，提升教师教育教学的能力。教师在实际的互动过程中需通过观察、回应、引导、评价等方式，为幼儿的成长保驾护航。第三，优化幼儿园教育环境。教师与幼儿之间建立起良好关系和互动模式，有助于为幼儿成长营造更加积极的环境。教师尊重幼儿的个性化学习需求与成长需要，可为幼儿营造一个温馨、安全、健康的教育环境，以平等、耐心的态度与幼儿交流，引导幼儿积极表达自我，营造民主、平等的师幼关系。

三、基于师幼互动的课程游戏化教学

在幼儿园课程教学中，教师要给予幼儿充分的自主权，鼓励幼儿在教学活动中主动参与，利用游戏化的教学方式调动起幼儿参与的积极性，并通过师幼互动建立起教师与幼儿之间的信任感，使幼儿在教师的引导下发展思维能力和表达能力。师幼互动是拉近教师与幼儿之间距离的重要基础。在师幼互动中，教师要将教育者的身份转变为幼儿的朋友的身份，站在幼儿的角度与幼儿进行沟通，以保证互动交流的有效性。

创建良好的师幼互动环境不仅是实施课程游戏化的关键方式，也是支架式教学的重要内容。在课程游戏化理念的引导下，教师尤其需要明确自己的角色定位。传统幼儿园教育以灌输式的教学方法为主，即由教师单方面向幼儿传授知识，幼儿并没有自主选择权。随着幼儿园课程改革的不断深化，当前的课程实施更加关注幼儿在活动中的积极参与度和对高质量师幼关系的培养。瑞吉欧教育理论中将教学过程比喻为一场乒乓球比赛，认为教师应接住幼儿投掷的小球，再通过一定的方式抛给幼儿，让幼儿想和教师一起玩，而且是在更高的水平上继续进行下去。游戏化的课程并不是教师根据固定不变且预先设定好的教案组织起来的，而应该是在观察、理解孩子的语言和行为后不断产生和调整出来的"活课程"，是教师经过解读分析之后对幼儿的跟随和支撑，师幼之间的互动会不断发生变化。幼儿的能力随着教师的支持不断提升，进而不断有新的最近发展区。一方面，在游戏活动中师幼双方通力合作，共同应对游戏中发生的各种问题；另一方面，教师虽然作为幼儿游戏的主导，把握着整个游戏活动的方向，但是不对幼儿活动

进行限制或控制，只是通过"后扶前引"的形式去支撑、拓展幼儿的学习，使他们能够不断获得知识和经验，进一步提升自主学习和解决问题的能力。因此，在课程游戏化实施的过程中，师幼合作构建教学支架至关重要，只有与幼儿建立起积极有效的互动，教师才能提升自身的课程建设水平，从而更好地培养幼儿的思维与表达能力，促进幼儿的发展。

　　教师要搭建与幼儿积极合作的平台，做到融洽地与幼儿合作互动。课程内容不应局限于教材，而应生成于幼儿和教师之间的互动。幼儿园的课程不应仅由教师单方面决定幼儿的学习内容和深度，而应该积极发挥教师与幼儿之间的互动作用，师幼相互协作，共同创建新的教学活动。课程教学计划的制定不应成为限制幼儿活动发展和延伸的障碍，更不应限制幼儿在课程实施过程中发现新的兴趣点，以及由此创生出的全新的教育内容。有效的师幼互动是一个动态的过程，需要双方共同思考并保持紧密联系。只有通过师幼双方的共同努力才能有效实现课程游戏化的目标。一方面，教师应当采用灵活多样的教学方式，如示范、演示或提问等，尤其是开放性提问，能够为幼儿创造从尝试错误中思考与学习的机会。另一方面，在幼儿主导的活动中，教师应为他们创造认知挑战，并提供主动探索的环境，以此促进幼儿的思考与创新，使幼儿投入更深层次的学习当中，从而实现课程游戏化的核心要旨，促进幼儿的全面发展。

▶ 案例呈现

烹饪菜肴

一、问题

　　在大班区域活动中的娃娃家，幼儿正在兴高采烈地切菜，我好奇地发出了疑问："你们切的是什么菜呀？"幼儿A："茄子。"幼儿B："西红柿。"但是我看到幼儿A手握刀柄的位置不对，虽然使用的是玩具刀，但出于担心我还是害怕幼儿如果拿的是真刀就会伤害到手，于是我想要告诉幼儿正确的拿刀姿势。我便问了幼儿A："你的手这样拿着刀疼不疼呀？""不疼啊！"幼儿有点心不在焉地回答。我紧接着又说道："你们拿刀一定要注意安全，要用虎口的位置握住刀柄，不要握得太偏上了，以免切到手。"

此时幼儿 A 正忙于切菜并没有理会我。这时我有点意识到，我与幼儿的交流似乎干扰了幼儿的活动。

二、原因分析

（一）教师忽略儿童视角

在上述案例中，教师的互动行为缺乏儿童视角，教师没有进行观察就对幼儿的行为启动了"成人视角"的担忧和指导。幼儿此时正沉浸在快乐的游戏情境中，教师频繁地发起一些不必要的询问，扰乱了幼儿的游戏进程，幼儿没有时间考虑教师的问题，教师的指导起不到作用，没有实际的教学价值。由此可见，教师只是想达成指导的目的，解决心中的担忧，并未考虑到幼儿的游戏本身，也未从幼儿视角出发进行提醒或指导。

（二）教师角色矛盾

传统的教学模式中，教师通常扮演着知识的传递者和学习过程的管理者的角色，而在游戏化学习环境中，教师更多地承担着引导者和协助者的职责。但是在案例中，教师提出的封闭式问题与提醒，只是想告知幼儿注意正确拿刀的安全问题，此时教师发挥的作用已经不再是"引导"，而是明显地为解决教师内心的担忧而进行的"主导"，这种"主导"甚至影响了幼儿的活动进程。由此可以看出，教师虽然对自身所承担的角色有较为明晰的定位，却在实际活动组织过程中因为"心急"，模糊了"引导者"与"主导者"的定位。

（三）师幼互动片面

游戏化的教学需要教师与幼儿进行更多个性化、多样化的互动，了解幼儿在游戏中的表现，关注幼儿的个体差异，以及兴趣和需求，选取适宜的互动形式，包括对话交流和以游戏中的角色参与活动等等。但是案例中的教师互动方式仅局限在与幼儿的交流对话上，不仅没有调动起幼儿的互动兴趣，还干扰了幼儿的游戏活动。

三、问题解决

（一）强化儿童视角，尊重幼儿主体地位

教师在教学实践中应该时刻以儿童视角来看待问题，尊重幼儿的游戏意愿，充分发挥幼儿在游戏中的主动性，展现幼儿在游戏活动中的自主性，为更好地满足师幼互动活动打基础。在案例中，教师可以基于儿童视角思考如何提醒幼儿正确拿刀，如通过扮演游戏中的厨师妈妈，以幼儿的拿刀姿势切菜，但是却不小心切到手，进而提醒幼儿正确拿刀的姿势。教师参与到游戏中，以游戏者的身份自然而然地引发游戏情节。

（二）教师转变角色，促进自身专业成长

随着教育环境的变化，教师的角色也在发生转变，特别是在游戏化学习的背景下，教师不再是知识的单向传授者，而是变成了引导者、协作者和学习者。为了适应这种转变，教师需要不断促进自己的专业发展，包括学习新的教学方法、技术工具和理解幼儿的个性化学习需求。案例中，教师作为引导者、协作者，若想提醒幼儿注意安全拿刀，首先应当以游戏者的身份、口吻进行互动，在幼儿没有明显的互动兴趣时，应及时调整互动的方式方法，确保幼儿学习的主动性和探索性以及师幼互动的有效性。

（三）丰富互动内容与方式，提高师幼互动质量

丰富师幼互动的内容与方式是提升师幼互动质量的关键环节。教师应依据幼儿的实际情况选用多样化的互动内容，与幼儿共同探索，提升幼儿的参与兴趣。第一，创新型互动。教师可运用小组讨论、角色扮演、手工制作、户外探险等多种形式吸引幼儿的参与，促进其主动表达和思考。第二，情境化互动。通过创设故事情境、问题情境等方式，引导幼儿融入情境中进行互动，同步提升幼儿实际操作能力和思维能力。第三，借助现代化信息技术引导互动。除了传统的互动方式外，教师还可以利用现代技术手段来丰富互动形式，即引入多媒体课件、教育软件、在线交流平台等学习工具，向幼儿展示互动图片、视频或音频资料，带给幼儿更加直观且深入的互动体验，增强幼儿互动学习的趣味性和有效性。

四、反思总结

幼儿园要积极推进课程教学改革，遵循幼儿认知规律和个性化发展需求，积极开展课程游戏化教学活动，使幼儿在游戏中直接获取丰富的经验。幼儿园教师要掌握多样化的课程游戏化教学方法，从引导探究、贴近生活、环境创设和师幼互动的层面出发，合理设计和安排课程游戏化教学，不断提高幼儿园课程教学效果。

（长春汽车经济技术开发区实验幼儿园　侯丽君　郑铭铭）

拓展研讨

高质量的师幼互动在促进幼儿全面发展、提高幼儿教师教育教学能力、优化幼儿园教育环境等方面发挥着至关重要的作用。在实际的教育教学工作过程中，幼儿教师需依据幼儿的实际成长特点和发展需要制定具体的互动计划，提高互动频率和效果，同时丰富互动内容与方式，提高家园共育参与度，并不断提升自身的教育教学水平和与幼儿的互动能力，以此为幼儿的成长营造一个更加良好的环境，助推幼儿教育水平的提升。

课程游戏化背景下幼儿园教师要充分有效开展师幼互动，提高幼儿的学习兴趣，培养幼儿在活动中发现问题、解决问题的能力，这对于幼儿的健康成长具有非常重要的意义。教师要鼓励幼儿积极参与活动，并且要多加思考，针对活动中的一些现象提出自己的疑问，然后自己努力获得答案，或者求助于其他同伴和老师，最终解决问题，以此增强幼儿的探索能力，促进幼儿思维能力的发展，实现幼儿综合素质的提升。此外，教师在课程游戏化背景、活动材料的准备上要遵循幼儿意愿，提高幼儿参与的积极性，更加注重幼儿的获得过程。在课程游戏化背景下，为了更好地提升幼儿的综合素质，教师应如何对幼儿的活动过程展开评价？

评价幼儿在课程游戏化实施中的参与度

智慧导引

《3—6岁儿童学习与发展指南》明确提出："教师要善于挖掘幼儿生活中熟悉的感兴趣的事物作为课程资源，赋予生活教育价值，使教育更贴近幼儿的生活经验。"教师对生活资源的挖掘和利用，是建构课程的关键，而幼儿对游戏天生的热衷度，则更强调了教师应将生活中的各类事物与幼儿感兴趣的游戏联系起来，这样随之产生的课程活动就是灵活的、多元的。伴随着活动内容的不断系统化，进而深化幼儿的学习，让幼儿真正参与每一次活动，丰富幼儿的经验，促进幼儿的发展，也是应势而为了。

在幼儿园一日生活与课程游戏化教学实施中，幼儿的参与度、体验感与获得感是近些年学前教育领域愈发重视的部分。就幼儿的参与度这一词而言，其概念解析则是仁者见仁，智者见智。真正的幼儿参与应该是幼儿在活动中以自己的主动性参与到决策互动中，幼儿的意见能得到平等的对待，幼儿的话语对此次活动产生影响，以此落实幼儿在游戏化课程实施中的参与感、体验感与获得感。

一、幼儿较高的参与度需依靠教师的支持与帮助

《幼儿园教育指导纲要（试行）》指出，幼儿园教育评价重点考察"教育的内容、方式、策略、环境条件是否能调动儿童学习的积极性"及"教师的指导是否有利于儿童主动、有效地学习"。幼儿参与情况俨然已成为衡量幼儿园教育质量的重要标准。

幼儿的年龄和成熟程度并非是限制其参与课程设定的障碍，也不是否定幼儿参与权利的借口，而是帮助幼儿筛选出最佳参与方式的重要依据。同时，因不同年龄阶段的幼儿所接受的课程内容及所达到的水平不同，他们在具体课程中的参与程度亦有所差异。因此，成功的课程实施，幼儿较高的参与度必须依靠教师的支持与帮助。然而，在实践中，部分幼儿园仍存在教育活动以教师为中心、以完成教师主导的教学任务为目的的问题，导致幼儿参与仅限于简单的操作，或单纯以口头回答问题为主。有的幼儿仅仅是为了服从教师的安排，并非对活动本身具有积极参与意愿。这些表现都指向单一的行为参与，极易造成幼儿的机械学习和活动过程中的情感缺失。

幼儿园教师作为专业的幼儿教育工作者，一方面应保障幼儿在每一次课程活动中参与权利的达成，另一方面应培养幼儿自主决策的相关能力，即培养幼儿如何对比差异、如何进行选择、如何形成自己的观点、如何表达自己的意见等能力，从而实现幼儿的积极参与。

当幼儿获得了更高水平的参与能力时，其实际参与质量自然随之提升。这时，在幼儿园活动课程中，更为积极的幼儿参与形象将顺势而生，从而促使教师乃至家长们以更加尊重的方式与幼儿交往互动，接纳幼儿参与。

二、教师需为幼儿提供积极参与游戏活动的适宜氛围

环境在一定程度上可极大影响人的发展，环境的不同决定了不同的行为及思考方式，尤其是在幼儿时期，更应当注意环境的影响和作用。因此，在进行幼儿园的科学教育教学过程中，教师想要融入幼儿教育的方式，首先要为幼儿打造适宜开展游戏的环境，注意锻炼并提高幼儿的科学知识接受能力及综合素养。良好的游戏环境，需要综合幼儿实际的心理及身体发展特点，保证满足幼儿的学习及探索需要，充分落实科学教育游戏化的教学模式。在实际工作中，教师应当综合考量以下两方面的因素。一方面，幼儿园需要掌握自身的教学优势，例如地理位置、基础设施建设等。以此为基础，幼儿园需要依据游戏教学内容科学划分不同的功能区间，满足幼儿对不同游戏活动的不同需要。另一方面，幼儿园也应当重视增加园内的文化环境建设力度。在实际的游戏化教育教学中，教师需要充分抓住幼儿的好奇、好胜心理，激发幼儿对各类知识的学习兴趣，鼓励幼儿亲自探索、善于动脑、积极动手，真正体现幼儿科学教育游戏化的优势。

幼儿具有极为丰富的想象力，对于全新的事物具有极强的好奇心，同时对活泼、生动、有趣的人物形象较为关注。由此，在幼儿园开展教育活动期间需要充分利用好幼儿的这一心理特征，营造出具有浓厚游戏化特质的教学氛围，集中幼儿的注意力，调动起幼儿探索的好奇心。如教师可将当前受到幼儿青睐的动漫卡通形象融入教育教学活动中，同时教师也可以让幼儿打扮成自己喜欢的形象进行角色扮演，并给予幼儿相应的教育教学场景，使得幼儿在表演期间能真正融入活动，体味快乐。教师也可以利用自身的条件优势，进行户外教学，使幼儿在自然的环境中发现、观察，在愉悦的氛围中亲身感受其中的乐趣。如教师可将课堂设置在公园、农场等地方，开展倾听心跳的活动。在早春时节，教师可选择一棵直径约 0.1—0.15m 且树皮较薄的树来倾听树木的声音，即树木将大量树液输送至不同枝干的声音。幼儿可将听诊器紧紧贴在树干上，避免出现杂音，也可以在农场中选择不同的小动物，倾听并比较其心跳的快慢。这些课程环节都是立足于儿童的参与体验而设置的，从生活出发，秉承杜威所提出的"教育即生活，教育的过程与生活的过程是合一的"这一观点。

在幼儿园利用游戏的方式开展游戏化教育教学期间，教师应当提前为

幼儿创建较为良好的游戏情境，加深幼儿的代入感，极大提升幼儿的认知及创新思维能力。幼儿的身心发展尚不完全，自制力较差，教师需要使幼儿沉浸在游戏情境中，方可开展相应的科学教育活动。第一，在实际的教学活动期间，教师可以将此次课程相关话题的绘本书籍带入课堂，同时结合实际的教材内容，为幼儿讲述一个有声有色的故事，充分吸引幼儿注意力，促进幼儿注意力的高度集中，以收获丰富的科学知识。第二，教师也可以依据教学内容为幼儿设置多元化的游戏情境，引导幼儿积极展现自我，实现情境再现，有效提升幼儿对所学知识的认识，同时激发幼儿的学习兴趣及求知欲。如在讲述科学家牛顿的故事时，教师可创设苹果砸落在牛顿头上的情境，使得幼儿在模仿、体验中，积极参与到教育教学活动中来。

三、课程需基于幼儿兴趣点设计

兴趣是幼儿认识世界的动力。《幼儿园教育指导纲要（试行）》中明确指出："教师要善于发现幼儿感兴趣的事物、游戏和偶发事件中所蕴含的教育价值，把握时机积极引导。"幼儿从早到晚与教师生活在一起，会有许许多多的情况发生，因此教师应该抓住各式各样的、大大小小的机会，适时地对幼儿进行教育帮助。小朋友们因在一次户外活动中发现树油而衍生了一系列的科学探究活动、因四季变幻而产生好奇所引发的各类讨论、因下雨时所产生的风声雨声让孩子们发现了新奇的世界，这些都是基于幼儿的兴趣点出发，从而延伸出的课程活动。生活即教育，孩子的童年需要大自然的教育和滋养，亲近自然、探究自然是孩子的天性，保护孩子的好奇心是教师的本职。虞永平教授说："课程在幼儿的生活和行动里。"教师要善于抓住日常生活中蕴含的教育因素，用正确的观念、恰当的方法引导幼儿，启迪幼儿，让幼儿能积极运用自己的眼、耳、鼻、口、手、身和大脑去探究新知，从而获得身心发展，不断成长为具有创造性思维、实践能力的创新人才。

四、合理设置课程游戏内容

合理设置课程游戏，发挥游戏的价值。开展幼儿游戏课程的目的是满足幼儿身心发展的需要，因此，在开发设置课程游戏时，首先要考虑课程游戏是否适合在幼儿园现阶段开展，是否促进幼儿的成长。在选定合适的游戏之后，还要明确课程游戏的具体实施策略和步骤，使课程游戏具有实际可操作性。在树立了良好的游戏理念后，幼儿园和幼儿教师之间要注重沟通协调，确保课程游戏能顺利开展，通过丰富有趣的课程游戏，激发幼儿参与活动的积极性，在游戏中学习知识和生活经验，促进幼儿的身心健康发展。例如，在组织舞蹈训练游戏的时候，教师需要先根据幼儿的身体状况和认知能力选择合适的游戏，并明确开展的时间、地点、目标和步骤，如先引领幼儿看教师示范，然后开展集体游戏或分组游戏。幼儿园游戏化课程教学中，教师应该正确利用游戏，发挥出游戏的价值，通过游戏促进幼儿综合发展。

五、课程游戏化实施因幼儿的参与凸显价值

课程游戏模式比自上而下的幼儿园教育模式更能促进幼儿参与。从游戏自身的特点来看，游戏是幼儿自主自愿的活动，是由内在动机引起的去功利化活动。游戏是以幼儿享受过程为导向，对幼儿而言是快乐的、具有憧憬和向往的，是能够从参与中获得积极情绪体验的。

课程游戏化实施的意义是以幼儿自身特点设计适合幼儿发展的课程环节，当教师放手让幼儿进行游戏活动时，幼儿获得了自我选择和决策的机会，拥有了自我计划和设计游戏的可能，将经历自我反思和调控的过程，并有机会实现思维的发展。

课程游戏化实施完全契合幼儿参与式活动所强调的显性参与和真正沉浸其中的特点，自主游戏更是参与程度最高、卷入程度最深的幼儿活动类型。因此，教师能否重视课程活动中幼儿参与游戏的价值，是进一步支持幼儿的游戏向高水平发展的关键。

案例呈现

幼儿园大班课程故事——《十二月菜》

一、问题

在进行主题活动"大南瓜"时，听见小朋友们之间发生了这样的讨论：

幼儿一："我喜欢吃大南瓜，每次妈妈都会把它蒸熟了切成小块儿给我，金灿灿的可好看啦，而且味道甜甜的，软软糯糯的。"

幼儿二："我也喜欢吃南瓜，但是我也更喜欢吃地瓜，蒸熟了也是甜甜的，还能烤着吃、炸着吃，美味极了！"

幼儿三："我妈妈也给我做过很多蔬菜，都是甜甜的……"

随着幼儿们围在一起叽叽喳喳地讨论，不同种类的蔬菜相继被幼儿们说出来，进而引发了我的思考：现在正处于一年四季中颇具有收获喜悦的秋季，蔬菜是我们餐桌上每日必不可少的食物，幼儿们每天都会吃到不同种类以及各种烹饪形式的蔬菜，但在日常生活中，幼儿接触的都是已经制成成品的菜肴，对于食物从哪里来、食物是如何做成的这些事情都不得而知，从而缺乏了真实体验的过程。

二、原因分析

（一）未给予幼儿参与的机会，缺乏真实的体验感

幼儿阶段是孩子对周围世界充满好奇并快速学习的时期，直接的经验和亲身体验对于他们的认知发展尤为重要。幼儿对各种蔬菜的认识是在生活中积累下来的直接经验，比如不同蔬菜的口感、味道以及幼儿对他们的喜爱程度。在关于蔬菜等食物的认知上，仅仅通过这些往往难以满足他们探索的欲望和学习的需求，在日常生活中幼儿很少能直接接触到未做成菜的新鲜蔬果，对于食物从哪里来、食物是怎么做成的这些问题缺乏真实的体验。

（二）幼儿参与中缺乏成人的支持与帮助

年龄和成熟程度不是限制幼儿参与决策的障碍，也并非是否定幼儿参与权利的借口，而是帮助幼儿选择最佳参与方式的重要依据。由于不同发展阶段的幼儿能够参与的事务及其在具体事务中的参与程度有所差异，因此，成功的幼儿参与必须依靠成人的支持与帮助。成人应努力改变对幼儿的看法与态度，依据每个成长阶段幼儿所表现出的发展水平、认知能力、已有经验等，为其选择适宜的参与方式，指导、鼓励幼儿把他们的意见转化为可行的方案。

三、问题解决

（一）基于幼儿兴趣点设计课程游戏活动

通过学习儿歌《十二月菜》，让幼儿认识常见的时令蔬菜，在熟悉儿歌

的基础上尝试创编儿歌并表演给同伴和老师，进而对蔬菜产生浓厚的兴趣。

（二）让幼儿亲身体验活动氛围，增进参与感

1. 逛菜市场

为了让孩子们更加直观地见到各式各样、种类繁多的蔬菜，可以发动家长在周末带上孩子去到家附近的菜市场、超市等。孩子们在逛菜市场或超市时，遇到好奇的蔬菜可以由家长为其讲解，从蔬菜的名字到颜色再到形状，家长还可以用家里常做的菜肴形式、蔬菜的口感、其中富含的营养价值来给孩子们进行生动讲解。幼儿通过逛菜市场，与父母共同经历选菜、挑菜、购买的过程，感受逛菜市场的乐趣，使其理解身体每天需要摄入不同种类的蔬菜，以确保健康成长。

2. "丰收的季节"蔬菜展览会

（1）在看过超市及蔬菜市场的各种蔬菜后，让孩子们从家里将自己喜欢吃或者觉得感兴趣的蔬菜带1—2种到幼儿园，举办一个"丰收的季节"蔬菜展览会，以便与其他小朋友们进行分享。孩子们对自己喜欢的各种蔬菜进行介绍，通过互相了解蔬菜的名称、生活习性、营养价值等，知道多吃蔬菜营养多。

作为教师，还可以通过这个分享环节让孩子们在参与描述蔬菜的颜色、形状等特点时使用完整语句，让其更加完整、清晰地表述自身想法。

（2）让幼儿在家中与父母共同进行美术活动，可以将自己喜欢的蔬菜通过绘画、捏黏土、拓印等方式进行表达。孩子们所绘制、捏制出的蔬菜宝宝们极具特色，他们在进行自主创作的同时锻炼了手部精细动作。做完的美术作品孩子们可以带到幼儿园里进行展览。

（3）利用周末父母带孩子去农庄、采摘园等地参与秋收活动，感受丰收的喜悦。孩子对于这些好吃又有营养的蔬菜其实有很多疑问，比如它们生长在地里时是什么样子的？它们要在土地里待多久才能成熟？带着这些疑问，家长可以带领孩子来到农庄一探究竟，从而增加孩子的生活经验并丰富实际体验。

3. 吃法多样——蔬菜变变变

平日里，幼儿园一日三餐的菜谱都会由园所内专业的保健医根据幼儿膳食指南进行制定，从而保障幼儿营养的均衡及每日蔬菜的摄入，并由厨

师根据菜谱为孩子们制作出美味佳肴。在家中，家长也会根据孩子的个人口味使用不同的烹饪方法制作出可口的食物，不论是做成美味菜肴，还是将蔬菜包放进馅料里做好吃的包子、饺子、馄饨，抑或放进米里熬成美味营养的菜粥，都是让孩子养成爱吃蔬菜的好方式。因此，为了让幼儿亲身参与增强体验感，可以让他们在父母做菜时帮助父母择菜、洗菜，在父母做菜时站在安全的位置为父母提供些许帮助，成为父母的小助手，与家人一起用蔬菜制作出各种营养美味的食物。这个过程，促进了幼儿与父母之间的交流与合作，发展了幼儿的自主性与创造性，丰富了他们的学习经验，让幼儿体会到了成功的喜悦。

（三）课程活动环节能凸显幼儿参与价值

体验种植——白菜精灵成长记。

在幼儿园中有专门为孩子们设置的"小菜地"，天然的土壤环境为孩子们提供了得天独厚的条件，教师可以为孩子们提供白菜的种子，并带领孩子们进行白菜的种植，感受白菜的生长过程。如在白菜的生长中让幼儿体会蔬菜的生长需要阳光、泥土和水，还需要经常侍弄，为蔬菜清理杂草，让它们拥有良好的生长环境，以便于茁壮成长。参与种植活动还能让幼儿感受农民伯伯劳作的辛苦，并尊重他们的劳动成果，养成不浪费粮食的优秀品质。

因此，在一系列的课程活动中，幼儿从"到场"到真正"卷入"，在主动探索中亲历和感受了探究的过程与方法，在"做"中参与，在"参与"中获得。

四、反思总结

《3—6岁儿童学习与发展指南》中明确指出，幼儿的学习是通过多种方法实际操作、亲身体验，去感知、探究、发现，不断积累经验，逐步建构自己的理解与认识的过程。走近自然、感受自然，体现了生活即教育的理念，幼儿从兴趣出发到开始探索，从认知到行动，通过观察、发现、探究、讨论等系列活动，促使自身综合能力得到有效提升与发展。

在主题活动《十二月菜》中，教师通过精心设计，让孩子们真正从学习活动走进生活，丰富生活经验。从学习儿歌《十二月菜》入手，让幼儿了解蔬菜的生活习性、营养价值，知道各种时令蔬菜有哪些，从而对活动产生浓厚的兴趣。教师、家长、幼儿成为共同的主体，一起参与到活动中来，亲自体验"逛菜市场""美术制作""美食制作""种植""庆丰收"等丰富多彩的活动，孩子们真正成为活动的"主人"，每一个环节都能参与其中，更加直接地获得经验与收获。

（长春汽车经济技术开发区实验幼儿园　王馨悦　徐萍）

拓展研讨

推动幼儿在课程活动中的参与是一个知行合一的过程，涉及幼儿观念、参与技术、支持系统等。从提倡幼儿参与活动，到真正形成一种参与文化，是一个"路漫漫其修远兮"的过程。作为教师与家长，首先要在意识层面真正认同幼儿作为一个独立意识存在、不以人的意识为转移的个体享受一切人权，同时要切实尊重儿童。其次，在生活的各个层面也要积极地为幼儿提供参与机会，允许幼儿为家庭和社会生活做有意义的事情，鼓励幼儿在做中学，赋予其能力，从而培养其对生活和社会有价值的能力。除上述内容外，还可以从哪些方面促进幼儿参与呢？

评价课程游戏化实施中的资源使用情况

智慧导引

资源是一定范围内的人、事、物等。课程资源则是幼儿园中课程信息的具体来源，包括对一切课程有利的人、事、物的总称。在现今学前教育课程领域应与游戏相结合的趋势中，面对生活中丰富的资源，教师如何站在儿童的视角理性地思考，将课程资源与游戏有效地结合并实际运用至教学中，从而转化为幼儿经验？如何用专业的视角敏锐地察觉幼儿的兴趣点并充分挖掘，将常态资源转化为课程资源？我将结合实践中的具体案例进行阐述和分析，并进行拓展性的思考和运用，希望能为大家在课程游戏化的实践中对资源的有效使用和开发提供借鉴。因此，对课程游戏化实施中的资源使用情况可以从以下几个方面进行评价。

一、在课程游戏活动中对自然资源的使用

陈鹤琴说过："大自然是我们的知识宝库，是我们的活教材。"四季交替中孕育着万物生灵，汇聚了生命的律动与成长的真谛，大自然不仅是宝贵的教育资源，也是培养儿童观察力、动手能力、科学素养与探索精神的天然课堂。幼儿园课程资源的开发与利用，其丰富程度和实施效果则决定了课程游戏化实施的评价效果，作为教师，应不断思考让这些大自然的资源成为幼儿生活、学习的活教材。

花草树木、山川河流、天地万物皆是大自然馈赠给我们的丰厚礼物，当我们将其融入幼儿园教育中，引导幼儿充分地探究，它们就可以成为我们的课程和游戏资源。

自然资源丰富多样，在开发的过程中我们不追求面面俱到，每一种资源都有其探究的价值，但不一定每一种都要纳入我们的课程资源。因此，作为教师应当根据幼儿的兴趣点和可行性，有选择性地进行探究：如一年中的气象变化、幼儿园中随处可见的花草树木、春雨夏花秋叶冬雪等这些自然资源的加入，可以让课程活动更加深入，让孩子们更加投入。要尽可能地让每一种资源发挥其最大的教育价值，让幼儿不仅获得知识，更能提升学习能力，培养探究的精神与品质，相信这样会对幼儿的终身学习发展起到很好的作用。

二、在课程游戏活动中以实物资源为基础

物质资源是幼儿进行游戏的物质基础，孩子们是在与物质资源的积极互动中建构知识体系的。仿真模型、玩具是幼儿喜欢的东西，也是幼儿园重要的教具资源，但是对于好奇心极其旺盛且探究欲十足的幼儿来说，这些已不再能满足幼儿的需求。只有通过看、听、摸、闻最真实的物品，在触碰、感知的过程中，幼儿才能更真实地感知和探究，从而获得最真实的体验。因此，"能用真的就不用假的"也是我们坚持的原则之一。

相较于玩具资源，实物资源最大的优势在于"真"。从案例"瓜果兄弟"中我们可以感受到，在真实的环境中，幼儿的学习和探究已自主走到了教师的前面，更投入、更主动。活动中，为了拥有更加真实的感受，一些孩子将自己家中有的"瓜"带到了幼儿园并给小朋友们进行介绍。通过这种方式我们认识了丝瓜、黄瓜、苦瓜、角瓜等等。为了进一步了解这些瓜果的外形特征，熟悉这些瓜果的营养价值，我们一起通过闻一闻、摸一摸、学一学等方法加深对这些瓜果的印象。在此课程中，幼儿的学习和发展也不再只是简单，甚至是机械地认识瓜果的种类，而是将观察力、思考力等学习能力进行了提升，幼儿的探究兴趣、科学精神得到了更好的激发。

实物资源是我们课程游戏活动实施中的首选。真实的生活物品让幼儿在真实的生活世界中与学习内容接触，在体验真实的生活活动中与学习对象互动，在感受真实的生活情景中与思维碰撞，进而让这些实物资源转化为幼儿实实在在的经验。

三、在课程游戏活动中融入丰富的多媒体资源

多媒体资源因其内容丰富、形式多样，能够很好地弥补现实生活中无法满足真实资源的缺憾。根据幼儿学习发展特点和课程实施经验，教师可以以视频、录像、动画、PPT等形式丰富的多媒体资源为主，以更生动的形象吸引幼儿注意力，以更清晰的信息帮助幼儿认知、理解。

在网络时代，多媒体资源的运用是我们的必备技能，也是课程实施的重要手段。面对纷繁复杂、形式多样的资源，作为专业的幼儿教师，应当遵循幼儿的发展规律和特点，站在幼儿的视角，运用课程的理念，在理性思考的基础上正确选择并合理运用，才能更好地发挥资源的价值，并使其转化为幼儿的经验，促进幼儿的学习与发展。

四、在课程游戏活动中增加社会资源的使用

我们需要关注各类社会资源，尤其是与幼儿生活息息相关的各类生活资源，站在课程的角度来审视与思考，将之充分运用起来，使它们成为促进幼儿学习和发展的课程和游戏资源。

作为教师，对于日常生活中可能被忽略、被价值固化的资源，要善于观察和思考研究，要提高专业的敏感性，从儿童的视角来判断它们的教育价值所在，引导幼儿"用"起来，这样它们就会成为鲜活的课程资源，形成充满生活气息的课程内容，并让幼儿展开生活化的学习历程。

> **案例呈现**

幼儿园大班科学活动——"气象小主播"

一、问题

俗话说:"一场秋雨一场寒。"最近,雨淅淅沥沥下个不停。孩子们说:"又下雨了,什么时候出太阳啊?真的很想到草地上去玩游戏了。"幼儿一说:"我回去问问爸爸,他的手机上有天气短信。"幼儿二说:"我也回去问问爷爷,他每天看报纸的时候,都会把天气预报读给我听,只要问问他,就知道明天下不下雨了。"接着,大家七嘴八舌地议论起来,都说自己要想想办法了解一下明天的天气。从关心天气到了解各种形式的天气预报,孩子们探究的兴趣越来越浓。那么,如何让孩子不通过其他人,只凭借自身去得知天气状况如何,成为我思考的问题。

二、原因分析

(一)缺乏教师或家长系统的引导与学习

《幼儿园教育指导纲要(试行)》指出:"幼儿的活动应密切联系幼儿的实际生活,教师应充分发掘幼儿对身边感兴趣的事物与现象。"天气是幼儿生活中每天都能观察、感受的存在,大班孩子即将进入小学,需要在教师和家长的引导下,学会根据天气变化做好上学和外出的准备,雨天懂得带雨具,降温学会添加衣服。幼儿每天观看天气预报、了解气象常识,不但可以提高自己的生活质量,而且在系统的学习中还能连接多种资源,丰富自己的体验,如利用多种资源,收集自然材料,建立自然材料库。然而在实际操作中,教师往往忽视创设开放的、多元的、共享的和利于幼儿感受欣赏的契机、未能及时支持幼儿体验探索以及搭建幼儿创造表现的空间。

(二)未将与幼儿生活中息息相关的资源融入课程中

为更好地将生活中的自然资源融入一日生活课程中,教师可以在日常教育中为幼儿准备关于气象的丰富多彩的游戏活动,根据幼儿自身的年龄和认知程度,在日常的教育教学过程中加入各类自然资源来丰富教育教学内容,将气象与我们生活息息相关的理念传输给幼儿,这样才能便于幼儿更加清晰明了地理解天气情况的发生原因,使幼儿意识到气候环境与我们的生活息息相关。

三、问题解决

为解决上述问题，在幼小衔接主题活动"气象小主播"课程中，我尝试发掘生活中相关的教育资源，使幼儿在边看边玩的氛围下获得科学知识，提高他们探索天气奥秘的兴趣和能力。

首先，充分利用多媒体等社会资源。在家中，让幼儿每日观看电视中播放的《天气预报》，从而得知各类信息：如城市、日期、天气、温度等，旨在让幼儿了解基本的天气符号，认识温度，并在和父母观看天气预报时尝试记录天气变化；在幼儿园中，教师利用班级内多媒体一体机引导幼儿观看《动物气象台》视频，同时鼓励幼儿通过模仿天气预报员播报天气，与同伴分享自己的学习成果。以上尝试不仅巩固了幼儿对知识的理解，帮助幼儿了解天气变化，还能提醒幼儿根据天气预报及时增减衣物，提高生活自理能力。

其次，根据生活中随处可见的自然资源激发幼儿关注和探索天气现象的兴趣。如了解晴、雨、阴、多云等几种天气类型的特点；观察天空中云的颜色、形状是怎样的，云是如何变成雨、雪、雾等落下的。以幼儿为主体，帮助幼儿从认识天气预报中几种常见的天气图标、温度及摄氏度符号，到能够尝试独立按要求播报天气，提醒同伴与家人根据不同的天气安排好生活，通过实际操作总结得出经验。

最后，结合社会资源与幼儿共同探讨：天气的变化会影响到人类生活的方方面面。如从一些有趣的"早穿皮袄午穿纱""围着火炉吃西瓜""南米北面"等俗语中让幼儿了解气候对人们的穿着及饮食习惯的影响；再如南北方与黄土高原地区的建筑物的设计和建造、人们的出行方式也会受到气候的影响等。除此之外，还要向幼儿们讲解各类自然灾害，主要包括干旱灾害、洪涝灾害、台风、土地沙漠化、山体滑坡、泥石流等，养成随时关注天气预报的好习惯。

四、反思总结

生活就像是一本百科全书，去探索就会发现很多秘密。自然界中的一草一木都能够吸引孩子们的眼球，因此应有效地利用自然资源，让孩子们去接触自然，发现秘密。关于天气变化，还会有很多的小知识等待孩子们去探索、去发现，使他们在不断的经验积累和探究过程中获得最大的收获。

"气象小主播"活动的开展，让孩子们走进了奇妙的气象世界，养成了关注天气的好习惯，孩子们能知道根据天气的变化及时地增添衣服。同时，此项活动锻炼了孩子在集体前的表现力、观察能力和语言表达能力。自己准备的过程，大大激发了孩子的积极性与主动性，让他们在一次次形式多样的活动中，变得更自信、自立、自主，并获得成功的快乐。

幼儿园中与孩子们的故事还在继续，作为教师，期待孩子们有更多的表现与发展，有更多精彩的故事与大家分享……

（长春汽车经济技术开发区实验幼儿园　王馨悦　李丽娜）

拓展研讨

资源已成为课程实施不可缺失的重要组成部分，充分挖掘利用各种资源为幼儿提供了更广阔的学习空间，丰富了幼儿的活动。园所鼓励教师、家长、社会、幼儿共同参与课程资源及课程实施的评价，如教师采用自我评价和相互评价，来推动教师积极主动地进行课程资源挖掘和利用。强化过程性的评估，及时关注资源挖掘、利用以及课程实施中出现的问题及解决问题的策略，让教师在评估反思中总结经验。幼儿园又能如何不断完善评价标准，确保其涵盖课程资源挖掘和利用的各项工作、各种环境以及相应的要求，让评价真正起到牵引和带动的作用呢？

话题五　建设课程游戏化资源的新应用

课程资源是实现课程游戏化的基础和保障，它不仅影响着游戏化课程的内容和质量，也直接关系到幼儿的学习体验和教学效果。广义来讲，幼儿园课程资源是指课程设计、实施和评价等整个课程过程中可资利用的一切人力、物力以及自然条件的总和；狭义来看，课程资源是为幼儿园课程提供话题、内容、线索、思路等各种素材或来源。综合来看，幼儿园课程游戏化的资源孕育在大自然、大社会之中，一切能够转化或支持游戏的事物都可以作为课程资源。具体来说，可以应用到幼儿园课程游戏化实践中的资源可以细分为以传承系列为主线的传统文化资源，以挖掘地方特色为主线的自然环境资源，以共建共育为主线的家长资源。

幼儿园课程游戏化中传统文化资源的应用

▶ 智慧导引

传统文化在幼儿园课程发展中的重要性不容忽视。作为一种深厚的教育资源，传统文化不仅深刻影响着课程的理念和行为，更是决定了课程发展的方向和品质。在幼儿园课程建设的过程中，传统文化起到了桥梁和纽带的作用，使得课程内容更加丰富、有深度。

幼儿园课程建设实际上是一个文化浸润的过程，这就要求教育工作者在引入传统文化资源时，必须对其进行深入的引导和反思。这种引导和反思有助于确保幼儿园课程的可持续发展，让幼儿在接触和体验传统文化的同时，能够更好地理解和传承中华民族的优秀文化。

将传统文化资源与幼儿园课程游戏化相结合，不仅丰富了课程的内容和内涵，让幼儿在游戏中自然地接触和了解传统文化，还有助于培养幼儿对中国传统文化的兴趣。在这个过程中，幼儿对传统文化的感知能力得到提升，为他们树立文化自信奠定了基础。

在课程游戏化实践过程中，明确幼儿园阶段可用的传统文化资源的类型与内容至关重要。这有助于教育工作者有针对性地设计和实施游戏课程，确保课程游戏化的效果。通过对传统文化资源的筛选和整合，教育工作者可以创造出更多符合幼儿年龄特点和心理需求的课程活动，让幼儿在愉快的游戏氛围中自然地吸收传统文化精髓。

总之，传统文化在幼儿园课程发展中的作用是多方面的。它不仅为课程提供了丰富的素材，还引导着课程发展的方向，培养幼儿对传统文化的热爱和自信。通过课程游戏化的实践，我们可以更好地传承和弘扬中华民族的优秀文化，为培养具有民族情怀和国际视野的新一代贡献力量。具体来说，幼儿园课程游戏化中可用的传统文化资源可分为红色资源、民间艺术资源、节日节气资源。

一、红色资源

"种树者必培其根，种德者必养其心。"习近平总书记强调："革命传统教育要从娃娃抓起，既注重知识灌输，又加强情感培育，使红色基因渗进血液、浸入心扉。"幼儿园课程游戏化过程中，如果能将红色文化中蕴含的人、事、物展现好，同时遵循幼儿的特点，与时代合拍，能使红色文化之魂润泽幼儿成长，在他们幼小的心灵种下红色的种子。红色资源是一种客观存在，只有当资源进入课程，得以转化之后促进幼儿发展，才能成为课程游戏化的资源。

（一）红色资源的类型

红色资源作为一种独特的教育资源，具有丰富的内涵和多样的形式。一般而言，红色资源可分为物质和精神两个层面。其中，物质的红色资源指的是革命历史遗迹、博物馆、纪念馆、展览馆、烈士公墓、红色旅游路线、文学作品等。这些物质载体不仅记录了历史的足迹，更是红色文化传承的重要媒介。精神的红色资源是指以爱国主义为核心的团结统一、爱好和平、勤劳勇敢、自强不息的伟大民族精神以及长征精神、延安精神、西柏坡精神、雷锋精神、抗洪精神、航天精神、抗震救灾精神等，这些精神财富不仅是红色资源的灵魂，更是激励幼儿成长的不竭动力。

（二）红色资源的应用建议

在幼儿园课程游戏化的实践探索中，精选的红色教育资源需满足以下四个核心原则：第一，这些资源必须蕴含着与时俱进的时代精神，反映社会主义核心价值观；第二，它们应当传递出鲜活且正确的价值观念，为幼儿的成长提供正确的导向；第三，这些资源应具备积极向上的能量，通过富有吸引力的形式，引起幼儿的关注和兴趣；第四，幼儿教师需将这些红色资源巧妙转化为适合幼儿认知水平的游戏化教学内容，以此激发幼儿的学习热情和参与度。最后，注重运用科技赋能红色资源，创新活动开展形式。

红色文化以其独特的艺术形式，如红色歌曲、故事、舞蹈和剧目等，深入人心，塑造人的精神世界。这些艺术形式以情感人，以情育人，是培育幼儿健全道德情感的重要途径。举例来说，诸如《我们是祖国的花朵》《歌唱祖国》《国旗国旗真美丽》《娃哈哈》《红星闪闪》《我爱北京天安门》《学习雷锋好榜样》等经典红色歌曲，以及《小侦察员张嘎》《海娃巧送鸡毛信》等富有教育意义的红色故事，它们通过寓教于乐的方式，让幼儿在轻松愉快的氛围中接受爱国主义教育，从而培养出良好的道德情操和民族自豪感。对于信息技术的使用，可以利用AR/VR技术，将传统文化场景、人物、故事等以虚拟现实的形式呈现，增强幼儿的沉浸式体验。例如，开发红色文化VR游戏，让幼儿身临其境地体验革命历史事件，感受革命先辈的英勇事迹。

二、民间艺术资源

民间艺术资源作为一种丰富多彩的文化遗产，其内涵和外延极为广泛，涵盖了劳动人民在长期的生产实践和日常生活中所创造的艺术成果。这些艺术形式不仅体现了人民群众的智慧，而且反映了他们对美的追求和审美情趣。民间艺术资源与现代艺术资源相比，更显独特和传统，它融合了历史性、地方性和民族性的鲜明特征，蕴含着巨大的教育财富，是幼儿园课程开发的重要资源之一。

（一）民间艺术资源的类型

在非物质文化遗产的分类框架下，民间艺术资源可以被细分为多个类型，包括但不限于民间曲艺、民间舞蹈、民间文学、民间音乐、民间美术、民间戏剧、民间传统手工技艺、民间游艺与杂技、民间民俗等。这些类别各具特色，共同构成了丰富多彩的民间艺术。

从狭义的角度来看，民间艺术资源的分类更加具体和细致。它可以根据艺术形式的传承演绎和手工工艺的类别进行划分，涵盖了纸艺类、陶瓷类、木艺类、风筝类、皮影类、布艺类、雕刻类、饮食类、书画类、刺绣类、年画类、装饰品类、漆器类、泥塑类、蜡艺类、毛线类、铜艺类、文房四宝类、紫砂类、表演形式类、玩具类、建筑类等多种形式。这些类别不仅体现了民间艺术的多样性，也展现了民间艺术家们精湛的技艺和对传统工艺的坚守。通过这些丰富的民间艺术资源，能够更加深入地了解和欣赏中华民族悠久的历史文化和艺术魅力。

（二）民间艺术资源的应用建议

幼儿园在选取民间艺术资源时，一方面应选取具有代表性的民间艺术资源，充分考虑幼儿的年龄特点和认知水平，挑选形式活泼、易于理解和操作的民间艺术形式。例如，可以选择剪纸、布艺、泥塑等富有趣味性和创造性的艺术活动，让幼儿在动手操作中感受民间艺术的魅力。

另一方面，幼儿园应当从本地区的文化背景出发，聚焦本地区特色的民间艺术资源，挖掘和利用具有家乡特色的民间艺术资源。以长春市为例，第五批市级非物质文化遗产代表性项目为幼儿园提供了丰富的资源库。传统美术类项目：可以引入松花砚微雕、木雕、烙画、糖画等艺术形式，通过制作简单的工艺品，让幼儿体验传统美术的魅力。传统技艺类项目：通过观察和参与传统面食制作、家具制作技艺等活动，幼儿可以了解传统工艺的制作过程，培养对传统技艺的兴趣。传统戏剧类项目：组织幼儿观看评剧等传统戏剧表演或开展简单的戏剧扮演游戏，让幼儿在体验中学习戏剧的表现手法。传统体育、游艺与杂技类项目：结合螳螂拳、吴式太极拳等传统体育活动，设计适合幼儿的体育游戏，增强幼儿的体质。传统舞蹈类项目：通过学习长春高跷等传统舞蹈，幼儿可以锻炼身体协调性，同时了解地方文化。民间文学类项目：讲述公主岭地名传说等民间故事，激发幼儿的想象力，培养他们对本土文化的认同感。传统医药类项目：虽然传统医药类项目可能不适合直接操作，但可以通过故事讲解、图片展示等方式，让幼儿了解传统医药的知识。

除此之外，对于传统民间艺术资源的创新应用可以考虑跨界融合，将传统文化与新兴艺术形式结合，例如，将剪纸艺术与动漫、游戏设计相结合，开发剪纸主题的动画或游戏，激发幼儿对传统文化的兴趣。

三、节日节气资源

传统文化中的节日节气是幼儿园课程资源的重要组成部分。传统节日中充满了各种游戏元素，如庆典仪式、庆祝和娱乐活动等都蕴含着丰富的游戏形式和游戏精神，传统节日资源为幼儿游戏精神提供了生长的土壤。幼儿在参与各种轻松、自由的传统节日庆祝活动中体验到游戏的快乐，并在潜移默化中接受了传统节日文化，把游戏的精神延续到生活中，进而实现了游戏精神的内化。

（一）节日节气资源的类型

中国的传统节日根据主题不同，可以分为：祭祀主题，如清明节、中元节等；纪念主题，如端午节、重阳节等；团圆主题，如中秋节、元宵节等。中国四大传统节日，是指中国的春节、清明节、端午节、中秋节。这些节日构成了中国丰富多彩的传统节日体系，承载着中华民族的历史文化、民俗风情和美好祝愿。二十四节气中，立春、立夏、立秋、立冬属于季节性节气，标志着春、夏、秋、冬四个季节的开始；小暑、大暑、处暑、小寒、大寒属于气候特征节气，反映气温变化和气候特征；雨水、谷雨、小雪、大雪与降水相关；惊蛰、清明、芒种、夏至、白露、秋分，属于物候现象节气，与自然界的生物活动和物候现象相关；春分、小满、夏至、寒露、霜降，与农事活动有关，对农业生产有着重要的影响。节气文化包含了节气的物候特征、民俗活动、民间谚语、传说故事等，对于幼儿园课程游戏化实践同样具有独特的教育价值。

（二）节日节气资源的应用建议

节日节气资源以其独特的情境性，为幼儿教育提供了丰富多元的学习内容，这些内容涉及幼儿自我发展、自然环境认知、社会生活体验等多个层面，为幼儿园课程游戏化实践注入了活力。

从幼儿自我发展的角度来看，节日节气资源中蕴含的饮食文化和艺术活动，为教师提供了丰富的教学素材。教师可以精心挑选那些能够激发幼儿创造力和想象力的元素，如节日的特色食物制作、节气变化的绘画创作、传统节日的手工制作等。在游戏化的课程设计中，教师应注重培养幼儿的思维能力，例如，通过设计"节气厨房"角色扮演游戏，让幼儿在制作节日食物的过程中，学习食物的制作方法，激发他们对食物背后故事的兴趣，进而促进他们的语言表达能力和逻辑思维能力的发展。

从自然环境的角度来看，节日节气资源与自然环境的紧密联系，为幼儿提供了亲近自然、了解自然规律的机会。教师可以从节气的气候特征、物候现象、农耕规律中，筛选出与幼儿日常生活紧密相关的内容，如观察植物的生长变化、体验四季的交替更迭、了解农作物的种植周期等。在游戏化课程中，教师应注重培养幼儿的探究能力，例如，通过"节气观察日记"活动，引导幼儿记录不同节气的自然变化，从而培养其发现问题、解决问题的能力，同时增强他们对自然环境的尊重和爱护。

从社会生活的角度来看，节日节气资源中的节庆活动、民间习俗、传统美德为幼儿提供了与他人互动、体验社会情感的重要平台。教师可以从这些资源中挑选出能够促进幼儿与亲人、同伴以及社会其他成员之间情感联系的内容，如家庭团聚的节日习俗、社区共同庆祝的活动、传统美德故事的学习等。在游戏化课程中，教师应注重幼儿的情感体验，例如，通过"节日故事会"活动，让幼儿在聆听和分享传统故事的过程中，体会到亲情、友情的重要性，培养他们的同理心和社交能力。

案例呈现

有趣的扎染区

一、问题

班级进行晨间谈话时，有小朋友说到和爸爸妈妈参加研学活动体验了扎染。在欣赏扎染图片时，幼儿被一块块图案不一的布惊艳到了。"好漂亮呀！""上面的图案是画上去的吗？""为什么只有蓝色和白色？"……原来这就是扎染。扎染是中国民间传统而独特的染色工艺，扎染作品因扎结技法的不同，呈现的图案、色彩不同，对幼儿产生强烈的吸引力。同时对接《3—6岁儿童学习与发展指南》艺术领域的教育建议，创造条件让幼儿接触多种艺术形式和作品。班级幼儿虽然对扎染陌生，但已然生出了兴趣和好奇，那为什么不和他们一起去探索呢？于是，我们在生活区创设了扎染坊，按照扎染的基本流程，投放了扎染所需的材料。一周很快过去了，我发现曾经热闹的扎染坊，现在竟无人问津了，这是怎么回事呢？

二、原因分析

首先，材料缺乏多样性。我所提供的夹子、扭扭棒等扎染辅助材料显得相对单一。颜色选择仅限于蓝色和白色，这样的色彩搭配虽然简洁，但不足以激发幼儿的探索欲望和创造潜能。由于颜色的限制，幼儿在操作过程中很快就能完成基本的体验，缺乏足够的挑战性。这种单一性导致幼儿在短时间内就失去兴趣，因为他们没有更多的选择来探索和创造不同的视觉效果。

其次，扎染材料缺乏层次性。我在准备扎染材料时没有考虑到不同幼儿的学习需求。扎染作为一种艺术活动，其操作流程相对复杂，需要一定的技巧和耐心。当前的扎染材料没有针对不同能力层次的幼儿进行区分，导致一些幼儿可能因为难度过大而感到挫败，而另一些幼儿可能因为缺乏挑战而感到无趣。

最后，扎染作品用途单一。完成扎染后的作品通常只用于装饰，这限制了幼儿对作品的其他可能性的探索。幼儿的好奇心和求新求变的需求是非常强烈的，如果他们发现作品除了装饰之外没有其他用途，可能会感到失望，从而减少对扎染活动的兴趣。

三、问题解决

针对扎染区存在问题的原因分析，我在材料投放和活动组织方面进行了一些探索性的调整。

（一）分层投放扎染材料

针对大班幼儿的年龄特点和认知水平，我采取了分层次投放扎染材料的方式。在活动的初始阶段，考虑到大班幼儿的思维能力、动手能力已经有了显著的提升，因此提供了基础性的扎染材料，如纸巾、皮筋和颜料，以帮助幼儿逐步熟悉和掌握扎染的基本步骤。通过这些基础材料的使用，幼儿能够初步体验到扎染的乐趣，并在实践中了解染料如何与织物结合，产生独特的图案。

随着活动的深入，我注意到幼儿对单一材料的兴趣可能会逐渐减弱。为了持续激发他们的探索欲望，我们在活动的后期增添了多种新的工具类材料。例如，引入了麻布和硬纸板等新材料，硬纸板被剪裁成圆形、三角形等几何形状，幼儿可以将这些形状包裹在棉布里进行折叠，并用鱼尾夹固定，尝试更加复杂的夹扎法。这样的材料升级不仅提高了活动的难度，也让幼儿在操作过程中获得了新的感知体验，从而提升了他们的参与兴趣。

（二）分层提供扎染效果图

在扎染活动的视觉效果引导方面，我也进行了精心的分层设计。在活动初期，我仅提供了基础的扎染流程图，这些图示直观地展示了扎与染的关系，帮助幼儿建立起基本的操作概念。在深入分析幼儿的需求后，我对效果图进行了调整。首先，提供了点染、蘸染等简单技巧的效果图，旨在帮助操作能力较弱的幼儿建立对染色的信心。接着，展示了捆扎法、条纹扎染等进阶技巧的效果图，针对那些在扎染认知和技能上有所提升的幼儿，引导他们使用皮筋进行多样化的扎结，并用滴管进行精细染色。

最后，当幼儿基本掌握了简单的扎染方法后，我们尝试不提供效果图，而是直接提供各种扎染材料，鼓励幼儿在无预设图案的条件下自由发挥创意。在扎结、配色、染色等环节中，幼儿可以开展个性化的探索，从而培养他们的创造力和独立思考能力。

（三）拓展扎染艺术内涵

为了丰富扎染活动的内涵，我将扎染艺术与幼儿园的传统节日主题活动相结合。在策划节日活动时，我有意识地融入扎染元素，这样一方面为节日增添了传统艺术的氛围，另一方面也展现了扎染艺术的社会价值。例如，在重阳节这样的传统节日到来时，我们组织幼儿走进社区，与社区居民一起体验扎染的魅力。在这个过程中，幼儿充当了"小老师"的角色，手把手地教长辈们如何染制五彩斑斓的手绢和围巾。通过这样的互动，幼儿不仅亲身体验了重阳节尊老、敬老的传统美德，还在扎结和染色的过程中，深刻感受到了扎染工艺的独特之处。这种活动不仅加深了幼儿对扎染艺术的喜爱和理解，也让他们在帮助他人的过程中获得了成就感和快乐。

四、反思总结

扎染艺术具有悠久的历史，是中国传统民族工艺的重要内容之一。幼儿园通过开展形式多样的扎染活动，不仅能让幼儿体验和传承中国优秀的传统文化，还能培养幼儿的审美情趣、动手能力和创造能力，为幼儿的全面发展奠定基础。在具体实践中，需要充分考虑幼儿的年龄特点，投放材料考虑层次性，活动开展考虑趣味性，从而将扎染活动落到实处。

（长春市人民政府机关第一幼儿园　孙红艳）

拓展研讨

在课程游戏化的实践过程中，你运用过哪些传统文化资源？是如何运用的？除了本话题中提到的传统文化课程资源外，你认为还有哪些资源可以运用到游戏化教学中？

幼儿园课程游戏化中自然环境资源的应用

智慧导引

自然环境资源对幼儿园课程游戏化的贡献是多维度的，它不仅为幼儿教育提供了丰富的物质基础，更是幼儿认知世界、情感发展和行为习惯养成的关键因素。陶行知先生认为："我们要解放小孩子的空间，让他们去接触大自然中的花草、树木、青山、绿水、日月、星辰。"这一理念强调了自然环境在幼儿教育中的核心地位，认为大自然以其独有的方式，无声地传授着知识，滋养着心灵。

陶行知先生深刻地认识到，大自然是人类最好的老师，它所提供的教育资源无所不包，从微观的动物植物到宏观的山川地貌，每一处都是幼儿学习的宝库。这些资源能够有效培养幼儿的观察力，让他们在观察中发现自然的奥秘；锻炼幼儿的动手能力，幼儿通过亲身体验加深对自然现象的理解；提升幼儿的科学素养，激发他们对自然科学的好奇心和探究欲；培育幼儿的探索精神，鼓励他们在未知的世界中勇敢前行。

生活中，自然资源无处不在，从四季变换到昼夜更替，从风雨雷电到鸟语花香，这些自然现象和元素都是幼儿园课程游戏化的宝贵素材。教育工作者在选取这些资源时，应当充分考虑幼儿的身心发展规律，确保活动的设计既能够吸引幼儿的兴趣，又能够促进他们的全面发展。同时，这些资源还必须具有教育价值，能够在游戏活动中潜移默化地传递知识，培养幼儿的各项能力。具体来说，应当遵循儿童性、生活性和整体性的原则。

一、儿童性

"儿童性"原则的核心在于应用自然环境资源时应将幼儿置于课程游戏化活动的中心，充分尊重和满足幼儿对自然环境的兴趣和需求。这一原则要求教育者在选择、设计、组织和评价游戏活动中的自然环境资源时，始终从幼儿的视角出发，确保教育活动贴近幼儿的生活经验，激发他们的探索热情，促进其全面发展。

（一）深入了解幼儿对自然环境的兴趣和需求

为了更好地贯彻"儿童性"原则，教师首先需要深入了解幼儿对自然环境的兴趣和需求。这需要教师通过细致的观察，记录幼儿在自然环境中的行为反应和情绪表现。通过开放式提问和倾听幼儿之间的交流，教师可以捕捉到幼儿的兴趣点、好奇心和探索欲望。此外，教师应主动与幼儿进行互动，通过对话了解幼儿对自然环境的认知和理解，以及他们在游戏活动中的想法和建议。教师还应定期收集幼儿对自然环境资源的反馈，利用这些宝贵的信息对游戏活动进行有针对性的调整和优化，确保活动内容始终符合幼儿的兴趣和成长需求。

（二）精心选择符合幼儿年龄特点的自然环境资源

在选择自然环境资源时，教师必须考虑到幼儿的认知发展水平。对于不同年龄段的幼儿，教师应精心挑选适合他们理解能力的资源。例如，对于小班幼儿，可以选择直观、简单的自然元素，如常见的植物、小动物等，这些资源易于小班幼儿观察和认知。而对于大班幼儿，则可以引入更为复杂的环境要素，如气候、生态系统等，以挑战他们的思维，促进其认知的进一步发展。

（三）全面保障幼儿在自然环境活动中的积极参与

教师应创造条件，确保幼儿能够全程参与到自然环境资源运用的活动中。这包括组织各种户外观察和探索活动，如观察植物的生长周期、昆虫的行为习性等，让幼儿在亲身体验中感受自然的魅力。同时，教师应提供动手操作的机会，如指导幼儿种植植物、照顾小动物，通过实践活动培养幼儿的责任感和爱护生命的意识。此外，教师还可以设计自然主题的角色扮演游戏，让幼儿在游戏中学习自然知识，培养他们的想象力和创造力。通过这些多样化的活动，幼儿不仅能够获得丰富的自然体验，还能在游戏中学习，实现知识与情感的和谐发展。

二、生活性

"生活性"原则的核心要义在于，它将自然环境资源的游戏化应用与幼儿的日常生活紧密交织在一起，目的在于利用游戏化的教学手段，让幼儿在愉悦的氛围中自然地提升生活技能和综合素质，进而实现认知、情感、社会性发展。

（一）深入挖掘与幼儿生活紧密相连的自然环境资源

在实施"生活性"原则的过程中，教师应深刻理解幼儿生活的现实情况，优先选取那些与幼儿日常生活紧密相连的自然环境资源。这些资源包括但不限于幼儿日常接触到的植物、动物、水体、气候等元素，以此增强幼儿的参与感和归属感。例如，在幼儿园内种植常见的蔬菜和水果，让幼儿在日常生活中就能观察到它们的生长过程，从而加深对自然环境的认识。幼儿园还可以组织教师对周边社区进行实地考察，记录可利用的自然环境资源，如公园、绿地、河流、树木等，对资源进行分门别类的梳理。

（二）精心设计融入生活的自然环境主题游戏活动

教师应精心策划一系列融入生活的自然环境主题游戏活动。例如：观察游戏，"寻找小昆虫""树叶配对"等，能够锻炼幼儿的观察力和注意力；创造游戏，"用树叶作画""搭建鸟巢"等，可以激发幼儿的创造力和想象力；角色扮演游戏，"森林小精灵""小小农夫"等，通过角色扮演，幼儿可以在游戏中学习到自然知识；探险游戏，如设置"寻宝游戏"，在自然环境中藏匿"宝藏"，让幼儿去探索和发现；科学实验，如"植物生长日记"，让幼儿记录植物的生长过程，培养他们的探究精神和科学素养。在融入户外自然环境资源时，教师应确保游戏环境的安全性，避免孩子们接触有毒植物或危险动物，保障他们的安全。引导幼儿在游戏中尊重自然，不破坏生态环境，培养他们的环保意识。教师在游戏中应给予适当引导，同时积极参与，与孩子们共同体验自然游戏的乐趣。

（三）全方位将自然环境资源渗透到幼儿的日常生活

教师应全方位地将自然环境资源融入幼儿的日常活动中，如晨间活动时引导幼儿观察天气变化，餐前活动中让幼儿了解食物的来源，离园时观察植物的生长状况，使自然环境成为幼儿生活的重要组成部分。同时，鼓励幼儿亲自动手，参与种植、饲养、制作等实践活动，通过实际操作，提升幼儿的动手能力和实践技能。对于社区中自然环境资源的探究可以由幼儿讨论、投票决定，或者由教师发起能引起幼儿探究、产生共鸣的主题。

三、整体性

"整体性"原则强调将自然环境资源的游戏化应用与五大领域课程目标相整合，实现课程内容的有机联系和相互渗透，促进幼儿的全面发展。

（一）将自然环境资源整合到领域课程

1. 创新户外运动模式，利用自然环境资源提升幼儿身体素质

教师可以利用自然环境资源开展户外游戏活动，例如，进行森林小勇士、动物运动会、环保小卫士等活动，帮助幼儿锻炼身体协调性、灵活性和力量。注重开展多样化的户外活动，如自然探险游戏、生态挑战赛、绿色健身操等，充分利用自然环境资源，促进幼儿身心健康发展。

2. 借助自然元素，丰富幼儿语言表达与理解能力

教师可以利用自然环境资源开展语言游戏活动，例如，讲述自然故事的森林故事会，描述自然现象的植物生长记，扮演不同种类的动物大迁徙等，

帮助幼儿发展语言理解和表达能力。还可以组织自然情境下的语言实践活动，如自然诗歌朗诵会、户外故事角、生态剧本表演等，让幼儿在自然环境中锻炼语言能力。

3. 以自然环境为依托，培养幼儿的社会责任感与交往能力

教师可以利用自然环境资源开展社会实践活动，例如，参与社区植树活动、清洁社区环境等，帮助幼儿发展社会交往能力和培养责任感。还可以让幼儿开展社区环保宣传活动、自然志愿服务、生态道德教育等，引导幼儿在自然环境中学会合作、关爱与责任。

4. 探索自然奥秘，激发幼儿科学探究兴趣与思维能力

教师可以利用自然环境资源开展科学探究活动，例如，观察植物的生长变化、探索动物的习性、研究天气变化等，帮助幼儿发展科学探究能力和科学思维能力。

5. 以自然为灵感，培养幼儿审美情趣与创造力

教师可以利用自然环境资源开展艺术创作活动，开展自然艺术创作、户外写生、生态手工艺等活动，引导幼儿在自然环境中发现美、创造美。

（二）将自然环境资源整合到不同形式的课程

1. 主题式课程

教师可以选择一个主题，例如，春天、夏天、秋天、冬天等，围绕主题整合不同领域的课程内容，如通过观察春天的植物生长、描绘春天的美景等，将科学、语言、社会、健康、艺术等领域的知识有机结合起来。

2. 项目式学习

教师可以设计一个项目，例如，建造一个遮阳棚、制作一个鸟巢、探索一个自然现象等，围绕项目整合不同领域的课程内容，如通过有吸引力的任务设计，将科学、语言、社会、健康、艺术等领域的知识有机结合起来。

▶ 案例呈现

我们的种植园

一、问题

幼儿园后院的菜园吸引了幼儿的注意。昊昊一边拿着铲子去找松软的

土地，一边大喊着："这里的土不硬，快来。"小朋友们被他的声音吸引过去。一诺指着中二班菜园里的一棵植物说："这个和我从家拿来的番茄苗好像哦。"一硕挠挠头说："我们班的菜园呢？"他一副很疑惑的样子扭过头看着我。一诺："为什么这块菜园什么都没有？"在幼儿的讨论中我听到了幼儿也想拥有一块菜园的想法，就告诉幼儿我们也有菜园，还告诉他们这块没有种植的就是我们的菜园。这时一诺兴奋地说："我的番茄可以种在里面吗？"娜娜激动地说："我想种水稻，看看大米是怎么来的。"幼儿七嘴八舌地讨论着想要种植的植物。

这时，一个不一样的声音出现了，小鑫满脸疑问道："这么小的菜园能种那么多菜吗？"小凯："为什么不种花呢，要不挑几个漂亮的花种吧。"小鑫表示不赞同，两个人就这样你一言我一语地吵了起来。孩子对种植活动展现出了浓厚的兴趣，一旁的王老师欣喜孩子对于劳动活动的热情，一时间竟不知该如何回应孩子的需求，只能让孩子先回班，答应明天再继续讨论这个话题。

二、原因分析

幼儿与自然有着天然的联系，他们喜欢自然环境中的事物，对种植活动有种天然的亲近感。种植活动需要幼儿负责照顾植物、亲身参与到植物的生长过程中，这对于幼儿来说非常具有吸引力。而教师则缺乏对不同植物生长习性的系统性和深入的了解，也缺乏将自然环境资源与幼儿园课程目标、幼儿当下的发展需求相结合的思考和设计。

三、问题解决

将幼儿园种植活动与课程游戏化教学模式相结合，创建开放而有活力的幼儿园种植课程活动，能够激发幼儿参与活动的兴趣，促使幼儿在活动中全情投入，推动幼儿园种植活动育人目标的达成。经过一番资料查找，王老师决定从角色类游戏、竞技类游戏和练习类游戏三个维度入手，结合不同的教育目标创设不同的游戏类型，丰富幼儿的种植活动体验。

（一）角色类游戏

1. 角色扮演类游戏

角色扮演类游戏能调动幼儿参与活动的兴趣，深化幼儿对种植相关活动的理解。幼儿扮演花匠、菜农、科研人员等社会角色，以完成任务为目标，开展趣味性幼儿园种植活动。在种植活动前期，借助多媒体教学工具，向幼儿展示相关社会角色的工作内容和劳动场景，营造游戏氛围。同时为幼儿提供相关角色的活动材料，如为"菜匠"准备幼儿专用农具，为"科研人员"准备调查记录纸等，以此增强幼儿角色参与的仪式感。

在农作物种植的实践环节中，根据不同的角色和工作内容，引导幼儿实现具体的操作任务，确保活动目标的实现。以"幼儿园小菜农"主题活动为例，教师辅助幼儿进行黄瓜、西红柿、白菜、萝卜、土豆等作物的播种工作。在此过程中，教师巧妙地将角色扮演游戏元素融入其中，让幼儿扮演菜农角色。首先，教师为幼儿准备了适合他们使用的农具，如三角铲、塑料锹，并提供了各类农作物种子。接着，在活动进行时，教师指导幼儿进行黄瓜切段取种、土豆切块催芽等操作，帮助幼儿了解不同作物的种植方法。最终，教师激励幼儿以菜农的身份完成种植任务，通过实践让幼儿掌握丰富的农作物知识。

2. 角色养成类游戏

在角色养成类游戏中，植物被赋予了游戏角色的特性。在播种阶段，教师会为植物赋予富有创意的新名字，或是激励幼儿亲自为植物命名，这样的做法旨在提升幼儿对种植成果的期待。为了提高角色魅力，教师还设计了独特的装饰和标牌，以此来打造具有趣味性的植物角色形象。多样的游戏资源能够激起幼儿对种植结果的探知欲，确保他们在后续的植物养护过程中保持高度的兴趣。

为了提高幼儿对种植花卉的热情，教师挑选了生长周期短且变化明显的花卉种子，如长寿花、小雏菊、凤仙花等。在活动开始时，教师通过抽签和盲选的方式让幼儿选择花种，并给它们取名字，同时以养育"花朵小精灵"的形式引导幼儿进行播种和培育。为了进一步激发幼儿的种植热情，教师在播种之后，还引导幼儿描绘他们心中的"花朵小精灵"形象，并制作精美的标牌放置在花种旁边的土壤中。

（二）竞技类游戏

提高游戏化课程的育人质量，竞技类游戏重在比拼幼儿个体的种植技能和种植成果，能够切实强化幼儿园种植活动的育人实效，培养幼儿的责任意识。

1. 个体竞技类游戏

在个体竞技模式的种植游戏中，教师分配给幼儿一项家庭种植作业。幼儿需要在家长的协助下，挑选一种自己喜欢的植物进行居家种植，并在植物成长期间进行观察与记录，通过拍照或绘画等方式来展现植物的成长历程，同时记下自己的养护心得。在这种竞技游戏中，幼儿记录的详尽程度和植物的生长状况均可作为评分的"竞技要素"。同时，种植过程也是幼儿与家长进行深入交流的契机。这种方式有助于营造优良的家庭教育氛围，将幼儿园的种植教育影响力扩展到课堂之外，增强其教育成效。

幼儿可以在家中种植一种自己喜欢的植物，并持续跟踪其生长状况，完成观察报告。为了提升种植的成功率和加强教育效果，教师与家长合作，共同推进家园共育活动，请家长协助孩子完成种植任务。教师还在班级定期举办成果展示会，让幼儿展示植物生长的照片，分享种植体验。此外，教师会对幼儿的表现进行评分和奖励，以实现更佳的教育成果。

2. 合作竞技类游戏

在以团队为基础的竞技性种植游戏中，教师将孩子们分成不同的小组，并为每个小组分配了特定的种植区域和植物种类。同时，教师还设定了以小组为单位的评价标准，以激发孩子们的主观能动性。在这样的集体活动中，孩子们在团队荣誉的激励下，积极并主动地参与到种植过程中，学习劳动技能，提高观察能力，并积累日常生活知识。在合作性的竞技游戏中，孩子们的责任感得到培养和加强。

以"开心农场"这一幼儿园的种植主题活动为例，活动中，孩子们被分成若干游戏小组，每组种植相同的植物，并在相同条件下进行种植竞赛。植物的生长状况作为评价和奖励的依据，以此来激励孩子们的进步并认可他们的努力。教师选择了生长力强、结果丰富的龙葵植物来进行合作竞技游戏。教师首先分发植物种子，并指导孩子们在幼儿园的植物区建立"开心农场"，进行松土、播种、浇水、养护等一系列活动。种植周期结束后，教师会根据植物的生长情况和结果的质量对各个小组进行评分。

（三）练习类游戏

在幼儿园的种植活动中，实现教育目标的关键在于练习类游戏的设计，这些游戏旨在传授种植知识、培育种植技巧、锻炼多样化能力以及培养情感。

这类游戏的精细规划能够增强幼儿园种植活动的教育意义，并充分发挥游戏化教学模式的优势。例如，为了达到培养幼儿种植技能的目标，教师会创作以"松土"为主题的儿歌，并组织律动游戏，引导幼儿在游戏中正确执行动作，以此达到练习的效果。

教师可以将种植大蒜的活动分为几个环节：激发兴趣、松土、播种、除草、浇水等，并根据每个环节的教育目标为幼儿设计相应的练习游戏。激发兴趣：通过律动游戏，让幼儿在音乐的伴随下模仿大蒜发芽、开花、结果的动作，以激发他们对种植的兴趣。松土：通过模拟游戏，为幼儿提供沙盒和塑料锹，指导他们完成正确的松土动作，并掌握动作技巧。播种：通过儿歌游戏，教导幼儿唱关于播种的歌曲，如《种植歌》《种瓜》，帮助他们了解播种的步骤和重要性。除草：通过竞赛类游戏，让幼儿以小组合作的形式进行除草，相互检查实践成果。浇水：通过打卡游戏，定期组织浇水活动，完成浇水打卡任务。

四、反思总结

在游戏化教学模式的助力下，幼儿园的种植活动能够达到事半功倍的教育成效。教师可以采用角色扮演游戏，以提升幼儿的参与感和体验感；可以推行竞技性游戏，开展家园共育合作，从而加强种植活动的教育效果，并培育幼儿的责任感。此外，教师还能设计多样化的练习游戏，确保幼儿园种植活动实现多元化的教育目标。

（长春市人民政府机关第一幼儿园　樊俊杰）

拓展研讨

在课程游戏化的实践过程中，你运用过哪些自然环境资源？是如何运用的？

除了本话题中提到的自然环境课程资源外，你认为还有哪些资源可以运用到游戏化教学中？

幼儿园课程游戏化中家长资源的应用

> **智慧导引**

《幼儿园教育指导纲要（试行）》中明确指出，家庭是幼儿园重要的合作单位。这一理念强调了家庭与幼儿园在教育幼儿过程中的协同作用，应本着尊重、平等、合作的原则，争取家长的理解、支持和主动参与，并积极支持、帮助家长提高教育能力。家庭和幼儿园作为幼儿教育的两个重要组成部分，它们之间存在着密不可分的联系，共同构成了幼儿成长的教育环境。

家长参与幼儿园教育，尤其是课程游戏化的实践，对于幼儿的全面发展具有极其重要的意义。首先，家长的参与能够促进家园教育的连贯性，使幼儿在家庭和幼儿园之间能够无缝衔接，形成一致的教育影响。其次，家长的参与有助于幼儿社会性的发展，通过家长与幼儿、家长与教师之间的互动，幼儿能够学习到合作、交流、分享等社会技能。最后，家长的参与能够增强幼儿的学习动力，当幼儿感受到家长对学习的重视和支持时，他们更有可能对学习活动产生兴趣和热情。

在当前幼儿园课程游戏化的推进过程中，家长的助力作用不容忽视。家长不仅是教育活动的参与者，更是教育资源的提供者。他们可以分享自己的经验、知识和技能，丰富幼儿园的教育内容。同时，家长的意见和建议也能够帮助幼儿园更好地调整和优化教育策略。然而，家长参与幼儿园课程游戏化也面临着诸多挑战和困境。

一、现实困境

（一）家长对课程游戏化理念的认同度不高

有些家长依然倾向于"小学化"教育，主张幼儿应当掌握学科知识，而不应通过游戏来学习。这些家长对幼儿的学习方法和特点的理解不够充分，未能认识到游戏在幼儿成长中的关键作用。由于幼儿园对游戏化课程理念推广不足，一些家长对这种教学方式的认识存在误区。

（二）家长资源在课程游戏化实践中利用效率不高

幼儿园对家长资源的调查不够全面，教师更倾向于利用家长的人力资源和物力资源，例如，家长的职业、特长等，而忽视了家长的文化资源，如家庭文化环境、家长的教育理念、教育经验等，以及家长的教育者资源，导致部分家长资源未被有效利用。幼儿园缺乏将家长资源与课程游戏化有机结合的方案，导致家长资源的利用效率不高。

（三）家园在课程游戏化方面缺乏深入沟通

部分幼儿园尚未建立成熟的家园沟通机制，家长主要通过幼儿园网站、公众号或教师发布的信息了解课程。家长与教师的沟通交流不够频繁，导致家长对幼儿园课程缺乏深入了解。家长在课程游戏化中的参与度大多停留在"知情"和"决策"的较低水平，如获取课程信息、参加亲子活动等。幼儿园缺乏针对不同家庭实际情况的家园互动方式，家长在课程游戏化进程中的积极性尚未被完全调动，较少有家长参与到课程的审议、评估、管理及决策层面。

（四）家园在课程游戏化合作方面缺乏互惠性

幼儿园对家长参与课程游戏化的价值认识不足，缺乏对家长付出的认可和回报。幼儿园缺乏与家长建立互惠关系的机制，缺乏对家长参与课程游戏化的激励措施，导致家长参与课程游戏化的动力不足。

二、创新路径

（一）转变家长的教育观念，宣传游戏化理念

幼儿园可通过多种途径，如家长工作坊、专题讲座、微信公众号等，向家长们普及先进的幼儿教育理念，使他们理解幼儿的学习方式、特点以及游戏在幼儿成长中的重要作用。幼儿园还可以举办各种家园互动活动，包括亲子游戏、家长助教日、开放日等，让家长们亲自体验游戏化课程的魅力，认识到游戏对幼儿成长的意义。同时，幼儿园应定期为家长提供幼儿教育学习的机会，提升他们的育儿能力，以便更好地支持和参与游戏化课程。

（二）丰富家园互动形式，感受游戏化乐趣

教师可以将家长纳入教学计划中，规划亲子游戏课程，让家长直接体验游戏化教学的乐趣，理解教育的专业性和科学性。通过举办公开教学活动，

家长可以亲眼看到游戏化教学的效果，增强对课程的认识和支持。游戏化教学促进了家长与幼儿的平等互动，使家长能够更好地理解幼儿的学习过程，进而更主动地配合并支持幼儿园的教育活动。此外，幼儿园可以设立家长志愿者组织，激励家长主动参与园内活动，感受课程游戏化的教育过程。

（三）充分利用家长资源，提供游戏化支持

幼儿园要全面了解家长的职业、特长、兴趣爱好等信息，建立家长资源库，为课程游戏化活动提供人力资源支持。幼儿园还可以邀请家长根据自身的专业特长和兴趣爱好，开发幼儿教育资源，例如设计亲子游戏、制作教具、开展专题讲座等。通过信息技术手段，如班级微信群、QQ群等，与家长保持沟通，实时更新幼儿在园的学习与生活状态，并征集家长对游戏化课程的看法和建议。幼儿园可以邀请家长走进课堂，担任助教，与幼儿一起开展游戏活动，丰富幼儿的学习体验。

（四）建立家园互惠机制，助力游戏活动

幼儿园要尊重家长的付出，对积极参与课程游戏化活动的家长给予肯定和感谢。建立激励机制，对积极参与课程游戏化活动的家长给予奖励，例如评选"优秀家长志愿者""最佳家长助教"等，激发家长的参与积极性。还可以组织有奖征集活动，激发家长参与的热情，收集更多优秀的游戏方案，丰富游戏化课程的内容，同时也能让家长感受到自己的价值。

▶ 案例呈现

小家长们成长记

一、问题

在班级区域活动中，娃娃家是最受小班幼儿喜爱的角色游戏。他们喜欢在游戏中扮演"爸爸""妈妈"等各种角色，进行不同的身份体验。区域活动开始了，囡囡、昊昊和梓伊三人来到了娃娃家，一起围着桌子做饭，囡囡从昊昊那里慢慢地拿过一个汤碗，放在离自己近的位置上，说："你们做面条吧！"昊昊没有回答，囡囡又拿了一个更大的空碗说："我来打鸡蛋，把鸡蛋打到这里。"昊昊依旧没有回应，囡囡看没有得到回应转身要走，于是我提议道："我们来尝尝囡囡做的美食吧。"这时梓伊走了过来，手里抱着一个小熊说："我们给宝宝吃饭吧，她都饿了。"于是昊昊开始喂宝宝喝水，囡囡加入喂饭的队伍中，他们三人玩了一会儿，囡囡对昊昊说："你在家看着宝宝啊，我们要工作去了。"囡囡和梓伊走了一圈，就走到美工区去玩了。昊昊自己玩了一会儿，看身边没有小朋友，他也走出娃娃家到建构区玩了。我发现幼儿在照顾"小宝宝"的方式方法上略显单一，玩了一会儿后，觉得没有乐趣就离开了娃娃家。

二、原因分析

表现性活动区是以幼儿已有经验为导向的，通过各种开放性材料的投放，为幼儿提供自我表现与表达的机会。案例中的囡囡是一个特别有主见的孩子，是游戏中的指挥者，能够在游戏中展现做汤圆、打鸡蛋等已有生活经验。梓伊表现出专注的学习品质，成为这次游戏的穿线者，同时展现出良好的社会交往能力。昊昊则是一个很好的执行者，具有良好的观察和模仿能力，在游戏中表现出坚持的学习品质。但是，幼儿很快对娃娃家失去了兴趣，主要原因是在日常的生活经验方面上略显不足。

三、问题解决

《3—6岁儿童学习与发展指南》指出，教师应为幼儿提供游戏和自由交往的机会，鼓励他们自主选择游戏的区域材料，自由地扮演各种角色，自由地结伴开展活动。为了课程更加丰富有趣，充分发挥游戏化的教育价值，于是我决定引入家长资源。

（一）收集材料

我向家长们发出倡议，希望家长们能和孩子一起收集一些废旧物品，如旧衣服、旧鞋子、旧包包、空盒子等，为娃娃家提供多样的材料支持。家长们积极响应，和幼儿一起收集了各种物品。这些物品经过老师和幼儿的巧手改造，变成了娃娃的衣服、鞋子、家具、玩具等，让娃娃家更加温馨、真实。

（二）家长进课堂

邀请家长们走进课堂，参与娃娃家的活动。比如，邀请一位厨师家长来教幼儿制作简单的美食，如水果拼盘、三明治等。厨师家长带来了各种食材和工具，向幼儿介绍了食物的名称、营养成分和制作方法。幼儿在家长的指导下，亲自动手制作美食，体验了烹饪的乐趣。还邀请了一位裁缝家长来教幼儿给娃娃做衣服。裁缝家长带来了布料、剪刀、针线等工具，向幼儿展示了如何裁剪、缝制衣服。幼儿在家长的帮助下，给娃娃制作了漂亮的衣服，锻炼和培养了动手能力和创造力。

（三）亲子活动

组织亲子活动，让家长和幼儿一起在娃娃家进行角色扮演。比如，"家庭聚会"活动，家长和幼儿一起扮演家庭成员，准备食物、布置场地、进行互动游戏等。在活动中，家长们引导幼儿学会分享、合作、关心他人，增强了亲子关系和家庭观念。还有"娃娃生病了"活动，家长和幼儿一起扮演医生和病人，进行看病、治疗的游戏。家长们向幼儿介绍了一些常见的疾病和治疗方法，让幼儿了解了健康知识和增强了自我保护意识。

四、反思总结

小班幼儿正处于学习交往的阶段，为了更好地促进他们在社会性方面的发展，我们进行家园共育，为幼儿带来更加丰富、有趣的学习体验，让幼儿角色游戏的内容不断丰富。通过以上的活动，班级内娃娃家的"爸爸妈妈"们越来越多了，同伴之间的交往开始增加，游戏水平也得到提升，为幼儿在未来的社会交往上奠定坚实的基础。

（长春市人民政府机关第一幼儿园　王彤）

拓展研讨

在课程游戏化的实践过程中，你运用过哪些家长资源？是如何运用的？除了本话题中提到的家长资源外，你认为还有哪些资源可以运用到游戏化教学中？

东北本土化冰雪资源在幼儿园课程游戏化中的应用

智慧导引

东北因为独特的地理位置和气候条件，拥有本土化的冰雪资源，这也为幼儿教育提供了一个富有东北区域特点的自然资源。在幼儿园课程中融入冰雪教育,不仅是对东北本土文化的传承,也是对游戏化的教学方式的有效补充。

一、利用本土化冰雪资源这一生动的活教材,让教育回归自然

东北地区的冰雪资源,是大自然赋予儿童早期教育的教科书。它以丰富多样的形式,为幼儿提供了一个生动的课堂,使幼儿能够直观地观察自然,认知季节的变化。在这片被冰雪覆盖的土地上,幼儿不仅能感受到大自然的壮丽与神秘,还能在玩耍和探索中学习到许多宝贵的知识和技能。冰雪资源以其独特的魅力,在幼儿教育中扮演着重要角色,为他们的成长提供了无限可能。

二、依托本土化冰雪资源构建课程,有效补充课程游戏化

作为东北地区特有的文化瑰宝,冰雪资源蕴含着深厚的历史底蕴和民族情感。它既是自然山水的展示,又是文化传承的载体。

冰雪活动是孩子们了解家乡、热爱祖国的重要方式。通过讲述与冰雪有关的民间故事和传说,让孩子们感受到东北人民的勤劳智慧和对大自然的敬畏,从而提升孩子们对家乡的认同感和自豪感。同时,冰雪文化中的节日庆典、民俗活动,如冰雪节、冬捕等都是生动的课堂,可让孩子们体验传统文化,学习社会风俗。

冰雪活动有助于幼儿审美能力和创造力的培养。形式多样的冰雪运动,为幼儿提供了广阔的想象空间和创造机会。无论是亲手制作冰灯、雪雕,还是参加冰上舞蹈、滑雪比赛,都能让孩子们在实践中感受到艺术的魅力,激发创新思维和动手能力。

三、发挥本土化冰雪资源的教育价值,促进幼儿全面发展

(一)促进幼儿的身心发展

冰雪活动对幼儿的全面发展起着不可替代的作用。在身体发育方面,冰雪活动(如滑雪、滑冰、冰壶等)可以锻炼幼儿的身体协调性、平衡感、耐力,使幼儿的身体素质得到提高。同时,团队合作也促进了幼儿社交技能的发展。

在心理发育方面，面对冰雪世界的挑战，幼儿需克服寒冷、恐惧等心理障碍，有助于培养勇敢、坚韧不拔的意志品质。

（二）满足幼儿的认知发展

冰雪活动既为幼儿提供了锻炼身体的机会，也是幼儿认知发展的重要途径。通过观察不同天气下冰雪的奇妙变化，幼儿能直观地了解自然界的奥秘和规律，如冰雪融化、结冰的过程，既激发了幼儿的好奇心和探索欲，又能促进幼儿对自然现象的科学认知。同时，引导幼儿深入了解冰雪的形成原理，如水的三态变化、温度对物质状态的影响等，能为幼儿科学思维的形成打下扎实的基础。

另外，冰雪文化活动是幼儿认知发展的又一宝贵资源。参加如冰雕展、雪雕大赛、冰雪文化节等活动，孩子们可以接触到丰富的历史文化信息，了解冰雪艺术的历史沿革、创作技艺和艺术地位等。这些活动不仅拓宽了幼儿的视野，增长了见识，而且激发了他们对艺术的兴趣和创造力。通过冰雕、雪塑的创作活动，让幼儿在实践中体会到冰雪艺术作品的魅力，进一步加深对冰雪文化的认识和热爱。

（三）增强幼儿对东北地域文化的认同感

东北民俗文化与冰雪活动相结合，可以帮助孩子建立起对本土文化的情感联系，提升孩子对自身文化的认同。通过讲述有关东北民间故事，学习剪纸艺术，参与冰灯、雪灯的制作……幼儿在玩中学习、领悟、欣赏冰雪文化，在传播地域特色的同时感受传统文化的魅力，从而增强了对东北文化的认同感。

案例呈现

冰雪乐园中的冻果果

一、问题

冬天的一天，当孩子们在户外雪地里玩耍时，意外发现果园地面上的海棠果变成了坚硬的发光的"冰果"，小朋友们好奇地拿起这些冰果，感受它们特有的质感，对冰镇水果产生了浓厚的兴趣。

孩子们提出要试试其他水果，于是回家后做了各种各样的果串带到班里。

来到室外，他们找来雪堆急迫地将水果直接插上，一段时间后，水果串变得硬邦邦的，但个别沾上了脏东西，由于这次的成品无法品尝，冻水果串活动宣告失败。第二次，他们用泡沫箱、纸箱制成"冰箱"，把水果串起来放进去，解决了冻水果串的卫生问题。当冻果串出炉的时候，他们迫不及待地想要品尝。"哇，冻苹果竟然这么甜！""冻草莓也挺好吃的！"在品尝过程中，孩子们还探讨起与冰雪有关的有趣问题，"冰从何而来？""为什么雪花是六边的？""小动物冬天怕冷吗？""你会滑冰吗？"孩子们的眼睛闪烁着兴奋的光芒。

然而，活动虽然取得了初步的成功，但我们很快发现了一个问题：孩子们对"冻"水果这一行为虽然感到新奇有趣，但活动的延续性却不足。一次活动过后，孩子们的热情就逐渐消退了，没有形成和保持持续的兴趣和参与积极性。这不禁让我思考，如何才能让这个活动更加吸引孩子们，让他们能够持续地参与并享受其中的乐趣呢？这样才会利用好我们东北丰富的自然资源和地域传统文化资源，从而进一步丰富孩子们冬季的户外游戏活动，使他们更深入地感受东北文化的魅力，从而提高文化自信。

二、原因分析

（一）冰雪活动教育资源利用不充分

在冰雪活动中，教育资源利用不够充分，是一个引人深思的问题。这主要体现在对冰雪自然特性的教育价值挖掘不够深入，对冰雪相关的文化、历史、科学知识融会贯通不够。教师往往只注重表面上的冰雪活动乐趣，而忽略了背后蕴藏的教育资源。

（二）缺乏科学的冰雪课程体系

冰雪活动缺乏科学的课程体系做支撑。这主要体现在活动目标模糊、活动方式单一等方面。没有明确的课程目标，活动经常流于形式，教育效果难以达到预期；内容散乱，导致幼儿不能形成系统的知识体系，对冰雪活动的内涵难以深入理解；活动方式单一，限制了幼儿的兴趣和积极性，影响了幼儿的探究效果。因此，建立科学的冰雪课程体系，是提高冰雪活动质量的重头戏。

（三）家园共育在冰雪活动中的缺失

家园共育是幼儿教育的重要内容，然而在冰雪活动中，缺乏家园共育却是一个不可忽视的难题。家长对冰雪活动参与度不高，对家园教育理念的认知参差不齐，难以形成有效的教育合力。

三、问题解决

（一）充分挖掘冰雪活动教育资源，提升教育价值

教师应深入了解东北冰雪文化资源的丰富内涵，结合冰雪艺术等元素，开展冰雪主题活动，设计冰雪游戏，寓教于乐。如组织幼儿进行冰雪雕塑创作，让幼儿感受冰雪艺术的魅力；或开展冰雪运动会，让幼儿在滑冰比赛、拉雪爬犁等游戏中，体会在冰天雪地里运动的快乐。

在冰雪活动中，教师能够引导幼儿观察冰雪的变化，了解冰雪的形成原理和冰雪对自然环境、人类生活的影响。通过这些活动，让孩子们对冰雪文化的内涵有更深入的了解，提升其认知水平和审美能力。

（二）构建冬季冰雪特色课程体系

1.创设冰雪活动的教育环境，激发幼儿兴趣

教师要充分利用冰雪资源，营造一个冰雪气息浓郁的育人环境。在班级中通过布置冰雪主题的教室装饰，展示冰雪文化的图片、实物，播放与冰雪有关的音乐、故事等，达到寓教于乐的目的。同时，教师还可以引导孩子观察雪花的形状，感受冰的温度，让孩子在亲身经历中感知冰雪的魅力。还可以在幼儿园室内走廊，打造主题为"冰雪奇缘世界""北国冬韵"的冰雪文化长廊。在长廊内悬挂或摆放以冰雪为主题的绘画、摄影作品等，通过作品展现冰雪的独特魅力和丰富内涵；设置微缩冰雪雕塑模型，让幼儿近距离感受冰雪艺术的魅力；通过图文并茂的展板，介绍东北地区关于冰雪的传统节日、风俗习惯及活动，如冰灯节、雪雕大赛等；在冰雪文化长廊中展示冰雪运动的器材，让孩子们了解冰雪运动的多样性和趣味性。

2.结合传统节日，深化冰雪活动内涵

将冰雪活动与传统节日相结合，让孩子们在节日的欢乐气氛中感受到冰雪文化的魅力，同时也加深对传统文化的认识与认同。这样的结合既丰富冰雪活动的内涵，又增强孩子的文化素养。

春节期间开展制作冰灯活动。教师事先准备好透明冰块、装饰物和小彩灯，引导幼儿在冰块上雕刻出人物、动物、福字等各种图案，再摆放灯光，制作出五颜六色的冰灯。孩子们可以亲手制作冰灯用来布置幼儿园的户外环境，为新春佳节增添一份别致的冰雪韵味。元宵节可进行户外雪地游戏，

孩子们在雪地上进行各种趣味游戏，如雪地轮胎游戏、雪地接力赛、雪地足球、冰壶游戏等。幼儿在游戏中既能提高身体素质，又能在冰天雪地中尽情地享受节日的快乐。此外结合元宵节的传统习俗，制作一些与冰雪有关的灯谜，悬挂在幼儿园的楼道里或树枝上。幼儿赏冰灯、猜灯谜，以此增加节日的趣味性、互动性。

3.设计冰雪区域游戏，促进幼儿全面发展

冰雪区域游戏是孩子冬季活动的重要内容。教师可以根据幼儿的年龄特点和兴趣爱好，在室外设置游戏区域，如滑雪区、滑冰区、冰壶区、冰雪建构区等。还可围绕冰雪活动主题，设计相关冰雪活动区域，如打造冰雪运动体验区、冰雪艺术创作区等。户外冰雪区域游戏弥补了东北地区冬季的户外游戏活动，孩子们在游戏中不仅能锻炼身体，提高运动能力，同时也能形成团队合作精神和竞争意识。通过一系列的冰雪活动，让幼儿全面了解东北冰雪文化的诸多方面，形成系统的知识体系，培养幼儿的探索精神和创新能力。

（三）优化家园社共育机制，共同推动冰雪活动开展

1.加强与家长的沟通和合作

教师可以定期向家长们介绍幼儿园的冰雪活动及幼儿的发展情况，听取家长们的意见和建议，一起为孩子们提供更好的冰雪活动体验。

定期召开家长会和分享会，向家长详细介绍幼儿园的冰雪活动方案以及孩子在活动中的表现。分享会上，孩子们在冰雪雕塑创作中的作品、过程照片等都可以得到展示，让家长们直观地感受到孩子们在活动中的创意和想象力。鼓励家长积极参与幼儿园冰雪活动，以义工身份协助活动开展，或提供资源及建议助力冰雪活动。活动结束后，可利用微信群等交流工具，及时将冰雪活动的最新动态传达给家长。分享孩子们在雪地游戏中快乐的点滴，通过分享也加深与家长的情感连接。

2.有效整合社区冰雪教育资源，丰富幼儿冰雪活动

（1）与社区冰雪场地合作

与社区滑雪场、滑冰场、雕塑公园等冰雪场地建立紧密的合作关系，既解决了活动场地的问题，又可共同设计符合儿童年龄特点的活动方案。利用滑雪道、滑冰场、雪雕工具等这些场地的专业设施，组织幼儿开展冰雪、冰

雪艺术创作等多样化的活动,让幼儿在专业的环境中充分感受冰雪的魅力。

(2)积极参与社区冰雪节庆活动

鼓励家长带领幼儿积极参加冰雪文化节、雪雕大赛、冰灯展等社区举办的冰雪节庆活动,让幼儿在节日的氛围中感受冰雪文化的独特魅力。通过参与这些活动,孩子们不仅可以观赏到一件件精美的冰雪艺术品,还可以进行互动交流。

(3)全面整合社区冰雪教育资源

对社区内的冰雪教育资源进行深入挖掘,包括冰雪运动教练、冰雕雪雕的民间艺人等。邀请专业人士来到幼儿园,举办专题讲座、工作坊、展览等活动,传授冰雪知识和技能,拓宽孩子们的知识视野,激发他们对冰雪文化的兴趣和热爱。同时,还可组织幼儿走出幼儿园,到社区冰雪教育资源点实地参观学习,在亲身经历中感受冰雪文化的魅力。

四、反思总结

经过实践,我们深刻体会到冰雪活动深度融入幼儿教育的重要意义,通过挖掘冰雪文化资源的丰富内涵,结合冰雪和冰雪艺术等元素,开展冰雪系列活动。我们注重营造冰雪氛围,注重营造激发幼儿兴趣的育人环境,并结合传统节日深化冰雪活动内涵,增强幼儿的文化素养和审美能力,加深幼儿对传统文化的认识和认同。同时,冰雪区域游戏的开展,促进了幼儿的全面发展,提高了幼儿的身体素质,培养了幼儿的团队合作精神和竞争意识。此外,我们还加强了沟通与合作,在冰雪活动中共同关注幼儿的成长,形成了家园、社区共同育人的良好机制,为孩子们提供了丰富多彩的冰雪活动体验,促进了冰雪文化与幼儿教育的深度融合。

(长春市人民政府机关第三幼儿园 冯鑫)

拓展研讨

关于将东北本土化的冰雪资源融入幼儿园的冰雪课程和游戏中,还有很多值得深入探讨的内容。比如在冰雪活动中如何对幼儿的学习方式和身心发展进行有效评估?冰雪活动如何利用现代科技手段创新教学方式?如何进行跨年龄的冰雪活动,促进不同年龄段孩子之间的互动和学习?